Psychologie du **talent** et de **l'expertise**

La psychologie du talent (où l'accent est mis sur les facteurs innés) et de l'expertise (où l'accent est mis sur les effets de la pratique) est actuellement le sujet de recherches intenses, que ce soit en psychologie cognitive, en psychologie du développement, en psychologie de l'intelligence ou en neuroscience. Ces recherches couvrent des domaines d'expertise aussi variés que la science, la médecine, les sports, les arts et les jeux. La compréhension des processus biologiques et cognitifs sous-tendant le talent et l'expertise a des répercussions importantes aussi bien en éducation qu'en intelligence artificielle (en particulier pour ce qui est des « systèmes experts »).

Cet ouvrage présente les principaux résultats empiriques et évalue les principales théories proposées pour expliquer comment certaines personnes excellent dans leur domaine d'élection. Il discute également dans quelle mesure les aptitudes des experts sont innées ou sont le résultat d'un entraînement délibéré, et dans quelle mesure des phénomènes tels que l'intuition et la créativité (souvent considérés comme des caractéristiques essentielles de l'expertise) peuvent être expliqués par des mécanismes simples.

Fernand Gobet
est professeur de Psychologie Cognitive à l'université de Brunel (Londres) et directeur du Centre d'Étude sur l'Expertise. Depuis plus de vingt ans, il a étudié les aspects psychologiques du talent et de l'expertise en utilisant une variété d'approches (observation, expérimentation, modélisation informatique et imagerie cérébrale). Il est l'auteur de trois livres sur la psychologie du jeu d'échecs et autres jeux de plateaux, d'un livre sur les techniques de modélisation, et d'un manuel d'introduction à la Psychologie Cognitive. Il a à son actif plus de 150 publications dans des revues scientifiques et des actes de conférences de premier plan.

Patrick Lemaire
a travaillé pendant quatre ans aux États-Unis à l'université de Carnegie Mellon et à l'université de Princeton. Professeur de Psychologie à l'université de Provence et membre de l'Institut Universitaire de France, il conduit ses recherches dans un laboratoire CNRS. C'est un spécialiste de Psychologie Cognitive et de Psychologie du développement et du vieillissement.

André Didierjean
est professeur de Psychologie Cognitive et directeur du Laboratoire de Psychologie de l'université de Franche-Comté (EA 3188). Il est membre de l'Institut Universitaire de France.

Ouvertures Psychologiques

Psychologie du **talent** et de **l'expertise**

Fernand **Gobet**

Préface de Patrick **Lemaire**
Postface d'André **Didierjean**

Pour toute information sur notre fonds et les nouveautés dans votre domaine de spécialisation, consultez notre site web : **www.deboeck.com**

© Groupe De Boeck s.a., 2011   1re édition
Rue des Minimes 39, B-1000 Bruxelles

Imprimé en Belgique

Dépôt légal :
Bibliothèque nationale, Paris : novembre 2011   ISSN 2030-4196
Bibliothèque royale de Belgique, Bruxelles : 2011/0074/381   ISBN 978-2-8041-6640-3

Rapportons-nous, dit-elle, à Raminagrobis.
C'était un chat vivant comme un dévot ermite,
Un chat faisant la chattemite,
Un saint homme de chat, bien fourré, gros et gras,
Arbitre expert sur tous les cas.

Jean de la Fontaine
Les Fables, Livre VII

À la mémoire de Gilbert

LISTE DES ABRÉVIATIONS

ACT-R   Adaptive Character of Thought - Rational

CHREST   Chunk Hierarchy and REtrieval STructures

EPAM   Elementary Perceiver and Memorizer

g   intelligence générale

GPS   General Problem Solver

IA   intelligence artificielle

MAPP   Memory-Aided Pattern Recognizer

MCT   Mémoire à court terme

MLT   Mémoire à long terme

NSS   Newell, Shaw and Simon (programme d'échecs)

QI   quotient intellectuel

s   facteurs spécifiques

REMERCIEMENTS

Mes vues sur l'expertise et le talent ont été façonnées par d'innombrables discussions avec mes collègues et étudiants, actuels ou anciens. En particulier, j'aimerais remercier les personnes suivantes, avec lesquelles j'ai eu le plaisir de publier des articles scientifiques et autres textes sur la psychologie de l'expertise : Merim Bilalić, James Borg, Mark Buckley, Christopher Connolly, Guillermo Campitelli, Neil Charness, Philippe Chassy, Gary Clarkson, André Didierjean, Adriaan De Groot, Kay Head, Sam Jackson, Peter Jansen, Peter Lane, Gerv Leyden, Daniele Luzzo, Peter McLeod, Jeroen Musch, Amanda Parker, Jean Retschitzki, Howard Richman, Herbert Simon, Richard Smith, Jim Staszewski, Alex de Voogt, Andrew Waters, Gareth Williams et David Wood. Je remercie également mon épouse, Chananda, de son aide dans la compilation de la bibliographie.

Une ébauche de ce livre a été utilisée dans un cours sur la « Psychologie du talent et de l'expertise » enseigné à l'Université de Fribourg. Je suis reconnaissant au Prof. Retschitzki d'avoir organisé ce cours, et aux étudiants de leurs commentaires sur son contenu.

La rédaction de ce livre a été en partie rendue possible par une bourse de recherche de l'Economic and Social Research Council, Royaume-Uni.

PRÉFACE

Le talent et l'expertise sont les domaines où l'intelligence humaine trouve ses plus hauts niveaux de développement et de fonctionnement. L'étudier, c'est découvrir les mystères et la puissance mais aussi les limites de l'intelligence humaine. Il est fascinant de voir comment certains individus sont capables d'écrire un roman qui traverse l'histoire, d'autres qui resteront longtemps dans le livre des records comme champions d'escrime ou sportifs de haut niveau, d'autres encore imbattables au jeu d'échecs, même par l'ordinateur le plus puissant, ou sachant préparer un bœuf bourguignon comme personne, d'autres enfin qui dès leur plus jeune âge se révèlent chanteurs prodiges. Qu'est-ce qui caractérise ces individus ? Sont-ils nés avec un talent particulier ou ont-ils travaillé pendant de longues et nombreuses heures au développement de leurs capacités hors du commun ? Mettent-ils en œuvre des processus mentaux spécifiques, non disponibles chez tout le monde ? Si oui, quels sont-ils ? Ont-ils un cerveau différent de celui des autres ? C'est à ces questions et de nombreuses autres que le livre de Fernand Gobet tente de répondre.

Dans cet ouvrage, Fernand Gobet dresse un bilan exhaustif et actualisé de ce que les psychologues et neuroscientifiques savent sur le talent et l'expertise. Fernand Gobet décrit les méthodes ingénieuses que les chercheurs ont utilisées pour aborder la question du talent et de l'expertise, et comment ces différentes méthodes ont abouti à des découvertes souvent inattendues. Par exemple, saviez-vous que c'est moins le nombre d'heures d'entraînement qui compte pour devenir un expert dans un domaine que le type et la qualité de l'entraînement ? Ou encore qu'un expert dispose d'environ 300 000 unités élémentaires d'informations stockées dans sa mémoire, et que ces informations sont organisées de sorte à encoder et comprendre les données d'un problème avec une très grande rapidité ? Qu'un individu devenu expert dans un domaine n'était pas forcément un enfant surdoué et qu'un enfant surdoué ne deviendra pas forcément un adulte expert dans un domaine ? Qu'il existe de nombreuses différences entre les hommes et les femmes dans leur accès à un haut niveau d'expertise dans un domaine particulier ? Que l'expertise peut aider à contrecarrer les effets délétères du vieillissement sur nos capacités cognitives en nous aidant à mettre en œuvre des processus efficaces de compensation ?

Les psychologues savent aujourd'hui quel type d'entraînement est le plus approprié et comment organiser cet entraînement pour permettre à un individu d'atteindre dans les meilleurs délais son plus haut niveau de performances dans un domaine particulier. Ils connaissent aussi la mécanique mise en œuvre par le cerveau pour exceller.

Les recherches en psychologie du talent et de l'expertise permettent ainsi de comprendre qu'il ne s'agit pas là de fonctionnements mystérieux et inaccessibles à l'enquête scientifique, mais d'un mode de fonctionnement de l'esprit qui obéit à certaines lois et qui met en œuvre des mécanismes aujourd'hui élucidés. Grâce à leurs études en laboratoire, les psychologues disposent d'un corpus empirique (phénomènes caractéristiques du talent et de l'expertise) et d'un ensemble de théories permettant de décrire comment un individu peut développer un talent particulier ou accéder à un niveau d'expertise élevé dans un domaine où il/elle n'a pas forcément de prédispositions génétiques rendant aisé l'accès à ce niveau d'expertise. Le niveau d'avancement théorique dans ce domaine est tel que des modèles dits computationnels (i.e., implémentés sous la forme de programmes informatiques) permettent de simuler l'activité cognitive d'un expert et de créer des outils technologiques d'assistance à l'expertise (médicale par exemple) très performants.

Dans son ouvrage, Fernand Gobet présente admirablement l'ensemble des données et théories actuellement disponibles sur le talent et l'expertise. Il réalise là une double prouesse. Il présente de manière exhaustive à un large public tout ce que vous avez toujours voulu savoir sur le talent et l'expertise. L'ouvrage discute également sans détour les débats actuels qui font rage sur cette question ainsi que les perspectives de recherche. De plus, il le fait de manière tout à fait accessible au lecteur tout venant, même s'il est structuré et organisé pour des étudiants universitaires (en psychologie, pédagogie, médecine, neurologie, sciences cognitives). Fernand Gobet est l'un des plus grands spécialistes de l'expertise au monde. Ses recherches ont apporté les contributions les plus importantes dans ce domaine. Il nous livre ici un véritable bijou, actuel, complet, bien présenté et facile à lire. Aucun autre ouvrage sur le marché, ni en français ni en anglais, ne présente de manière aussi complète et actualisée ce que nous savons aujourd'hui sur le talent et l'expertise.

Patrick LEMAIRE

AVANT PROPOS

Depuis près de vingt ans, mes recherches se sont orientées dans deux directions complémentaires : dans une première direction, j'ai conduit des expériences et des observations sur les joueurs d'échecs, grands-maîtres ou amateurs, m'intéressant à des questions aussi diverses que perception, mémoire, prise de décision, motivation, émotions, développement et aspects neurologiques de l'expertise aux échecs.

Dans une seconde direction, j'ai développé des modèles d'ordinateur expliquant des données empiriques dans divers domaines tels qu'expertise aux échecs, en informatique ou en physique, acquisition de la langue maternelle et formation de concepts. Le fil conducteur de ces travaux a été un souci de comprendre les mécanismes d'apprentissage nous permettant d'acquérir tout aussi bien des compétences que tout un chacun peut maîtriser, telles que le langage, que des aptitudes extraordinaires que seule une minorité possède, telles que celles qui permettent de composer la *Symphonie pastorale* ou de développer une nouvelle théorie en physique quantique.

Après avoir écrit plusieurs livres sur un domaine d'expertise spécifique (la psychologie des jeux de plateaux, avec un accent particulier sur le jeu d'échecs) et sur la modélisation par ordinateur, il m'a semblé que le temps était venu de rédiger un ouvrage plus ambitieux, dont le but serait d'expliquer le comportement des experts en général, que ce soit dans les arts, les sciences ou les sports. Comme nous allons le voir, la recherche sur les performances extraordinaires est très polarisée, avec d'un côté des travaux portant sur le talent[1], et de l'autre des travaux soulignant le rôle essentiel de la pratique. Ma première intention était de me limiter à cette seconde approche, principalement du fait qu'elle emploie beaucoup plus fréquemment que la première des techniques expérimentales et bien contrôlées, ce qui permet le développement de théories précises et testables. Cependant, durant l'écriture de ce livre, la question du talent revenait constamment au-devant de la scène : il est rapidement devenu clair qu'un traitement sommaire était insuffisant et qu'une discussion détaillée était inévitable. Cette conclusion a été renforcée par un cours enseigné à l'Université de Nottingham sur l'intelligence, où la question de l'inné et de l'acquis était incontournable. De plus, cette question était également omniprésente dans deux de mes autres domaines de recherche − la psycholinguistique et les neurosciences. Ainsi, malgré mes réticences initiales, renforcées par une méfiance viscérale envers cette dichotomie simpliste, la

---

1. À moins que le contexte ne l'indique différemment, nous utiliserons « talent » dans le sens de « talent inné ».

version finale de ce livre traite relativement en détail de l'origine innée ou acquise du talent. À ma décharge, j'ai essayé d'aller plus loin qu'une problématique binaire, et j'ai tenté de démontrer quels sont les *mécanismes* qui sous-tendent l'éclosion de l'expertise. Ainsi, ce livre se centre sur les comportements des experts que l'on peut reproduire dans le laboratoire, et la question du talent va être discutée pour contraster son rôle de celui de la pratique.

CHAPITRE 1

Introduction aux notions de talent et d'expertise

En 1905, Albert Einstein publia cinq articles qui allaient révolutionner le monde de la physique. Deux de ces articles décrivaient sa nouvelle théorie de la relativité. Bien qu'un employé modeste à l'Office fédéral des brevets à Berne, Einstein avait réfléchi intensivement aux questions développées dans ces articles depuis près d'une décennie, en tout cas depuis ses études de physique à l'Institut polytechnique de Zürich.

En littérature, Victor Hugo, après des études brillantes couronnées de succès académiques, fut l'un des écrivains et poètes les plus créatifs et productifs du XIXᵉ siècle. À sa mort, honorée par des funérailles nationales, il aura écrit soixante livres et changé à jamais la culture francophone, avec des chefs-d'œuvre tels que *Les Misérables* ou *Notre-Dame de Paris*.

En sport, Martina Hingis a dominé le monde du tennis féminin de 1997 à 2002, avant de prendre une retraite anticipée à l'âge de 22 ans. La plus jeune joueuse à être numéro une mondiale dans l'histoire du tennis, elle aura remporté 15 tournois du Grand Chelem.

Aux échecs, l'ex-champion du monde Garry Kasparov a obtenu le plus haut classement de tous les temps, et a démontré sa supériorité outrageuse en affrontant simultanément – et la plupart du temps victorieusement – des équipes nationales comprenant l'Allemagne, la France et Israël.

Dans le monde des affaires, finalement, Bill Gates, le fondateur de Microsoft, n'a jamais fini ses études en mathématiques mais ramasse les milliards à la pelle, et sa compagnie a un chiffre d'affaires supérieur au produit national brut de la Libye. Bill Gates se mit à l'informatique très jeune, profitant du fait que son lycée fut l'un des premiers à offrir un accès à un ordinateur pour ses élèves.

Voici quelques prestations impressionnantes fournies par des scientifiques, artistes, sportifs et hommes d'affaires parmi les plus brillants que notre planète ait connus. Cette liste, très brève et plutôt arbitraire, soulève immédiatement un certain nombre de questions, auxquelles nous allons essayer de répondre dans ce livre. Les mécanismes psychologiques sous-tendant les succès tennistiques de Martina Hingis sont-ils différents de ceux permettant à Albert Einstein de révolutionner la physique ? Sont-ils différents des mécanismes que vous employez pour remplir votre feuille d'impôts ? Y a-t-il des différences entre le fonctionnement intellectuel de Bill Gates et celui du chef d'une entreprise moyenne ? Sont-ils tous deux des experts ? Quel est le rôle du talent, quel est celui de la pratique et de l'étude ? Est-ce que Victor Hugo était plus intelligent que la moyenne ? Peut-on enseigner à un écolier comment devenir un Bill Gates ou un Albert Einstein ?

1.   Qu'est-ce qu'un expert ?

Nous sommes tous experts dans de nombreux domaines : nous savons lire, conduire une conversation, coordonner nos mouvements, etc. Cependant, dans cet ouvrage, nous biaiserons notre analyse vers des domaines d'expertise dans lesquels seule une minorité d'entre nous excelle. De ce point de vue, un expert est une personne qui obtient des résultats supérieurs à ceux de la vaste majorité de la population. L'avantage de cette définition est qu'elle peut être appliquée récursivement : un « super-expert » est un expert qui obtient une performance supérieure à la majorité des experts.

Nos exemples ont illustré des cas extrêmes d'expertise. Plus modestement, le qualificatif d'expert est aussi utilisé pour décrire des individus plus proches du commun des mortels, tels que médecins, professeurs d'université, maîtres d'échecs, champions nationaux d'athlétisme, etc. Un emploi aussi varié du terme « expert » suggère que sa définition puisse receler des difficultés.

On pourrait définir un expert comme une personne excellant dans un domaine. Mais cette définition ne fait que repousser le problème : qu'entendons-nous par « exceller » ? Une définition un peu plus précise serait de dire qu'un expert est quelqu'un qui obtient des performances au niveau d'un professionnel expérimenté (Richman *et al.*, 1996). Ici encore, on rencontre certaines difficultés ; le terme « expérimenté » fait référence à la quantité de pratique consacrée à un domaine ; or l'ancienneté, c'est-à-dire le nombre d'années passées à peaufiner son art, n'est pas forcément en corrélation avec la qualité des performances offertes. Par exemple, nombreux sont les joueurs de tennis qui se sont entraînés durant plusieurs années sans jamais obtenir un niveau élevé. De plus, même si ancienneté était synonyme de maîtrise, un autre problème surgirait immédiatement avec ce critère : dans beaucoup de domaines, tels que la médecine, les experts sont plus âgés biologiquement ; or il est bien connu que l'âge interfère avec les performances, qu'elles soient cognitives (on pense en particulier à la perception et à la mémoire) ou physiques (Birren & Schaie, 1996).

Étant donné ces difficultés de définition, une solution serait peut-être d'adopter une approche pragmatique — une approche parfois adoptée par les chercheurs eux-mêmes — et d'utiliser des critères communément employés dans le domaine sous investigation, tels que diplômes ou classements officiels.

L'emploi de diplômes pour estimer le niveau d'expertise est malheureusement problématique, car il est basé sur des critères socioculturels et non pas sur des mesures objectives de performance. Par exemple, les diplômes octroyés aux médecins se basent typiquement sur leur aptitude à engranger des connaissances durant de longues études plutôt que sur leurs compétences à effectuer des diagnostics. De plus, les diplômes ne donnent pas une image très précise du niveau d'expertise obtenu : tous les candidats ayant passé leur examen final sont désormais déclarés experts, alors qu'en fait leurs compétences varient énormément.

L'emploi de classements officiels est le critère le plus fiable : certains sports possèdent un classement officiel basé sur les performances des individus ou des équipes (p. ex., le classement ATP du tennis). Ces classements offrent une mesure objective de l'expertise. Mais un inconvénient de la plupart de ces classements, y compris le classement ATP, est qu'ils sont unidirectionnels : seules les performances positives sont comptabilisées, et la perte d'une partie n'occasionne pas la perte de points. L'idéal serait d'avoir un classement permettant de calculer la « valeur » du sportif après chaque match. Un tel classement existe — il s'appelle le classement Elo, du nom de son créateur (Elo,

1965) – et est employé pour mesurer la force des joueurs d'échecs, de Scrabble, et dans certains pays de tennis de table. Ce classement, qui est basé sur de solides fondations mathématiques et statistiques, offre donc une échelle quantitative qui permet de mesurer le niveau d'expertise des joueurs et d'effectuer des comparaisons fines entre des joueurs de niveaux différents. La présence du classement Elo est une des raisons pour lesquelles le jeu d'échecs a été l'un des domaines de recherche favoris dans l'étude de l'expertise.

Il y a peu de disciplines sportives ou ludiques qui recourent à de tels classements, et ils ne sont pas utilisés en dehors du sport et des jeux. Dans le monde des affaires, on peut employer la fortune obtenue par différents PDG de compagnies. En science, on utilise parfois le nombre de citations dans les journaux scientifiques ; et en art, on pourrait utiliser l'évaluation des critiques ou le nombre de mentions dans les revues spécialisées. Malheureusement, il est clair qu'aucune de ces mesures n'est parfaite ; en particulier, elles incluent toutes des facteurs qui n'ont rien à voir avec l'expertise des intéressés. Par exemple, dans le monde des arts, la quantité de publicité est souvent plus une réflexion des modes du jour que des qualités intrinsèques de l'artiste.

Partiellement en raison de ces difficultés de définir finement le niveau d'expertise, les chercheurs ont souvent utilisé une simple dichotomie entre experts et novices. Il s'agit là d'une simplification évidente, car il y a un continuum entre ces deux extrêmes, et l'avantage de classements est d'éviter une telle simplification. Si les travaux portant sur les joueurs d'échecs avaient dû se contenter de comparer des débutants à des experts plutôt que d'utiliser le classement Elo ou au pire de comparer divers degrés d'expertise (par exemple, « amateurs avancés », « maîtres », « grands-maîtres »), il est probable que nos connaissances scientifiques sur l'expertise seraient beaucoup plus limitées aujourd'hui.

2. Expertise et société

Le qualificatif d'« expert » peut être considéré comme une étiquette, donnée davantage pour des raisons sociales que pour le mérite intrinsèque d'un individu. Comme le note Sternberg (1997), les critères choisis varient d'un domaine à un autre, et peuvent même être employés de manière inconsistante au sein d'un même domaine. Ces étiquettes peuvent être données de manière officielle (diplôme universitaire, titre sportif), ou de manière informelle. Stein (1997) va plus loin et propose que le terme « expertise » caractérise toujours un *expert dans un contexte*. De ce point de vue, l'expertise ne réside pas seulement dans l'expert : bien que déterminée par les compétences et connaissances individuelles, elle est aussi dépendante des besoins, perceptions et activités du système social avec lequel l'expert interagit. Dès lors, les experts existent aussitôt qu'un groupe décide de les sélectionner.

De plus, les critères de sélection varient d'un groupe à un autre. En particulier, ils varient selon la validité scientifique des connaissances et des compétences que l'expert possède. Agnew, Ford et Hayes (1997) proposent que l'établissement d'un groupe d'experts s'opère par des mécanismes semblables à ceux de la sélection naturelle. Les experts potentiels sont choisis par des mécanismes d'essai et d'erreur, dont certains proviennent des pressions sélectives de l'environnement. Une fois choisis, ces experts frais émoulus deviennent à leur tour des forces sélectives, et fonctionnent pour préserver et propager leur expertise, tout en encourageant ou limitant l'émergence d'autres experts potentiels. Dans les cas extrêmes, on peut observer la présence d'experts dans des domaines où il n'y a aucune connaissance objective reconnue par la société, par exemple la communauté scientifique. Des exemples classiques sont offerts par l'astrologie, la dianétique et les phénomènes paranormaux (Carroll, 2003 ; Gardner, 1957 ; Sagan, 1997).

Une conséquence de cette vue est que l'expertise est à la merci du contexte, et que, comme le notent Agnew *et al.* (1997, p. 222, notre traduction), « les experts d'aujourd'hui constituent l'espèce en danger de demain ». Par exemple, les meilleurs sportifs d'aujourd'hui seront sans défense contre leurs concurrents plus jeunes de demain, qui emploieront de nouvelles techniques d'entraînement ; de la même façon, il n'est pas rare que des scientifiques ayant dominé une période donnée ne comprennent pas les théories développées par leurs élèves.

Certains auteurs distinguent entre « expertise de routine » et « expertise créative » (par exemple, Simonton, 1996 ; Bereiter & Scardamalia, 1993). Dans le premier cas, les experts sont capables d'effectuer des tâches complexes, mais ne contribuent que peu ou même pas du tout aux techniques ou aux connaissances que leurs prédécesseurs avaient développées. Dans le second cas, les experts ne sont pas forcément brillants lorsqu'ils effectuent des tâches en temps réel, mais sont par contre capables de redéfinir leur champ d'activité, d'inventer de nouvelles théories ou techniques, etc. Nous reviendrons sur cette distinction quand nous discuterons du rôle de l'expertise dans la créativité (chapitre 6).

3. Pourquoi étudier les experts?

Il y a plusieurs raisons pour lesquelles les experts sont un sujet d'étude intéressant pour le psychologue. Premièrement les experts, étant en mesure de produire des performances extrêmes, offrent une fenêtre unique sur notre cognition. Quelles sont les limites que même les meilleurs ne peuvent dépasser et quelles sont celles que les experts peuvent transcender ? Et, dans ce dernier cas, quelles sont les stratégies employées par les experts ? Ces questions ont rapport aux limites de la rationalité humaine. La perspective dominante aujourd'hui en psychologie de l'expertise est que cette rationalité est sérieusement restreinte, en particulier en raison des limites imposées par notre capacité de mémoire à court terme et par notre vitesse de traitement de l'information. Dès lors, les experts et les non-experts possèdent les mêmes structures et mécanismes cognitifs et biologiques ; si les experts sont en mesure de progresser au-delà du niveau de la majorité, c'est en grande partie grâce à un entraînement intensif (Chase & Simon, 1973 ; Ericsson *et al.*, 1993).

Deuxièmement, une meilleure compréhension du comportement expert permet le développement de techniques plus efficaces pour l'entraînement des experts eux-mêmes, qui profitent ainsi des avancées scientifiques qu'ils ont inspirées. Par exemple, en athlétisme, les limites humaines sont repoussées chaque année grâce à l'amélioration des techniques d'entraînement et l'on peut observer des performances considérées impossibles il n'y a que quelques années. Les temps de marathoniens médaillés olympiques au début du siècle sont comparables à ceux, aujourd'hui, de coureurs du dimanche. En natation, Mark Spitz a gagné sept médailles d'or aux Jeux olympiques de Munich en 1972, établissant au passage sept records du monde. Ces temps, considérés surhumains à l'époque, ne lui auraient pas permis de se qualifier pour les demi-finales aux Jeux olympiques de Pékin en 2008.

Troisièmement, une meilleure compréhension de la psychologie des experts nous permet d'améliorer les techniques d'éducation en général. La plupart d'entre nous ne sont pas des experts et restent en deçà de notre potentiel. Mais en principe, avec un entraînement adéquat, nous pourrions obtenir un niveau élevé de fonctionnement dans un domaine particulier, et cela plus rapidement que ce n'était le cas une génération auparavant. Le sujet plutôt inattendu du déminage illustre de manière frappante ce point. Les militaires et les membres de groupes de guérilla ont la fâcheuse habitude d'enterrer un nombre élevé de mines durant les conflits. Ces mines causent des blessures et des morts atroces, souvent bien après la fin des conflits. Les armées ont des unités de déminage, mais leur tâche est rendue ardue par la sophistication accrue des mines et en particulier par le fait que les mines contiennent de moins en moins de métal, ce qui rend leur détection de plus en plus difficile. L'armée américaine a récemment développé un nouvel équipement très complexe pour faciliter la détection des mines. Or, malgré la présence de cette technologie à la pointe du progrès, la plupart des soldats obtenaient des performances très faibles dans des tests de détection de mines (évidemment désamorcées). Davison, Staszewski et Boxley (2001) décrivent comment l'étude détaillée d'un expert dans ce domaine, c'est-à-dire une personne capable de repérer les mines avec une grande fiabilité, a mené au développement de méthodes d'entraînement qui permettent, en un temps relativement court (environ 30 heures), de former des soldats capables d'une performance pratiquement parfaite.

Finalement, comprendre le fonctionnement cognitif des experts nous permet de développer des systèmes artificiels capables de performances égales ou même supérieures à celles des humains. Comme nous le verrons dans la dernière partie de ce livre, il existe plusieurs « systèmes experts » opérant à un niveau tel qu'ils constituent un apport important pour l'industrie. Loin de représenter une menace pour notre espèce, de tels systèmes doivent être vus comme des outils prolongeant notre intelligence. Le nombre de problèmes auxquels l'humanité est confrontée (SIDA, disparités économiques, réchauffement climatique, etc.) est tel que ces outils, pour ne pas dire prothèses, sont indispensables (Gobet, 1997b).

4. Étude des comportements exceptionnels : deux traditions dominantes

Deux traditions psychologiques ont dominé l'étude des performances extraordinaires : l'une basée sur le talent et l'autre basée sur l'expertise (voir tableau 1.1). La première, qui a une histoire remontant au XIXe siècle avec la phrénologie de Franz Gall en Allemagne et les travaux de Francis Galton en Angleterre, essaie de démontrer que le talent – sous quelque forme que ce soit – est nécessaire pour obtenir un haut niveau de maîtrise. En particulier, des chercheurs tels qu'Eysenck (1987) ou Jensen (1982) ont suggéré que l'efficacité des processus élémentaires perceptifs et cognitifs covarie avec le quotient intellectuel (QI). Aujourd'hui, cette tradition est ancrée dans l'étude de l'intelligence et est caractérisée par l'emploi de corrélations (par exemple entre QI et aptitudes mathématiques) et le recours à des données provenant de la neurobiologie. Dans cette tradition, l'intérêt se centre avant tout sur les différences entre individus.

Tableau 1.1.

Caractéristiques des deux traditions qui ont dominé l'étude des performances extraordinaires : à gauche, les travaux sur l'expertise ; à droite, les travaux sur le talent.

Performance exceptionnelle	
Expertise	**Talent**
Expérimentation et modélisation	Études corrélatives
Psychologie cognitive	Psychologie de l'intelligence
Acquis	Inné
Similarité entre experts et novices	Différences entre experts et novices
Adultes	Enfants/Adultes
Normal	Normal et pathologique

Contrastant avec la prépondérance accordée à l'inné par les successeurs de Gall et de Galton, les membres de la seconde tradition de recherche[2] se sont intéressés avant tout aux mécanismes d'apprentissage et aux conditions de l'environnement permettant l'éclosion de performances extraordinaires. On étudie plutôt les adultes, alors que les travaux de la première tradition portent tout à la fois sur les enfants et les adultes. On s'intéresse avant tout au comportement extraordinaire chez les personnes « normales », avec peu de commentaires sur de tels comportements chez les personnes

---

2. Un ouvrage récent (Ericsson, Charness, Feltovich & Hoffman, 2006) présente une revue encyclopédique de ce type de recherche.

souffrant de troubles (p. ex., grands calculateurs autistes, ou écrivains ayant souffert d'épisodes dépressifs). On utilise peu les techniques corrélatives, et l'on donne préférence à l'expérimentation en laboratoire, où l'on essaie de reproduire de manière contrôlée certaines performances des experts. Par exemple, on va demander à un grand-maître d'échecs de trouver le meilleur coup dans une position donnée, à un médecin d'effectuer un diagnostic, ou à un joueur de football d'identifier la meilleure option dans une situation de jeu projetée sur un écran. Dans de nombreux cas, les expériences reprennent des protocoles expérimentaux bien connus en psychologie cognitive. L'intérêt porte davantage sur les similarités entre individus de niveaux d'expertise différents, les différences étant en général expliquées par des variations dans la quantité de pratique et d'étude consacrée au domaine d'expertise. Comme nous le verrons dans ce livre, ces expériences et leurs résultats ont parfois mené au développement de modèles réalisés sous la forme de programmes d'ordinateur, modèles qui reproduisent les aspects les plus intéressants de la performance des experts.

Bien que leur objet d'étude soit le même, les deux traditions que nous venons de décrire n'ont montré, jusqu'à présent, que fort peu d'intérêt mutuel. Pour dire vrai, les quelques rares échanges ont plutôt été caractérisés par une opposition tranchée que par un souci de communication (voir les échanges dans la revue *Behavioral and Brain Sciences* à la suite de l'article de Howe, Davidson & Sloboda, 1998, sur le rôle de la pratique en musique). Par exemple, Anders Ericsson et ses collègues (Ericsson & Smith, 1991 ; Ericsson, Krampe & Tesch-Römer, 1993) concluent plusieurs revues détaillées de la littérature par un verdict tranché : les corrélations avancées par les champions du talent n'existent pas ou sont très faibles. De la même façon, Eysenck (1995), un représentant influent du camp innéiste, rétorque que les données soutenant le rôle de la pratique ne sont pas concluantes et pourraient tout aussi bien être expliquées par des différences génétiques dans les compétences d'apprentissage. Quelques auteurs occupent une position intermédiaire dans ce continuum entre inné et acquis, parmi lesquels on peut mentionner Ceci (1990), Mackintosh (1998) ou Sternberg (1998).

De nombreux auteurs considèrent que talent et pratique constituent un continuum (p. ex., Janelle & Hillman, 2003). Dans cette optique, comme illustré par la partie (a) de la figure 1.1, nous avons d'un côté les personnes avec un talent maximal, et de l'autre les personnes dédiant une quantité optimale de pratique et d'étude à leur domaine. La plupart des individus se trouveraient quelque part entre ces extrêmes. Une représentation plus féconde consiste à représenter talent et pratique comme les deux dimensions indépendantes d'un espace, ce que nous ferons dans ce livre. Ainsi, un individu peut être à la fois peu talentueux et peu travailleur (étoile blanche dans la partie (b) de la figure), très talentueux et très travailleur (étoile noire), ou posséder n'importe quelle combinaison de ces deux variables (étoiles grise et pointillée).

Figure 1.1.

Deux conceptions du lien entre talent et expertise : (a) les deux concepts forment un continuum ;
et (b) les deux concepts constituent les axes d'un espace bidimensionnel.

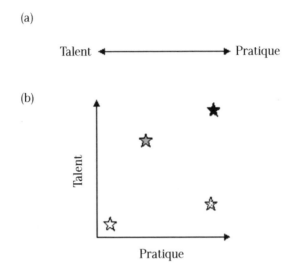

5. Contenu de l'ouvrage

La plupart des experts se concentrent sur un seul domaine. Cela a pour conséquence que les caractéristiques du domaine vont influencer de manière importante les
structures et les mécanismes cognitifs de ces experts. Cela soulève également une
question importante : en étudiant les experts, allons-nous apprendre quelque chose sur
leur psychologie, au-delà de ce que nous allons apprendre sur le domaine lui-même,
c'est-à-dire la structure de l'environnement ? Par exemple, est-ce que l'étude de mathématiciens va jeter une lumière nouvelle sur les mécanismes de pensée, ou simplement
reproduire un ensemble de connaissances qui pourrait être trouvé dans un manuel de
mathématiques ? À notre avis, c'est la première option qui s'applique. Les particularités de la cognition humaine, avec ses limites, sont telles qu'elles vont imposer des
contraintes sur la manière dont les experts représentent le domaine. En étudiant les
représentations des experts et la structure de l'environnement, il est possible d'inférer
quelles sont ces contraintes cognitives (Simon, 1969 ; Simon & Gobet, 2000).

L'étude de l'expertise sous ses nombreux aspects touche, d'une manière ou d'une autre,
non seulement l'ensemble de la psychologie, mais également d'autres domaines, tels
que biologie, informatique, sociologie, pédagogie, etc. Une grande partie de cet ouvrage
va s'adresser principalement aux aspects *cognitifs* de l'expertise (perception, mémoire,
prise de décision, intelligence, etc.), aspects qui sont peut-être les mieux compris scientifiquement. Nous aborderons également d'autres aspects, tels que motivation, développement, vieillissement, origines biologiques du talent, etc. Étant donné le nombre de

domaines à couvrir, et la complexité de certains d'entre eux — pensons à la psychologie de l'intelligence —, notre traitement sera en général bref et nous nous limiterons aux données ou théories les plus illustratives. Il en va de même des domaines d'expertise (p. ex., sports, jeux, arts). Bien que notre choix de sujets et la manière dont nous les avons traités renferment une part d'arbitraire, notre défense est que chacun de ces sujets justifierait à lui seul (au moins) un ouvrage entier.

6. Organisation de l'ouvrage

Dans la première partie de cet ouvrage, nous donnerons un historique de la recherche sur le talent et l'expertise et nous discuterons des principales techniques employées pour étudier les experts et leurs performances. Cela nous donnera l'occasion de présenter les théories qui ont été proposées pour expliquer les performances d'exception. En particulier, nous présenterons en détail la « théorie des chunks », proposée en 1973 par William Chase et Herbert Simon, car cette théorie servira de fil conducteur pour la présentation de la majorité des données empiriques. Ces données seront présentées dans la deuxième partie. Un grand nombre de données empiriques ont été amassées sur le comportement des experts, soit par une observation minutieuse, soit par des techniques expérimentales. Nous présenterons une sélection de ces données en utilisant les catégories couramment utilisées en psychologie, à savoir perception, mémoire, apprentissage, résolution de problème, prise de décision, intuition et créativité. Nous discuterons également en passant de ce qui est connu sur les habilités sensorielles et motrices des experts. Cette partie se terminera par deux chapitres relativement courts, l'un traitant du développement et du vieillissement, et l'autre d'aspects sociobiologiques de l'expertise, tels que différences entre les sexes et troubles de la personnalité.

Après cette discussion des résultats empiriques, la troisième partie commencera par une présentation des applications pratiques qui ont été faites des travaux sur le talent et l'expertise. Nous discuterons en particulier de l'éducation et l'intelligence artificielle. Nous revisiterons ensuite les approches théoriques introduites dans les chapitres 2 et 3 pour expliquer l'émergence du comportement expert, et notre évaluation critique soulignera tout à la fois les points forts et les points faibles de ces théories. Le chapitre de conclusion discutera dans quelle mesure plus de cent ans de recherche ont éclairci le rôle de l'inné et de l'acquis dans la genèse des performances extraordinaires.

Résumé

1. De nombreux critères ont été utilisés pour définir et mesurer l'expertise, tels qu'ancienneté, reconnaissance par la société et classements officiels. Ces critères ne sont pas toujours satisfaisants.

2. Le terme « expert » est parfois utilisé comme une étiquette sans que l'individu ainsi qualifié ne fasse preuve de compétences objectives. Le contexte peut ainsi créer un expert.

3. On différencie parfois « expertise de routine » et « expertise créative ».

4. L'étude des experts est importante car elle permet (a) de mieux comprendre la cognition humaine en général ; (b) de développer de meilleures techniques d'entraînement et d'éducation ; et (c) de développer des systèmes experts en intelligence artificielle.

5. L'étude des performances extraordinaires a été abordée selon deux traditions principales de recherche : (a) l'approche basée sur le talent, qui donne préséance aux explications reposant sur l'inné, et (b) l'approche basée sur l'expertise, qui privilégie les explications reposant sur l'acquis.

6. Les caractéristiques de l'environnement influencent de manière importante la cognition des experts.

Questions pour mieux retenir

1. Quels sont les différents critères qui ont été employés pour définir l'expertise ?

2. De quelle manière la société influence-t-elle le concept d'« expertise » ?

3. Quels sont les avantages offerts par l'étude de l'expertise ?

4. Quelles sont les caractéristiques principales de l'approche basée sur le talent et de l'approche basée sur l'expertise ?

Questions pour mieux réfléchir

1. Êtes-vous satisfait des définitions de l'expertise qui ont été proposées dans ce chapitre ? Pouvez-vous proposer de meilleures définitions ?

2. La société définit-elle vraiment l'expertise de manière arbitraire ? Est-ce que cela a un impact sur l'utilité de ce concept ?

3. Ce chapitre a proposé que l'étude de l'expertise offre quelques bénéfices importants à la société. Pouvez-vous en trouver d'autres ?

4. En plus de ceux mentionnés dans le chapitre, nommez quelques domaines pour lesquels les « experts » n'utilisent pas de connaissances scientifiquement reconnues. Pensez-vous que l'étiquette d'« expert » soit appropriée dans ces cas ?

Mots clefs

- Expertise
- Talent
- Dichotomie expert-novice
- Expertise de routine
- Expertise créatrice
- Rationalité limitée
- Inné
- Acquis

Lectures pour aller plus loin

Ericsson, K. A., Charness, N., Feltovich, P. J., & Hoffman, R. R. (Eds.) (2006). *The Cambridge handbook of expertise and expert performance.* New York: Cambridge University Press.

Eysenck, H. J. (1995). *Genius: The natural history of creativity.* New York: Cambridge University Press.

Feltovich, P. J., Ford, K. M. & Hoffman, R. R. (Eds.), *Expertise in context.* Menlo Park, CA: AAAI Press / The MIT Press.

Gardner, M. (1957). *Fads and fallacies in the name of science.* New York: Dover.

PARTIE 1
Histoire et méthodes

Sommaire

CHAPITRE 2

Historique des travaux sur le talent

L'étude du talent et de l'expertise a une longue histoire en psychologie, histoire qu'il est parfois difficile de différencier de celles d'autres lignes de recherche, telles que la recherche sur l'intelligence ou la recherche sur les habiletés motrices et sensorielles. Dans ce chapitre, nous présenterons un historique de la tradition influencée par la recherche sur l'intelligence ; dans le chapitre suivant, nous traiterons de l'approche étudiant les performances des experts en laboratoire.

Les champions de l'approche basée sur le talent essaient de comprendre les performances extraordinaires en utilisant le concept d'intelligence ; or le terme « intelligence » est lui-même controversé, et aucune définition n'est universellement acceptée (Gould, 1986 ; Mackintosh, 2004). Par exemple, lors d'une conférence en 1921, les experts (!) n'étaient pas arrivés à se mettre d'accord sur la signification de ce terme. Les définitions tournaient avant tout autour de concepts tels que pensée abstraite, aptitude à apprendre et aptitude à s'adapter à l'environnement. Soixante-cinq ans plus tard, en 1986, une autre conférence était organisée, et on était encore loin d'un consensus ; peut-être même que les dissensions avaient augmenté, car d'autres éléments étaient pris en compte dans les définitions (p. ex., l'importance des connaissances et le rôle du contexte et de la culture).

Aujourd'hui, l'étude de l'intelligence est dominée par le paradigme mettant en avant le rôle de l'hérédité et les liens avec les processus élémentaires biologiques, qu'ils soient perceptifs ou cognitifs. Cette tradition est très vieille : bien plus que pour l'expertise, les questions clés de la recherche sur l'intelligence et le talent – le débat entre l'inné et l'acquis, la multiplicité ou l'unité de l'intelligence, l'idée de mesurer l'intelligence, et l'idée de corréler cette mesure avec les temps de réaction dans des tâches élémentaires ou avec les performances scolaires – ont été formulées très tôt, il y a plus d'un siècle. Pour comprendre la recherche sur le talent, il est nécessaire de comprendre l'histoire des recherches sur l'intelligence, qu'elles soient ou non connectées à ce paradigme. Notre revue sera sélective car une revue complète des travaux portant sur l'intelligence n'est évidemment pas possible. Comme la plupart de ces questions sont présentes dans les travaux de Francis Galton, il est pertinent de commencer notre revue avec ce scientifique.

Tableau 2.1.
Les principales étapes de la recherche sur le talent.

Période	Dates approximatives	Caractéristique
1re période	des origines à 1904	Les précurseurs
2e période	1904-1938	La mathématisation de l'intelligence et du talent
3e période	1939-2000	Multiplication des théories
4e période	2000-présent	L'apport des neurosciences

1. 1re période : Les précurseurs

1.1 *Francis Galton*

Cousin de Charles Darwin, l'Anglais Francis Galton était un chercheur aux intérêts multiples et variés. En plus de ses travaux sur l'intelligence, il fut le premier à proposer l'emploi d'empreintes digitales pour identifier les humains. De manière moins flatteuse, il fut aussi le fondateur du mouvement eugénique, qui propose de contrôler la reproduction de certains groupes humains dans le but d'améliorer le patrimoine génétique de notre espèce.

Dans son ouvrage *Le génie héréditaire*, paru en 1869, il propose une théorie du génie qui combine deux idées alors à la mode : la théorie de Darwin sur l'évolution naturelle et les considérations statistiques du Belge Adolphe Quételet sur la distribution des traits humains. En particulier, il avance que le génie est distribué de manière normale (voir figure 2.1) et qu'il est transmissible héréditairement. Galton propose également qu'il existe une hiérarchie raciale pour ce qui est de l'intelligence. Selon lui, le pinacle de l'intelligence aurait été atteint par les Grecs durant la période classique. Les Anglais suivraient de peu, précédant d'autres « races » européennes. Les pays africains seraient loin derrière.

Figure 2.1.

La distribution normale. Selon Galton, le génie serait distribué en suivant cette courbe, avec peu de personnes ayant très peu ou énormément de génie, et la plupart ayant une quantité de génie moyenne.

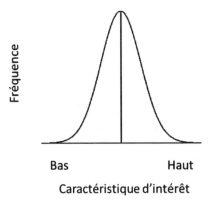

Galton essaie de corroborer empiriquement ses idées sur le génie et l'intelligence. Il étudie l'hérédité des personnes éminentes en comparant les fils naturels d'hommes éminents avec les fils adoptifs de ces mêmes personnages. Sa conclusion que l'« éminence » est héréditaire est cependant infondée, car son plan expérimental ne propose qu'un contrôle limité des effets de l'environnement et les mesures employées sont très subjectives. Bien qu'il n'ait pas recueilli de telles données lui-même, il fut le premier à proposer d'étudier l'hérédité de l'intelligence en comparant des jumeaux monozygotes et dizygotes, une méthode couramment utilisée aujourd'hui.

Finalement, il a avancé que l'intelligence est matérialisée par des aptitudes élémentaires de discrimination sensorielle. Cela l'amène à développer le premier test d'intelligence, qui mesurait des temps de réaction dans des tâches de discrimination (p. ex., discriminer entre deux couleurs ou discriminer entre deux poids). Ces tests furent plus tard élaborés par James McKeen Cattell et Clark Wissler aux États-Unis.

Malgré des vues parfois racistes et sexistes — qui, il est vrai, étaient très répandues en Angleterre à cette époque —, Galton a contribué de manière importante à l'étude du talent et de l'intelligence. Il a identifié des questions centrales et a proposé des méthodes empiriques qui sont utilisées encore aujourd'hui.

1.2 Alfred Binet

Bien que Binet soit mentionné dans ce chapitre en raison de ses contributions sur le développement des tests d'intelligence, son style de recherche le place plutôt dans la tradition des chercheurs sur l'expertise (nous allons discuter dans le chapitre suivant ses travaux sur les grands calculateurs et les joueurs d'échecs). Mandé par l'Instruction publique française de développer une méthode rapide et efficace pour identifier les enfants possédant des problèmes intellectuels à l'école, Binet adopta une approche pragmatique axée sur le bon sens. Après un premier échec en 1896, il développa avec Théodore Simon le premier test moderne d'intelligence en 1905.

Le test de Binet-Simon souligne l'importance de l'intelligence pratique, du sens commun, et des aptitudes à interagir avec le monde externe. Le test comprend des tâches telles que montrer les parties de son corps et donner des définitions. Les scores obtenus sont mis en relation avec l'âge biologique, qui est utilisé comme un critère indépendant d'intelligence. Cela permet d'établir l'*âge mental* de l'enfant et ainsi de le comparer avec des enfants du même âge. Le terme de quotient intellectuel (QI) fut en fait développé plus tard par Stern (1912). Il est obtenu en divisant l'âge mental par l'âge chronologique et en multipliant le tout par 100. Les tests modernes d'intelligence (p. ex., le test de Stanford-Binet et le test de Wechsler) sont inspirés par le test de Binet-Simon, mais sont également le produit d'un considérable travail de standardisation et de validation.

Binet considérait l'intelligence comme un phénomène complexe, réalisé par des processus mentaux non moins complexes. Il insistait sur le fait que son test ne mesurait pas des aptitudes innées, et le fait que l'intelligence telle que mesurée par son test se distinguait des connaissances scolaires.

2. 2ᵉ période : La mathématisation de l'intelligence et du talent

Au début du XXᵉ siècle, l'histoire de la statistique est intimement liée aux recherches portant sur l'intelligence. En particulier, deux méthodes sont développées pour répondre aux questions que les psychologues se posent sur l'intelligence : le calcul de corrélation et l'analyse factorielle.

Le calcul de corrélation, anticipé par Galton, est développé par Karl Pearson et Charles Spearman. Une corrélation mesure le degré de relation linéaire entre deux variables ; elle va de -1 (corrélation négative parfaite) à $+1$ (corrélation positive parfaite) en passant par 0 (absence de corrélation). Spearman, en particulier, en fait un usage direct pour l'étude de l'intelligence. Il trouve que les corrélations entre plusieurs mesures de discrimination sensorielle sont positives et qu'elles peuvent être résumées par une mesure agrégée. Il trouve également que ces mesures corrèlent positivement avec les aptitudes intellectuelles, mesurées par les résultats scolaires.

Spearman était plus un mathématicien qu'un psychologue. Fin statisticien, il développa plusieurs techniques pour l'aider à analyser les résultats de tests d'intelligence. Ces techniques sont encore utilisées aujourd'hui. En plus de la corrélation qui porte son nom, il fut l'un des créateurs de la technique dite d'« analyse factorielle », une technique visant à extraire les facteurs communs à partir d'un ensemble de mesures présentant entre elles de fortes corrélations. Il propose que la variabilité des résultats sur un test peut être partagée en deux sources : g (intelligence générale) et s (source spécifique de variabilité). (Voir figure 2.2.)

Figure 2.2.

La théorie de l'intelligence de Spearman. Le grand cercle en gris clair représente la variabilité expliquée par g, et les ellipses en gris foncé représentent la variabilité expliquée par les sources spécifiques.

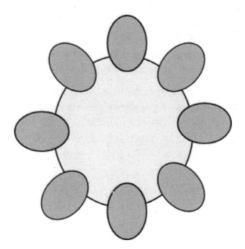

Figure 2.3.

La théorie de l'intelligence de Thurstone. Les ellipses en gris foncé représentent la variabilité expliquée par les facteurs d'aptitude primaires.

Louis Thurstone, un autre inventeur de l'analyse factorielle, utilisa une approche différente pour décomposer la variance des tests en facteurs indépendants. Au lieu d'arriver à la conclusion que *g* existe, il suggère qu'il existe sept facteurs d'aptitude primaires : compréhension verbale, fluidité verbale, aptitude numérique, aptitude spatiale, mémoire associative, vitesse perceptive et raisonnement (voir Gould, 1986, pour des détails techniques). Donc, Spearman et Thurstone, utilisant pratiquement la même technique mathématique pour analyser leurs résultats, arrivent à une conclusion diamétralement opposée quant à l'unité ou à la multiplicité de l'intelligence (voir figure 2.3).

L'introduction du test de Binet-Simon aux États-Unis par Lewis Terman, de l'Université de Stanford (le test sera renommé « test de Stanford-Binet ») aura une double influence. Premièrement, passé comme test individuel, il dominera le marché jusque vers les années 1950, puis partagera son hégémonie avec le test de Wechsler. Ce dernier test est également basé sur une variété d'épreuves (14 pour être exact) et permet d'établir, en plus du QI général, un QI verbal et un QI non verbal.

Deuxièmement, une variante collective du test (l'« Army test » développé par Goddard, Terman et Yerkes) sera passée systématiquement aux conscrits de l'armée américaine lors de la Première Guerre mondiale. Ainsi, il sera administré à près de deux millions de recrues. Cette variante collective du test a aujourd'hui encore un impact sur la société américaine, car elle a inspiré les tests utilisés pour l'admission aux universités de ce pays.

L'idée du QI sera utilisée pour comprendre les bases du talent dans deux études influentes, si ce n'est concluantes. Dans une étude longitudinale commencée en 1921 et poursuivie durant plus d'un demi-siècle, Terman (1925-1959 ; Holohan & Sears, 1995) sélectionne environ 1 500 enfants californiens avec un QI supérieur ou égal à

135[1] et suit le développement de leur carrière adulte. La plupart auront des professions prestigieuses, telles qu'avocats, chefs d'entreprise ou hommes politiques, mais, au grand désappointement de Terman, peu auront des carrières particulièrement créatrices. De fait, il y avait un futur prix Nobel de physique dans la population de départ de Terman – William Stockley, qui co-inventa le transistor – mais il ne fut pas sélectionné du fait d'un QI trop bas.

Catharine Cox (1926) emploie une autre méthodologie, beaucoup plus faible que celle de Terman car le QI n'est pas mesuré directement par un test. Elle essaie d'estimer de manière rétroactive le QI de personnalités célèbres dans l'histoire de la civilisation occidentale : hommes d'État, compositeurs, généraux, scientifiques, pour ne donner que quelques exemples. Pour ce faire, elle emploie des renseignements tirés de biographies, tels que l'âge de l'apprentissage de la lecture, exemples d'activités précoces et résultats scolaires. Goethe obtient un QI de 210, Pascal de 195, alors que Mozart doit se contenter d'un QI de 165. De manière peu surprenante, la méthode et les résultats de Cox ont été sévèrement critiqués (voir, par exemple, Mackintosh, 2004).

3. 3ᵉ période : Multiplication de théories

Nous l'avons vu, deux écoles ont dominé la recherche sur la mesure de l'intelligence : l'école unitaire, inspirée par Spearman, qui considère l'intelligence comme une structure monolithique, et l'école pluraliste, motivée par l'analyse factorielle de Thurstone, qui, au contraire, considère que l'intelligence peut être divisée en plusieurs types d'intelligences particulières, telles que verbale ou mnésique. Cette division a dominé les débats lors de la 3ᵉ période et est loin d'avoir été résolue encore aujourd'hui.

3.1 *École unitaire*

La majorité des chercheurs, emmenés par des psychologues comme Hans Eysenck en Angleterre et Arthur Jensen aux États-Unis, ont utilisé le *g* de Spearman comme base de leur recherche. Ils ont essayé de montrer que *g* covariait avec une variété de mesures, telles que conduction nerveuse ou volume du cerveau, et avec des tâches élémentaires, telles que tâches mesurant le temps de réaction.

Bien que ce type de recherche ait été critiqué pour des raisons méthodologiques, mais aussi politiques et morales (p. ex., Gould, 1986 ; Lewontin, Rose, & Kamin, 1984), il semble que certaines au moins de ces corrélations soient robustes. Par exemple, une analyse de plus de 54 expériences semble montrer qu'il existe bien une corrélation entre la grandeur de la tête (et, en conséquence, le volume du cerveau) et le QI (Vernon *et al.*, 2000). Cette corrélation reste valable lorsque l'on considère uniquement les

---

1. Environ deux enfants sur cent ont un QI supérieur ou égal à 135.

mesures les plus perfectionnées, par exemple effectuées avec des techniques d'imagerie cérébrale.

L'interprétation de ces résultats n'est pas aisée ; comme d'habitude, il est difficile de séparer le rôle de l'inné, de l'acquis, et de l'interaction entre ces deux sources de variabilité. Une complication additionnelle est que, dans certaines études considérées par Vernon *et al.* (2000), certains sujets souffraient de troubles neurologiques, ce qui a pu avoir la conséquence de surestimer l'ampleur des corrélations. On peut également mentionner que des corrélations apparemment dénuées de sens ont été trouvées en ce qui concerne le QI (Gould, 1986). Par exemple, il existe une corrélation entre le QI et la taille (.25) ; de manière intéressante, cette corrélation est comparable à la corrélation obtenue entre volume du cerveau et QI (les résultats vont de .15 à .40).

Quoi qu'il en soit, ces résultats ont des répercussions directes pour les théories du talent. Si, comme proposé par Eysenck (1995), le talent est directement lié à l'intelligence, et si le QI est lié à des variables biologiques telles que conduction nerveuse ou volume du cerveau, on peut alors conclure que le talent a des bases biologiques bien établies. Pour tester cette hypothèse, Nettelbeck et Lalley (1976) ont essayé de montrer que les personnes avec un QI plus élevé répondent plus rapidement dans une tâche où il faut discriminer aussi rapidement que possible entre deux lignes verticales (une longue et une courte) qui apparaissent sur un écran d'ordinateur (voir figure 2.4). Alors que les premiers résultats corroborèrent l'idée d'une corrélation entre QI et temps de détection, cette corrélation fut plus faible voire inexistante dans les expériences ultérieures (Mackintosh, 1998).

Figure 2.4.

Exemple du type de stimulus employé par Nettelbeck et Lalley (1976). Deux lignes verticales de longueurs différentes sont d'abord présentées, suivies d'un masque. La tâche consiste à dire quelle ligne est la plus longue.

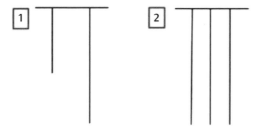

Malgré le grand nombre de travaux effectués, la ligne de recherche adoptée par l'école unitaire n'a pas donné de résultats tranchés (Mackintosh, 1998). Cependant, les récents développements en imagerie cérébrale et en génomique lui ont donné une vigueur accrue, et elle est encore aujourd'hui poursuivie de manière énergique. Notre impression est que *g*, bien qu'une mesure pratique qui est facile à obtenir, assemble trop d'intelligences diverses en une seule variable et par là même perd trop d'information. Pour étudier le talent avec le concept d'intelligence, une approche différenciant différents types d'intelligence semble plus prometteuse.

3.2 *École pluraliste*

L'école pluraliste n'est pas restée passive face à ces développements. Cattell (1971) propose deux types principaux d'intelligence. L'*intelligence fluide* peut être définie comme l'aptitude à résoudre des problèmes en temps réel, et peut être mesurée par exemple par des tâches de raisonnement déductif ou inductif. L'*intelligence cristallisée* se réfère aux connaissances qui ont été emmagasinées durant l'existence d'une personne : connaissances verbales évidemment, qui sont mesurées par la partie verbale du test de Wechsler, mais également connaissances scientifiques, connaissances liées au bon sens, et connaissances visuelles, pour n'en citer que quelques-unes. Une question intéressante, qui probablement requiert différentes réponses avec différents domaines d'expertise, est de savoir dans quelle mesure l'intelligence fluide et l'intelligence cristallisée sont employées par les personnes reconnues comme les meilleures dans un domaine donné.

Guilford (1967, 1982), s'inspirant des sept facteurs proposés par Thurstone, développe une théorie de l'intelligence comprenant 150 facteurs, organisés sous trois axes (opérations, produits, et contenus ; voir figure 2.5). Comme nous allons le voir au chapitre 6, Guilford a également utilisé cette théorie pour expliquer le phénomène de la créativité.

Figure 2.5.

Le cube de Guilford, qui décrit 150 facteurs de l'intelligence.

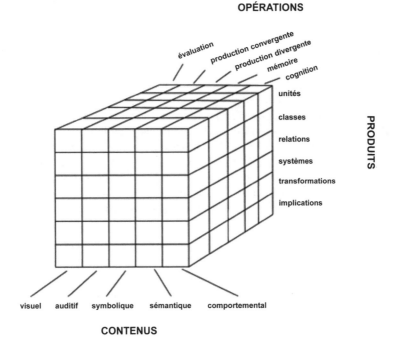

Howard Gardner, un autre représentant de l'école pluraliste, a argué explicitement que le talent est directement lié aux intelligences multiples qu'il a identifiées. Dans son livre *Frames of mind* (1983), il critique l'approche unitaire de l'intelligence et défend l'idée d'intelligences multiples. En outre, il critique l'emploi des tests d'intelligence s'ils sont employés comme l'unique façon d'évaluer les capacités intellectuelles d'une personne. Utilisant des critères bien définis, il identifie sept types d'intelligence : logico-mathématique, linguistique, musicale, visuo-spatiale, corporelle-kinesthésique, interpersonnelle, et intrapersonnelle. Gardner emploie toute une série de critères objectifs pour décider qu'une aptitude donnée constitue vraiment une intelligence. Par exemple, cette aptitude doit être mesurable par des tests psychométriques, susceptible d'être détériorée par des lésions cérébrales spécifiques, suivre une trajectoire de développement caractéristique, et dépendre de processus cognitifs propres.

Dans son livre *Creating Minds*, Gardner (1993a) choisit sept personnalités particulièrement créatives pour illustrer les sept intelligences prédites par sa théorie. Einstein est considéré comme un archétype de l'intelligence logico-mathématique, l'écrivain anglo-américain T. S. Elliot de l'intelligence linguistique, Stravinsky de l'intelligence musicale, Picasso de l'intelligence visuo-spatiale, la danseuse Martha Graham de l'intelligence corporelle-kinesthésique, Gandhi de l'intelligence interpersonnelle, et Freud de l'intelligence intrapersonnelle. De toute évidence, chacune de ces personnalités montre un très haut niveau de fonctionnement en ce qui concerne l'intelligence pour laquelle elle a été sélectionnée. Cependant, contre ses attentes, Gardner doit conclure que ces personnalités ont en général des aptitudes développées non seulement pour l'intelligence qui les concerne directement, mais pour deux ou trois types d'intelligence. De plus, d'autres facteurs jouent également un rôle essentiel, parmi lesquels on peut mentionner une motivation hors du commun, une rage de maîtriser le domaine d'élection qui va jusqu'à l'obsession, un environnement favorable, sans oublier un brin de chance.

Quoique fascinant, cet ouvrage de Gardner a une approche très qualitative pour ne pas dire impressionniste, et laisse de nombreuses questions ouvertes à d'autres types d'interprétations. De manière plus générale, un problème soulevé par l'approche de Gardner est que les critères qu'il avait sélectionnés pour identifier ce qui constitue une intelligence ne sont pas aussi restrictifs que souhaités. D'ailleurs, Gardner lui-même a depuis la parution de son livre sur les intelligences multiples ajouté deux autres types d'intelligence. La première est l'intelligence naturaliste, caractérisée par l'aptitude à reconnaître animaux, plantes et autres entités naturelles, et pour laquelle Darwin constitue un exemple type. La seconde est l'intelligence existentielle (ou spirituelle), que Gardner définit comme la capacité de réfléchir à des questions philosophiques sur le sens de la vie, la mort et l'univers. Un exemple de ce type d'intelligence est offert par Winston Churchill.

De plus, certains critiques ont avancé, avec raison à notre avis, que d'autres aptitudes pourraient satisfaire les critères de Gardner, telles que la reconnaissance des visages (Brody, 1992) ou l'apprentissage de langues étrangères (Ellis, 1994). Finalement, plusieurs auteurs, par exemple Waterhouse (2006), ont noté que le support empirique de cette théorie est quasiment inexistant.

3.3 Autres emplois du concept d'intelligence

Plusieurs chercheurs ont essayé de trouver un compromis entre l'approche unitaire et l'approche pluraliste, profitant du fait que les développements techniques portant sur l'analyse factorielle permettent maintenant de développer des modèles hiérarchiques plus complexes. Il est communément admis que l'effort le plus accompli dans ce sens est celui de John Carroll (1993), qui résume dans son modèle les résultats de plus de 450 études sur l'intelligence ayant utilisé l'analyse factorielle. Carroll résout le conflit théorique entre Spearman et Thurstone en proposant un modèle hiérarchique comprenant trois niveaux. Le premier niveau — le sommet de la hiérarchie — couvre l'intelligence générale, qui est assez proche du g de Spearman. Le deuxième niveau comprend huit facteurs principaux : intelligence fluide, intelligence cristallisée, mémoire générale, perception visuelle générale, perception auditive générale, récupération générale, vitesse cognitive générale et vitesse de traitement générale. Ces facteurs principaux, qui reprennent certains des facteurs proposés par Thurstone et Cattell (voir plus haut), sont le produit de 69 facteurs plus spécifiques, que Carroll appelle facteurs secondaires. Par exemple, le facteur principal de mémoire générale comprend des facteurs secondaires tels que mémoire associative, rappel libre, mémoire visuelle, etc. Un modèle similaire a été utilisé dans le cadre de l'expertise pour étudier les différences cognitives sous-tendant les aptitudes au jeu de go, et les prédictions du modèle ont été comparées avec les résultats obtenus avec des joueurs japonais allant de débutants à grand-maîtres (Masunaga & Horn, 2001).

D'autres modèles essayent de combiner les concepts issus de la recherche sur l'intelligence avec des concepts issus de la psychologie cognitive. Peut-être que le plus influent de ces modèles hybrides est le modèle « triarchique » de Robert Sternberg (1985), qui comprend trois dimensions. La *dimension contextuelle* a trait à ce que Sternberg appelle le relativisme culturel, et décrit comment l'intelligence pratique rend possible l'adaptation à des environnements qui peuvent être changeants. La *dimension de l'expérience* traite des capacités d'un individu à s'adapter à de nouvelles situations, et également de la manière dont il peut automatiser son comportement. Finalement, la *dimension compositionelle* a trois composantes : (a) les métacomposantes permettent d'inspecter et de contrôler — au moins en partie — ses propres processus mentaux ; (b) les composantes de performance comprennent des processus tels qu'encodage et retrait d'information en mémoire ; et finalement (c) les composantes liées à l'acquisition des connaissances comprennent des mécanismes tels que l'attention et l'apprentissage. Pour Sternberg, comprendre les interactions entre ces trois dimensions est nécessaire si l'on veut développer une théorie complète de l'intelligence.

Cette théorie, ainsi que des variations ultérieures, ont été utilisées pour expliquer l'intelligence pratique, qui joue un rôle dans certains types d'expertises. C'est l'intelligence que l'on emploie pour résoudre le type de problèmes que l'on rencontre dans la vie quotidienne, que ce soit au travail ou à la maison. Un concept important dans ce domaine est celui des connaissances tacites, c'est-à-dire des connaissances que l'on ne peut pas verbaliser. Nous reviendrons sur ce concept au chapitre 6.

3.4 Autres approches du talent

Il serait faux de prétendre que tous les chercheurs intéressés au talent se sont basés sur des concepts propres à l'intelligence. Certains ont employé des notions plus proches de la biologie et des neurosciences. Un bon exemple est offert par Geschwind et Galaburda (1985), qui basent leur théorie du talent sur le développement neuronal du fœtus. Winner (1997), dans son livre sur les surdoués, critique sévèrement l'emploi d'une mesure unitaire et adopte une approche éclectique combinant les neurosciences, la génétique, la pathologie du développement et la théorie de Gardner sur les intelligences multiples. Nous reviendrons sur ces travaux au chapitre 8.

Une autre démarche consiste à analyser les biographies de personnes célèbres, non pas pour estimer de manière rétroactive la valeur du QI, comme cela était le cas avec les travaux de Cox (1926), mais pour identifier des lois scientifiques dans la manière dont certaines caractéristiques (structure de famille, taux de production, âge auquel la carrière productrice a commencé, etc.) structurent les performances extraordinaires en art, en science ou en politique. Le chef de file de cette approche est, sans doute possible, Keith Simonton, qui a extrait toute une série de données sur les personnalités extraordinaires, qu'il a ensuite soumises à des analyses statistiques et mathématiques pointues. Par exemple, il dérive une courbe mathématique caractérisant la probabilité de produire des œuvres scientifiques en fonction de l'âge. Nous discuterons de quelques-unes des conclusions de Simonton plus en détail au chapitre 8.

4. 4e période : La contribution des neurosciences

Depuis la fin des années 1980, un nombre important de travaux sur le talent ont été effectués avec les nouvelles techniques d'imagerie cérébrale (imagerie par résonance magnétique fonctionnelle et tomographie par émission de positons), ainsi qu'avec la technique plus ancienne d'électro-encéphalographie. Par exemple, des recherches empiriques ont suggéré que g est encodé par des réseaux neuronaux situés dans le lobe frontal (approximativement, la partie du cerveau située derrière le front) et le lobe pariétal (en gros, la partie supérieure du cerveau) (voir Gray & Thompson, 2004, pour une revue de la question). De manière intéressante, ces travaux présagent un rapprochement entre les traditions portant sur le talent et l'expertise, du fait qu'ils utilisent les mêmes techniques et se réfèrent à un cadre théorique semblable. Ces avancées seront discutées plus en détail au chapitre 8.

5. Discussion

Les approches basées sur l'analyse factorielle — que ce soient celles de Spearman ou de Thurstone — offrent une vue très statique de l'intelligence. L'intelligence est considérée comme une structure, et aucune place n'est accordée aux *mécanismes* qui permettent à l'intelligence de résoudre des problèmes ou de s'adapter au milieu. Une autre faiblesse de cette approche est que l'on obtient différents résultats — une, deux, sept ou même davantage d'intelligences — suivant le type d'analyse factorielle qui est employé. L'hypothèse selon laquelle l'intelligence est directement due à la capacité de rendement du système nerveux — un développement particulier de l'approche de Spearman — a produit des résultats contradictoires. De plus, la direction de la causalité n'est pas toujours claire. Finalement, on a également critiqué l'hypothèse que le QI est une mesure valide, stable et suffisante.

Les théories hiérarchiques, en particulier celle de Carroll, ont l'avantage d'unifier les approches de Spearman et de Thurstone. Mais cela est réalisé à un prix important : le modèle obtenu dépend du choix des batteries de test et des techniques d'analyse factorielle utilisées. Avec le même ensemble de données, différents modèles hiérarchiques sont possibles, et il est souvent difficile de décider lequel est le meilleur.

L'intégration de concepts propres à la psychométrie (c'est-à-dire la mesure de l'intelligence par des tests) avec des idées provenant de la psychologie cognitive semble une piste intéressante, mais elle n'a été que relativement peu explorée. Il y a certes d'autres tentatives en plus des travaux de Sternberg que nous avons décrits, mais leur nombre est restreint. La force de cette approche est qu'elle rend justice à la complexité de l'intelligence humaine et qu'elle donne une vue plus dynamique de l'intelligence que les modèles basés sur l'analyse factorielle. Sa faiblesse est que les modèles théoriques deviennent rapidement très compliqués et manquent de précision, ce qui empêche de dériver des prédictions claires et tranchées.

Nous avons vu que les travaux sur l'intelligence ont généré un nombre considérable de théories, mais que celles-ci manquent souvent de détails et sont ainsi difficilement testables. Ces travaux ont soulevé des questions importantes pour comprendre le talent — l'intelligence est-elle unitaire ou multiple ? Est-elle transmise de manière héréditaire ? Quel est le lien entre intelligence et connaissances ? — mais on peut discuter de savoir si les réponses sont vraiment claires. On peut espérer que les nouveaux développements en neurosciences pourront clarifier certains points fondamentaux, mais il ne faut pas oublier que les techniques de neurosciences soulèvent elles-mêmes des questions méthodologiques aiguës.

Résumé

1. Il existe un chevauchement considérable entre les recherches portant sur le talent et celles portant sur l'intelligence.

2. Les deux précurseurs les plus influents des recherches sur l'intelligence sont Francis Galton, pour qui l'intelligence et le talent sont innés, et Alfred Binet, pour qui l'intelligence est un phénomène complexe qui va au-delà de composantes innées.

3. Bien qu'employant des techniques mathématiques semblables (des variantes de l'analyse factorielle), Spearman et Thurstone arrivent à des conclusions différentes. Pour le premier, l'intelligence est dominée par g (intelligence générale), pour le second, elle consiste en sept facteurs. Ces deux approches offrent les fondements mathématiques de la psychométrie – la mesure de l'intelligence par des tests.

4. De nos jours, deux approches dominent les recherches sur l'intelligence et le talent : l'approche unitaire (basée sur Spearman) et l'approche pluraliste (basée sur Thurstone), dont la théorie des intelligences multiples de Gardner constitue l'un des meilleurs exemples. Plusieurs modèles hiérarchiques essaient de combiner l'approche de Spearman et celle de Thurstone. La théorie triarchique de Sternberg marie la psychométrie (l'approche consistant à mesurer l'intelligence) avec la psychologie cognitive.

Questions pour mieux retenir

1. Quelles sont les théories principales de l'intelligence ? Résumez chacune d'elles en une phrase.

2. Décrivez les techniques de corrélation et d'analyse factorielle.

3. Définissez intelligence fluide et intelligence cristallisée.

4. Décrivez en détail la théorie des intelligences multiples de Gardner.

Questions pour mieux réfléchir

1. Comparez les théories de Spearman et de Thurstone. Quels sont les avantages et les désavantages de chacune de ces théories ?
2. Évaluez la méthodologie employée par Cox (1926). Quels sont les points forts et faibles de cette étude ? Comment pourrait-on l'améliorer ?
3. La mesure de l'intelligence par les tests de QI est très répandue aux États-Unis, et a un impact considérable sur la vie des Américains (p. ex., sélection d'entrée à l'université). Est-ce que c'est une bonne chose ? Discutez les avantages et les désavantages de cet état de fait.
4. La recherche sur l'intelligence et le talent repose en grande partie sur des corrélations, et il n'y a que peu de travaux employant l'expérimentation. Quelles sont les conséquences de cette méthodologie sur le type et la qualité des théories qui sont développées dans ce champ de recherche ?
5. Comme nous l'avons noté, le futur prix Nobel William Stockley est passé entre les mailles du filet tendu par Terman et ses collègues. Terman employa *g* comme mesure. Aurait-il eu plus de chance avec l'approche prônée par Gardner ?

Mots clefs

- Quotient intellectuel (QI)
- Intelligence
- Inné
- Acquis
- g
- QI
- École unitaire
- École pluraliste
- Intelligence fluide
- Intelligence cristallisée
- Théorie des intelligences multiples
- Modèles hiérarchiques
- Modèle triarchique
- Intelligence pratique
- Connaissances tacites

Lectures pour aller plus loin

Ceci, S. J. (1990). *On intelligence... More or less: A bio-ecological theory of intellectual development.* Englewood Cliffs, NJ: Prentice Hall.

Gardner, H. (1997). *Les formes de l'intelligence.* Paris : O. Jacob.

Gould, J. S. (1997). *La mal-mesure de l'homme.* Paris : O. Jacob.

Mackintosh, N.J. (2004). *Q.I. & intelligence humaine.* Collection : Neurosciences & cognition. Paris: De Boeck.

CHAPITRE 3

Historique des travaux sur l'expertise

Historiquement, et en simplifiant quelque peu, on peut diviser les recherches expérimentales sur l'expertise en quatre grandes périodes : la première comprend les travaux précurseurs ; la deuxième voit la création des fondements théoriques qui sont encore aujourd'hui dominants ; la troisième consiste en une période de consolidation empirique et de différenciation théorique ; finalement, la quatrième, qui a commencé à la fin des années 1990, est le témoin de l'application de techniques neuroscientifiques de pointe (en particulier de techniques d'imagerie du cerveau) à l'étude de l'expertise.

Tableau 3.1.

Les principales étapes de la recherche sur l'expertise.

Période	Dates approximatives	Caractéristique
1re période	des origines à 1945	Les précurseurs
2e période	1945-1975	Les fondements
3e période	1975-2000	Foisonnement empirique et différenciation théorique
4e période	2000-présent	L'apport des neurosciences

1. 1re période (des origines à 1945) : Les précurseurs

La première période remonte aux origines de la psychologie et se termine avec la fin de la Seconde Guerre mondiale. Durant cette période, certains psychologues vont adresser de manière empirique des questions posées auparavant par des philosophes. Cependant, l'influence négative du béhaviorisme limita l'impact de ces recherches et le nombre de travaux conduits, en particulier aux États-Unis. On peut mentionner trois travaux principaux, qui vont influencer les recherches futures.

L'étude de Binet (1894), consacrée aux « grandes mémoires » des joueurs d'échecs et des calculateurs mentaux, peut être considérée comme la première étude expérimentale sur l'expertise. Dans le cas des échecs, le père des tests d'intelligence[1] s'intéressait avant tout au rôle des images visuelles dans le jeu « à l'aveugle », une variante du jeu d'échecs dans laquelle un joueur dispute une ou plusieurs parties sans avoir recours à un support externe (échiquier et pièces). Se basant sur les réponses à un questionnaire qu'il avait envoyé aux meilleurs joueurs de l'époque, Binet conclut que la représentation utilisée par les joueurs d'échecs est très abstraite et qu'elle ne s'appuie pas sur une représentation détaillée des pièces et de l'échiquier. À son avis, le jeu à l'aveugle

---

1. De manière intéressante, les deux traditions de recherche commencées par Alfred Binet (expertise et intelligence) sont restées — et restent encore — séparées (voir chapitre 1).

requiert trois qualités essentielles : l'érudition (connaissances spécifiques), l'imagination (faculté de visualiser une position) et la mémoire ; cependant, la description de ces « facultés » reste plutôt vague.

Les travaux de Binet sur les grands calculateurs sont plus intéressants, en partie du fait qu'ils utilisent des techniques expérimentales plus efficaces que l'approche des questionnaires employée avec le jeu d'échecs. Contrairement à ses travaux sur les échecs, ses résultats avec les grands calculateurs sont encore d'actualité aujourd'hui : Binet a anticipé tout à la fois certaines techniques et certains résultats obtenus par l'étude moderne de l'expertise. Parmi les techniques intéressantes, on peut mentionner la technique consistant à mémoriser un tableau de chiffres, et celle consistant à demander au sujet de réciter les chiffres suivant des ordres divers (de haut en bas, de bas en haut, en diagonale, etc. ; voir figure 3.1). Parmi les résultats intéressants, on peut mentionner le fait que Binet ait mis en évidence le rôle des stratégies et des connaissances.

Figure 3.1.

Différents ordres de rappel d'une matrice de chiffres.

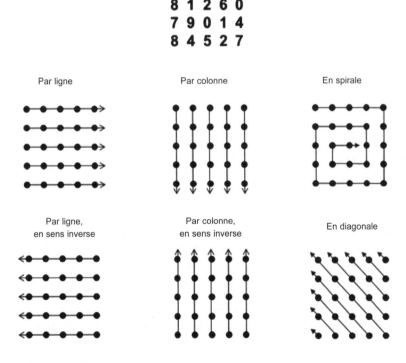

À la fin du XIXᵉ siècle, Bryan et Harter (1899) ont écrit un article très influent sur l'apprentissage du morse. Ces auteurs ont étudié en détail le développement de l'expertise chez deux télégraphistes durant près de 40 semaines. Ils proposent que l'expertise se développe par plateaux. Ces plateaux permettraient aux composantes de l'expertise d'être automatisées, ce qui autorise le passage au plateau suivant (par exemple, une fois les lettres reçues automatiquement, le télégraphiste peut se concentrer sur la réception des mots). Ils notent également que, selon les télégraphistes professionnels, il faut dix ans pour obtenir un haut niveau d'expertise. Ce nombre a été vérifié depuis dans de nombreux domaines différents au point qu'on parle parfois de la « règle des 10 ans » (cf. Simon & Chase, 1973). Par contre, l'idée d'une progression par plateaux, bien que proposée pour d'autres domaines (par exemple, Cleveland, 1907, pour l'apprentissage du jeu d'échecs), est loin d'avoir été validée. Comme le note Shiffrin (1996), l'observation et la mesure de tels plateaux posent des problèmes pratiques qui sont probablement insolubles (voir figure 3.2).

Figure 3.2.

Développement par paliers (haut) et développement continu (bas).

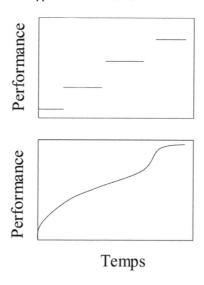

Après la Première Guerre mondiale, Djakov, Petrovski et Rudik (1927) ont étudié en détail douze maîtres d'échecs (parmi les meilleurs de l'époque) à l'aide de tests psychotechniques ; ils ont trouvé que les maîtres d'échecs sont supérieurs aux sujets du groupe contrôle (constitué de personnes ne jouant pas aux échecs) dans tous les tests mettant en jeu l'échiquier et les pièces et avec certains tests plus ou moins liés aux échecs (p. ex., mémoire de points brièvement présentés dans une matrice 8 × 8). Cependant, leur supériorité disparaît avec les tests n'ayant rien à faire avec les échecs.

Djakov *et al.* (1927) développèrent un test psychologique appelé à un grand avenir dans la psychologie de l'expertise : présentation d'une situation tirée du domaine d'expertise (dans ce cas, une position d'échecs) durant un temps limité, puis rappel de cette situation par le sujet. La variante utilisée par Djakov *et al.* comprenait un temps d'exposition d'une minute, et la position utilisée était un problème d'échecs (un type de position artificiel). Les maîtres se montrèrent nettement supérieurs au groupe contrôle.

Finalement, il faut mentionner que quelques travaux intéressants furent conduits par les membres de la psychologie de la pensée (*Denkpsychologie*). Par exemple, Bahle (1939) a étudié en détail des musiciens célèbres et Révész (1921, 1952) a examiné plusieurs aspects du talent dans différentes populations, telles que joueurs d'échecs, musiciens, et mathématiciens. De manière intéressante, ces deux auteurs ont influencé De Groot, dont nous allons maintenant décrire les travaux princeps.

2. 2ᵉ période (1945 - 1975) : Les fondements

2.1 *De Groot et l'importance de la perception*

Il est communément admis que la thèse de doctorat d'Adriaan De Groot, publiée en 1946 en néerlandais, constitue une étape essentielle dans l'étude de l'expertise[2]. Peu connu jusqu'à sa traduction en anglais en 1965, cet ouvrage va avoir une influence très nette sur les travaux de Newell, Chase et Simon (voir plus bas), qui à leur tour dicteront la recherche sur l'expertise pour plus de deux décennies. De manière intéressante, ce ne sont pas les développements théoriques, basés sur la théorie de Selz (1922), qui sont à la base de cette réputation. Ces aspects théoriques sont négligés aujourd'hui, remplacés par les formalismes plus rigoureux de l'approche du traitement de l'information (Newell & Simon, 1972). Ce sont bien les techniques expérimentales et les résultats surprenants qu'elles ont produits, qui ont frappé l'imagination des psychologues.

De Groot conduisit ses expériences peu avant l'éclosion de la Seconde Guerre mondiale. Profitant de son statut de maître d'échecs et de sa fonction de journaliste échiquéen, il réussit à convaincre plusieurs (ex-)champions du monde ou candidats au titre mondial de participer à ses expériences. Certaines d'entre elles furent conduites en 1939 sur un paquebot conduisant la plupart des joueurs européens à Buenos Aires pour les Olympiades — une sorte de championnat du monde par équipes.

Dans une première tâche, De Groot présente aux joueurs une position tirée d'une partie effectivement jouée, mais inconnue de ceux-ci ; il leur demande de réfléchir à voix haute en même temps qu'ils cherchent un bon coup. De manière surprenante, il trouva que la structure des protocoles verbaux ne permettait pas de distinguer les

---

2. Il est intéressant de noter que De Groot a consacré la seconde partie de sa carrière au développement et à l'application de la psychométrie, en particulier en ce qui concerne l'intelligence, aux Pays-Bas. Ainsi, tout comme Binet, De Groot a joué un rôle important dans les deux traditions de recherche discutées dans ce livre.

grands-maîtres, même de niveau mondial, des joueurs plus faibles[3]. Les deux catégories de jeu ne montrèrent que très peu de différences en ce qui concerne le nombre de positions anticipées ou la profondeur de calcul (nombre de coups successifs dans une variante). Ainsi, les différences portent sur le contenu de la pensée et sur le choix du coup, mais non sur les caractéristiques quantitatives de la résolution de problème. Par contre, ce qui était frappant, c'est que les grands-maîtres saisissaient les éléments clés de la position beaucoup plus rapidement que les joueurs plus faibles. Ainsi, un joueur comme Max Euwe (champion du monde) montrait une compréhension aussi bonne de l'échiquier après cinq secondes qu'un bon joueur de club après un quart d'heure !

Cette observation suggéra à De Groot que les joueurs littéralement « voient » une position différente, et que l'une des différences essentielles entre joueurs de pointe et amateurs se situe au niveau perceptif. De Groot testa cette hypothèse avec une tâche de mémoire. Il employa la même technique que Djakov *et al.*, avec la différence qu'il utilisa une position tirée d'une partie et que le temps de présentation fut court (de 2 à 15 secondes). Cette fois-ci, il trouva une différence majeure entre maîtres et bons amateurs : les premiers étaient capables de mémoriser presque l'ensemble de la position, alors que les seconds ne pouvaient mémoriser qu'environ 50 % des pièces de manière correcte.

Se basant sur ces résultats, De Groot propose que la perception joue un rôle essentiel dans la manière dont les maîtres comprennent une position. Cette capacité de « voir » le bon coup et le bon plan explique tout à la fois que les maîtres peuvent trouver de bons coups sans beaucoup de calcul et qu'ils peuvent rapidement mémoriser une position, même si elle n'est présentée que pour quelques secondes (il leur suffit de mémoriser le type de position, et d'inférer les détails lors de la reconstruction). Mais voilà : cette rapidité de perception a un prix ; il faut des années d'expérience dans un domaine pour développer cette « faculté » propre aux experts.

À y regarder de plus près, les résultats provenant de la tâche de choix de coup sont loin d'être dénués d'intérêt, bien que De Groot n'ait pas trouvé de différences majeures entre joueurs faibles et forts. Deux phénomènes en particulier méritent d'être mentionnés. D'une part, la plupart des joueurs ont tendance à revisiter la même séquence de coups plusieurs fois, un phénomène que De Groot appelle *approfondissement progressif*. Le rôle de cet approfondissement serait de compenser les limites de la mémoire humaine et de rendre possible l'intégration des éléments d'information acquis à divers endroits de l'arbre de recherche. D'autre part, quel que soit leur niveau, les joueurs sont très *sélectifs* dans leur investigation, ne considérant qu'une portion infime des coups et des séquences de coups légaux.

Il est difficile de nier l'importance historique des travaux de De Groot pour le développement de la psychologie cognitive (p. ex., Charness, 1992). Sur le plan méthodologique, De Groot a montré la légitimité de l'analyse de protocoles verbaux, qui constituera une méthode essentielle de l'approche du traitement de l'information

---

3. Il est important de noter que ces joueurs plus faibles, loin d'être des personnes incompétentes, étaient des candidats-maîtres. Dès lors, la conclusion souvent rencontrée dans la littérature, selon laquelle il n'y a pas de différence entre grands-maîtres et *débutants*, est incorrecte. Pour une discussion de cette erreur et de ses implications, voir Bilalić, McLeod et Gobet (2008a).

(p. ex., Newell & Simon, 1972) ; il a aussi amélioré la technique introduite par Djakov *et al.* (le rappel d'une position présentée brièvement) de sorte à en faire un outil essentiel dans l'étude psychologique des experts. Sur le plan théorique, son incapacité de trouver des différences dans la structure des protocoles entre grands-maîtres et amateurs, jointe à sa démonstration d'une mémoire supérieure des grands-maîtres avec un matériel échiquéen pourvu de sens, peut être considérée comme l'un des signes avant-coureurs des travaux modernes sur l'expertise (Gobet, 1999 ; Gobet, De Voogt & Retschitzki, 2004).

2.2 Les contributions d'Herbert Simon

2.2.1 Étudier les experts pour comprendre la rationalité humaine

Si les sciences du XXᵉ siècle ont été marquées par un seul individu, il s'agit bien d'Herbert Simon. Prix Nobel en économie en 1978, récipiendaire de la « Médaille Turing » (l'équivalent du prix Nobel en informatique) en 1975, il a reçu de nombreux honneurs en psychologie, recherche opérationnelle et théorie des organisations, pour ne mentionner que quelques domaines. Malgré l'ampleur de son influence, il aimait à répéter que ses travaux n'avaient qu'un seul but : comprendre les mécanismes de prise de décision chez les humains (Simon, 1989b). En particulier, comment les humains parviennent-ils à prendre des décisions adaptatives dans de nombreux domaines, alors qu'ils sont handicapés par de nombreuses limitations cognitives, telles que la capacité de leur mémoire à court terme, et alors que l'information qu'ils possèdent sur leur environnement est très limitée ? Simon proposa deux solutions principales à cette question (p. ex., Simon, 1969). D'abord, les humains n'ont pas besoin de trouver des solutions optimales, mais ils se contentent de solutions suffisamment bonnes, de solutions *satisfaisantes*. Ainsi, plutôt que d'exhiber une rationalité optimisante, les humains font preuve d'une *rationalité limitée*. Ensuite, une large partie de la complexité du comportement humain reflète la complexité de l'environnement. Comprendre l'environnement, dont la structure va être reflétée dans les connaissances acquises par les humains, est donc une condition *sine qua non* pour comprendre les mécanismes de décision. Continuant et en partie recoupant ses travaux sur la prise de décision dans les organisations et sur la résolution de problème en psychologie, l'étude de l'expertise — en particulier aux échecs, mais aussi en physique et en économie — a été une source d'enseignement unique sur les structures et mécanismes cognitifs sous-tendant la rationalité limitée des humains.

Ces travaux s'inscrivent dans la continuation des recherches que Simon et ses collègues avaient conduites à Carnegie Mellon (Pittsburgh, États-Unis) depuis la fin des années 1950 sur la modélisation des processus cognitifs, et qui ont mené au développement du General Problem Solver (GPS), un programme informatique capable en principe de résoudre n'importe quel problème présenté de manière symbolique (Newell, Shaw & Simon, 1963 ; Newell & Simon, 1972). Consacrés à l'étude de problèmes élémentaires, tels que casse-tête numériques — on est donc loin, en apparence, de l'étude de l'expertise —, ces travaux avaient développé des techniques qui joueront un rôle essentiel dans l'étude de l'expertise : analyse de protocoles verbaux et simulation par ordinateur (voir chapitre 4 sur les méthodes).

Durant les années 1950 et 1960, les recherches de Simon sur la modélisation de la prise de décision aux échecs, qui seront en partie influencés par les travaux de De Groot, vont lui permettre de préciser plusieurs concepts importants de la rationalité limitée, tels que l'importance des buts, l'ajustement dynamique des attentes, le caractère heuristique des processus de résolution de problème, et la présence de solutions satisfaisantes et non optimisantes (Simon, 1955, 1956, 1969). Simon fut l'un des premiers à développer des programmes d'ordinateur jouant aux échecs en s'inspirant de la manière dont les humains jouent et non pas en utilisant une analyse exhaustive de l'arbre de recherche, comme le font la plupart des autres programmes d'ordinateur.

Un premier programme, NSS, fut développé par Newell, Simon et Shaw (1958, 1963). Le programme emploie des buts, tels que le maintien de l'équilibre matériel ou le contrôle du centre. Il se satisfait de coups adéquats, même s'ils ne sont pas optimaux : il choisit le premier coup qui atteint une valeur donnée. NSS, même si son niveau de jeu est resté faible, est intéressant car il a montré que l'analyse d'un arbre de recherche minime (une centaine de nœuds) est suffisante pour trouver des coups raisonnables. Un deuxième programme, MATER (Baylor & Simon, 1966), évolue également dans un espace de recherche limité. Spécialisé dans des combinaisons de mat, il emploie deux heuristiques principales : restreindre si possible la recherche à des coups forcés et préférer les variantes qui limitent le nombre de coups jouables par l'adversaire.

Finalement, le programme PERCEIVER (Simon & Barenfeld, 1969) ne joue pas aux échecs mais reproduit les mouvements oculaires d'un joueur d'échecs lorsqu'il voit une position pour la première fois. Ce programme est important dans l'histoire de la recherche sur l'expertise, car il a démontré que des comportements que certains théoriciens – dans ce cas, des chercheurs s'inspirant de la psychologie de la Gestalt (Tikhomirov & Poznyanskaya, 1966) – considèrent comme holistiques sont explicables par des mécanismes simples et locaux.

2.2.2 Théorie des chunks : la théorie standard

Bien que les travaux que nous venons de décrire aient été influents, c'est de loin la théorie des « chunks »[4], d'ailleurs une prolongation de ces travaux, qui a eu l'impact le plus grand en psychologie de l'expertise. Cette théorie, développée en compagnie de William Chase (Chase & Simon, 1973a, 1973b ; Simon & Chase, 1973), doit son succès au fait qu'elle explique simultanément les deux résultats classiques de De Groot : sélectivité des processus de résolution de problème et rôle de la mémoire perceptive chez les experts.

La théorie des chunks souligne l'importance de la perception (reconnaissance de configurations) dans la recherche sélective montrée par les experts. On suppose que l'information en mémoire à long terme (MLT) est encodée sous forme de chunks. Dans la théorie de Chase et Simon, les chunks caractérisent des structures relativement petites

---

4. « Chunk » pourrait se traduire par « segment », ou « morceau ». Comme c'est cependant l'usage dans les textes de psychologie en français, nous utiliserons le terme anglais.

encodant certaines configurations dans l'environnement ; par exemple, dans le cas des échecs, ces chunks encoderaient des groupes de pièces comprenant jusqu'à cinq ou six éléments. Ces unités perceptives et significatives peuvent être récursivement utilisées pour créer d'autres chunks — c'est le principe des poupées russes. D'après Chase et Simon, ces connaissances perceptives sont essentielles car, comme le commun des mortels, les experts sont entravés par une mémoire à court terme limitée et sont handicapés par le temps relativement long qu'il faut pour encoder de l'information en mémoire à long terme. Chase et Simon (1973a) ont étayé leur théorie par une série d'expériences élégantes, dont certaines améliorent la tâche de rappel développée par Djakov *et al.* (1927) et par De Groot (1946). Dans cette tâche, en plus de positions provenant de parties effectivement jouées, ils utilisent des positions construites en disposant aléatoirement les pièces sur l'échiquier[5]. Ils trouvent que la différence entre maîtres et amateurs disparaît avec un tel matériel (comme nous allons le voir au chapitre 5, la situation est plus compliquée).

Bien que formulée dans le cadre des échecs, la théorie des chunks est générale et s'applique à d'autres domaines d'expertise. Durant près de trois décennies, elle a dominé la psychologie de l'expertise, que ce soit expérimentalement ou théoriquement. Même si elle a été critiquée à plusieurs reprises, elle n'en reste pas moins le point de référence incontournable. Cette faculté de survie est sans doute due à sa simplicité et à la manière élégante avec laquelle elle explique un nombre important de phénomènes empiriques. Par conséquent, cette théorie offre un point d'ancrage utile pour discuter les résultats empiriques dans les chapitres suivants, et il vaut la peine de la discuter en détail.

Comment la théorie explique-t-elle les résultats de la tâche de mémoire, et en particulier la supériorité des experts ? Étudiant les temps de latence séparant le placement des pièces dans cette tâche, Chase et Simon (1973a) arrivent à la conclusion que les maîtres d'échecs doivent leurs performances supérieures tant au fait qu'ils se souviennent de chunks plus grands qu'à celui qu'ils en retiennent davantage (voir figure 3.3). Ils expliquent les performances des maîtres par l'hypothèse que ceux-ci ont accès à un grand nombre de chunks emmagasinés en MLT, tels qu'emplacements habituels de pièces sur la première rangée et configurations typiques d'attaque. Plus de la moitié de ces groupements sont composés de structures de pions, un aspect de la position qui est relativement stable.

Ces chunks seraient organisés en MLT sous la forme d'un réseau de discrimination, une structure de mémoire qui permet un accès rapide à l'information (voir figure 3.4). (La théorie des chunks est en fait une variante d'EPAM[6], une théorie de la manière dont s'effectue l'apprentissage verbal ; cf. Feigenbaum & Simon, 1962, 1984.) Les chunks sont atteints en employant des indices perceptifs portant sur des caractéristiques pertinentes de l'information provenant de l'environnement. La mémoire à court terme serait limitée à 7 items (Miller, 1956). Lorsque les joueurs perçoivent une position, ils

---

5. Deux collaborateurs de De Groot, Jongman et Lemmens, conduisirent en 1964 une telle expérience, mais considérant les résultats comme étant évidents et par conséquent de peu d'intérêt, ils ne les publièrent pas (Jongman, 1968 ; Vicente & De Groot, 1990). Vu l'importance de cette expérience dans les recherches ultérieures sur l'expertise, c'est un euphémisme que de dire que ces auteurs ont mal évalué la valeur de leurs travaux !

6. Elementary Perceiver and Memorizer.

placeraient en mémoire à court terme (MCT) des symboles qui dénotent des chunks en MLT. Il est plus facile pour les maîtres de mémoriser une position, car ils possèdent davantage de chunks ; de plus, les chunks sont en moyenne de taille plus grande que ceux des amateurs.

Figure 3.3.

Exemples de chunks dans une position d'échecs.

Figure 3.4.

Exemple d'un réseau de discrimination. Au 1er niveau, les lettres constituent les primitives et, aux niveaux inférieurs, des syllabes et des mots sont encodés. Les cercles représentent les nœuds du réseau, qui sont équivalents aux chunks. Les lettres encadrées représentent les tests perceptifs qui doivent être passés pour aller au nœud suivant. Le principe est le même pour l'encodage de chunks portant sur le jeu d'échecs.

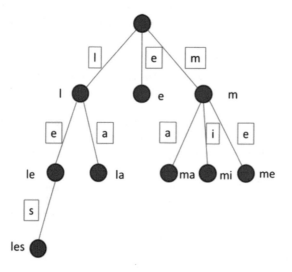

De manière spécifique, durant une tâche de rappel, les experts reconnaissent des chunks et placent en MCT des symboles pointant sur ceux-là. Plus tard, durant la phase de reconstruction, ils « déballent » sous forme d'images mentales l'information contenue dans les chunks. Comme les experts possèdent à la fois davantage de chunks et des chunks plus grands, ils obtiennent une meilleure performance dans une épreuve de rappel, bien qu'ils ne diffèrent pas sous d'autres aspects, tels que la taille de leur MCT. De fait, la théorie des chunks postule que le système de traitement d'information humain possède des limites plutôt strictes qui sont valables pour tous les individus, quel que soit leur niveau d'expertise : capacité de MCT limitée à environ 7 items, et temps d'encodage en MLT d'environ 8 secondes par chunk.

Simon et Gilmartin (1973) ont effectué des simulations informatiques avec un programme s'appelant MAPP[7] qui montrent qu'un tel modèle peut répliquer la performance d'un amateur avancé dans une tâche de rappel. Extrapolant à partir de ces simulations, ils suggèrent que les maîtres d'échecs, comme les experts dans d'autres domaines, aient emmagasiné de 10 000 à 100 000 chunks (50 000 est souvent cité comme première approximation). Ce nombre considérable a été comparé au nombre de mots contenus dans le lexique d'Américains ayant une éducation universitaire (Simon & Chase, 1973). Pour acquérir autant de chunks, il faudrait au moins dix ans de pratique et l'étude (Chase & Simon, 1973b).

Ces chunks peuvent être considérés comme étant chacun une entrée en MLT, et formant ensemble un index de la MLT. Évidemment, la création d'un index n'est pas suffisante en elle-même pour obtenir un expert — cela reviendrait à avoir l'index ou la table des matières d'une encyclopédie sans avoir la connaissance associée avec le texte de l'encyclopédie. Après être reconnu, un chunk donne accès à de l'information contenue en mémoire à long terme — l'équivalent du texte de l'encyclopédie.

Continuant leurs développements théoriques, Chase et Simon (1973b) proposent un modèle de l'imagerie mentale aux échecs, qui souligne l'importance de la reconnaissance perceptive des chunks et expliquent comment les joueurs peuvent anticiper et visualiser les positions durant leur investigation. Les mécanismes sous-tendant les compétences au jeu d'échecs seraient plus visuo-perceptifs que logico-déductifs. Comme démontré par De Groot, la maîtrise échiquéenne consisterait en la faculté des joueurs à percevoir, en présence d'une position donnée, presque automatiquement les bons coups. Les chunks sont associés en MLT à de l'information sur les coups plausibles et à un ensemble d'instructions permettant de reconstituer les configurations de pièces en utilisant l'imagerie mentale. Les constellations présentes sur l'échiquier activent certains chunks stockés en MLT et ces chunks, à leur tour, proposent des coups adéquats. Ces coups plausibles sont alors encodés en MCT, dans le but d'être davantage examinés, en particulier en mettant à jour la position telle qu'elle est construite avec des images mentales. Ce processus continue récursivement : de nouveaux chunks peuvent être reconnus dans la position imaginée, ce qui mène à l'activation de nouveaux coups ou plans potentiels. Le choix d'un coup n'est ainsi pas le produit d'une recherche exhaustive des coups possibles, mais se limite à une reconnaissance de patterns et à

---

7. Memory-Aided Pattern Recognizer.

une recherche sélective. De fait, la théorie utilise un système de production[8] (Newell & Simon, 1972) ; un chunk en MLT sert de *condition*, qui peut être satisfaite par la reconnaissance d'un pattern précis sur l'échiquier, et l'*action* consiste à évoquer le ou les coups associés à ce chunk. Par exemple, aux échecs, la présence d'une colonne ouverte dans une position pourrait activer une production comme : « Si une colonne est ouverte, alors essayer de l'occuper avec une tour ».

Comme nous allons le voir dans les chapitres suivants, les différents aspects de la théorie ont subi des destins divers. La composante la plus faible est l'hypothèse d'une MCT à capacité limitée et d'un encodage lent en MLT. Cette hypothèse, valide avec les débutants, n'a pas été corroborée expérimentalement avec les experts, ce qui a mené à des modifications de la théorie, telle que la « théorie des chablons » (Gobet & Simon, 1996a). Les données empiriques ont étayé en partie l'idée que la mémoire des experts est structurée à l'aide de chunks, bien que ces données suggèrent également d'autres structures de MLT. Finalement, l'idée que la pensée des joueurs d'échecs peut être caractérisée par un système de production est consistante avec les données empiriques.

2.3 Les travaux de Fitts et Meehl

Bien que moins influents que De Groot et Simon en ce qui concerne la psychologie de l'expertise, deux auteurs méritent d'être mentionnés dans cette seconde période. Paul Fitts (1964) a proposé trois étapes dans l'acquisition d'un comportement perceptif et moteur. Dans la *phase cognitive*, les règles, les procédures et les faits sont appris, par instruction, essai et erreur, et feed-back. Il y a un effort de comprendre la tâche et d'acquérir l'information qui va permettre de s'améliorer. Durant la *phase associative*, les stimuli sont associés avec des réponses, et des chaînes de réponses sont construites. Les processus cognitifs deviennent plus efficients en ce qu'ils permettent un accès rapide à l'information pertinente, que ce soit perceptivement ou bien en ayant accès à la mémoire à long terme. Durant la *phase autonome*, le comportement devient autonome et indépendant du contrôle cognitif. En d'autres mots, il devient inconscient et automatique. Une fois un comportement devenu autonome, il ne requiert que peu d'attention, ce qui permet à deux ou même trois tâches d'être effectuées en parallèle ; par exemple, un musicien peut chanter, jouer de la guitare et employer ses pieds pour les percussions. Les comportements en phase autonome ont l'avantage d'être fluides et de ne demander que peu d'attention ; par contre, ils font preuve d'une certaine rigidité et ne peuvent que difficilement s'adapter à des changements dans l'environnement. Pratique et feed-back jouent un rôle essentiel dans les phases associative et autonome.

En expertise clinique, Paul Meehl (1954) a montré dans son livre classique *Clinical vs. Statistical Prediction* [9] que les « experts » ont parfois des compétences limitées. En

---

8. Les productions sont des règles de type {SI condition ALORS action}. Nous reviendrons sur ce type de connaissance plus en détail dans une section ultérieure de ce chapitre.

9. « Prédiction clinique contre prédiction statistique »

particulier, il a établi que, dans le cas du diagnostic, de simples modèles mathématiques obtiennent de meilleures performances que des psychologues cliniciens et des psychiatres. À noter que ces modèles peuvent employer des données provenant d'un jugement clinique, une fois que ces données ont été codées de manière adéquate.

Cette conclusion selon laquelle des méthodes algorithmiques obtiennent de meilleurs résultats que les méthodes subjectives basées sur le jugement professionnel des cliniciens a créé un tollé dans le monde de la psychologie clinique. D'après Meehl, ces résultats ne sont pas forcément surprenants car il est difficile, voire impossible, pour les humains de combiner dans leur tête un grand nombre de variables, alors que cela est facilement faisable lorsque l'on emploie des méthodes mathématiques. (Dans notre ère informatique, cela est encore davantage le cas !). Une recherche plus récente, basée sur une méta-analyse de 136 études, a confirmé les conclusions de Meehl (Grove *et al.*, 2000) : les prédictions basées sur un algorithme firent mieux que les prédictions basées sur le jugement clinique dans plus d'un tiers des études (entre 33 % et 47 % des études, le nombre variant quelque peu en fonction du type d'analyse utilisé). Cependant, l'étude de Meehl (1954) n'a eu que peu d'influence sur l'approche employée en clinique : les cliniciens préfèrent encore la méthode subjective aux méthodes mathématiques.

3. 3e période (1975 - 2000) : Foisonnement empirique et différentiation théorique

Les trois articles de Chase et Simon eurent un impact extraordinaire en psychologie, et cette troisième période fut marquée par un nombre impressionnant d'expériences testant la théorie des chunks ou adaptant les techniques expérimentales explorées par Chase et Simon à d'autres champs d'expertise, qui vont de la musique au sport en passant par divers domaines académiques comme la physique ou l'informatique. Ces travaux, dans leur majorité, se sont attachés à répliquer et à étendre les résultats obtenus avec la tâche de mémoire aux échecs. D'autres travaux ont examiné le rôle de la perception dans le comportement des experts. Finalement, un certain nombre de travaux se sont intéressés aux processus de prise de décision employés par les experts et, en particulier, ont corroboré l'hypothèse que les experts sont très sélectifs dans leur exploration de l'espace de problème ; dans cette catégorie, on peut mentionner les travaux sur l'expertise militaire (Zsambok & Klein, 1997), la médecine (Patel & Groen, 1986) et la découverte scientifique (Langley *et al.*, 1987). Nous discuterons de ces travaux plus en détail dans notre revue des travaux empiriques (en particulier chapitres 5 et 6).

Cette troisième période voit également une fertilisation croisée entre recherche sur la psychologie de l'expertise et recherche en intelligence artificielle sur les systèmes experts. Cela est le cas en particulier pour ce qui concerne la manière dont les experts organisent et utilisent leurs connaissances, et pour le développement de méthodes permettant aux experts d'articuler leurs connaissances — une tâche qui est souvent difficile car, comme nous allons le voir dans les chapitres suivants, une proportion considérable des connaissances des experts est encodée de manière implicite et procédurale, c'est-à-dire sans accès à la conscience.

Le grand nombre de tests auxquels fut soumise la théorie des chunks a permis d'identifier une série de faiblesses. Par exemple, Charness (1976) ainsi que Frey et Adesman (1976) ont inséré une tâche interférente entre la présentation d'une position d'échecs et son rappel. Contrairement aux prédictions de la théorie, qui accorde un rôle prépondérant à la MCT, une telle interférence ne dégrade que peu la performance de rappel. Ainsi, la théorie des chunks semble sous-estimer la rapidité d'encodage en MLT des experts. Malgré la présence de ces résultats indiquant d'indéniables faiblesses, cette théorie a totalement dominé cette période et, de fait, joue encore un rôle très important dans les recherches actuelles. La gravité de ces faiblesses est encore un sujet de controverse. Par exemple, Gobet (1998a) considère que la théorie rend relativement bien compte des données empiriques, alors que des auteurs comme Ericsson et Kintsch (1995) et Vicente et Wang (1998) considèrent que la théorie est sérieusement invalidée (voir sections 3.4 et 3.5).

Quoi qu'il en soit, une série de théories alternatives, certaines réalisées sous la forme de programmes d'ordinateur, ont été suggérées pour expliquer le développement de l'expertise. Ces théories, dont plusieurs ont été explicitement proposées en remplacement de la théorie des chunks, peuvent être classées entre cinq catégories : théories soulignant l'importance de l'organisation des connaissances ; systèmes de production ; systèmes connexionnistes ; théories soulignant l'importance de l'environnement ; et modifications de la théorie des chunks. Nous allons discuter de ces théories dans un ordre plus ou moins chronologique.

3.1 _ Importance de l'organisation des connaissances et des méthodes de résolution de problème

La théorie des chunks souligne l'importance d'acquérir une grande quantité de connaissances structurées sous forme d'unités assez petites. Une approche théorique différente, ou plutôt complémentaire, a souligné l'importance de l'*organisation* des connaissances. Cette approche, qui inclut des travaux comme ceux de Chi, Feltovich et Glaser (1981) sur l'expertise en physique ou ceux de Lesgold *et al.* (1988) sur l'expertise en radiographie, considère que la supériorité des experts réside dans la manière dont leurs connaissances sont organisées (une différence qualitative, alors que la théorie des chunks met l'accent sur une différence quantitative). L'organisation varie de domaine en domaine, et peut prendre la forme de productions, schémas, etc. Dans ce cadre théorique, l'expertise s'explique à la fois par le degré d'adéquation entre le domaine et le type d'organisation choisi, et par le degré de facilitation dans l'encodage donné par cette organisation.

Pour ce qui est des méthodes de résolution de problème, Lesgold (1988) différencie *méthodes fortes*, qui sont propres au domaine et qui indiquent exactement comment procéder de la manière la plus efficace, et *méthodes faibles*, utilisées lorsqu'on ne sait pas exactement comment attaquer un problème. Parmi ces dernières, nous pouvons citer l'analyse moyens-fin, la recherche avant, la recherche arrière, et la méthode générer-tester (Newell & Simon, 1972). Ces méthodes faibles ne dépendent pas du domaine, mais demandent cependant une connaissance spécifique minimale pour déterminer les différences et les opérations dirigées par but qu'elles utilisent. Leur mérite principal est d'imposer un plan, un ordre à la résolution (Lesgold, 1988). Cet auteur note également que, par des processus d'apprentissage, les méthodes faibles produisent des méthodes fortes, spécifiques à un domaine particulier, et que ces méthodes fortes permettent aux experts d'exécuter automatiquement les détails quand ils résolvent des problèmes, de sorte que la planification puisse prendre place à un plus haut degré d'abstraction. Cette « procéduralisation » (transformation des connaissances déclaratives et des méthodes faibles en connaissances procédurales) est un élément essentiel de la théorie ACT (Anderson, 1983), dont nous parlerons plus en détail dans une section ultérieure.

Chi et Glaser (1985) estiment que, dans les problèmes complexes, les stratégies ne décrivent pas, par elles-mêmes, suffisamment la performance exhibée lors de la résolution de problème. La connaissance du domaine est également importante, et peut influencer l'utilisation d'heuristiques, en ce sens que la représentation du problème va guider le recours aux procédures appropriées pour la solution. Cette représentation du problème est formée à l'aide d'un schéma en MLT et de variables (ou *slots*) contenues par celui-ci. Dans le cas d'un problème d'un type très familier, un schéma spécifique est déclenché, proposant des procédures détaillées. Dans le cas contraire, c'est un schéma plus général qui va être utilisé. Quoi qu'il en soit, les slots du schéma contrôlent quels seront les traits du problème qui seront incorporés dans la représentation. En résumé, ce sont l'organisation et la structure du schéma qui vont permettre à la connaissance pertinente d'être trouvée en mémoire.

Chi et Glaser (1985) insistent sur le rôle joué par la *connaissance secondaire*, connaissance qui incorpore les interactions entre les indices primaires de l'énoncé du problème. Selon ces auteurs, un schéma complet doit contenir non seulement les procédures, mais aussi les indices primaires et secondaires, nécessaires pour identifier correctement le type de problème. Abondant dans le même sens, Greeno et Simon (1988) suggèrent que des processus automatiques permettent de reconnaître les traits qui sont pertinents pour les actions, stratégies et contraintes et les processus rendant possible la construction d'une représentation. En l'absence de connaissances spécifiques au domaine, le sujet se rabattra sur des méthodes faibles, telles que l'analyse moyens-fin.

Les idées présentées dans cette section apparaissent raisonnables, mais en même temps souffrent d'un manque de précision. Elles ne gagnent vraiment en force que lorsqu'elles sont réalisées de manière rigoureuse sous forme de programme d'ordinateur. Comme nous allons le voir dans les sections suivantes, plusieurs auteurs ont effectué ce travail de programmation, en particulier en utilisant le formalisme de systèmes de production.

3.2 Systèmes de production

Un aspect essentiel de la théorie des chunks est l'hypothèse que les chunks, une fois activés par les configurations présentes dans l'environnement, donnent accès à de l'information qui peut être utilisée pour résoudre le problème. Ce mécanisme est typique de ce l'on appelle les *systèmes de production*, dans lesquels les conditions, une fois reconnues, déclenchent des actions, qui peuvent être internes ou externes à l'organisme. Ce principe est particulièrement important du fait qu'il sert de base à plusieurs architectures cognitives, dont ACT (Anderson, 1983, 1993) et Soar (Laird *et al.*, 1987 ; Newell, 1990). Une *architecture cognitive* peut être définie comme une théorie, exprimée sous forme de programmes d'ordinateur, qui spécifie les éléments et les mécanismes clés de la cognition humaine. À noter que ces architectures sont très générales et ne sont pas limitées à l'étude de l'expertise.

Les systèmes de production ont été l'un des formalismes favoris des psychologues pour modéliser l'expertise et son acquisition. Comme nous l'avons vu, une production consiste en une paire {conditions actions}. Les conditions sont des tests portant sur le contenu des systèmes perceptifs et de la MCT. Quand la condition est satisfaite, l'action est exécutée. Si les conditions de plusieurs productions sont satisfaites, des règles de résolution de conflit sont appliquées ; par exemple, préférence est donnée aux productions les plus spécifiques (c'est-à-dire les productions avec les conditions contenant le plus d'éléments) ou, si le système contient des mécanismes d'activation, aux productions avec le plus haut niveau d'activation.

Un exemple très simple de production pourrait être :

SI le feu est rouge ALORS s'arrêter

L'exemple suivant, portant sur la résolution de problèmes d'algèbre, illustre le concept avec un domaine plus compliqué :

SI

l'expression a une variable sur la partie droite de l'équation

ALORS

soustraire la variable des deux côtés de l'équation, et simplifier

$3x + 4 = 2x - 2$

$\Rightarrow$ [soustraire 2x des deux côtés et simplifier]

$x + 4 = -2$

Les systèmes de production possèdent plusieurs avantages si l'on veut modéliser la cognition humaine en général et l'expertise en particulier. Les productions sont modulaires – ajouter ou ôter une production est chose facile – et elles capturent le côté régulier du comportement. Un avantage de ce type de formalisme est qu'il permet la modélisation de l'apprentissage : de fait, les systèmes de production ont principalement été employés pour simuler les aspects procéduraux du comportement. À noter que la théorie des chunks incorpore l'idée de système de production, bien que cet aspect de la théorie n'ait pas été complètement implémenté sous la forme d'un programme d'ordinateur.

Nous allons maintenant considérer trois architectures cognitives consistant en un système de production : une architecture générique, ACT-R et Soar. Les trois jouent un rôle important dans la recherche sur l'expertise.

3.2.1 Architecture générique

Par architecture générique, nous entendons un environnement informatique offrant des facilités pour coder les productions et par la suite permettant au programme de les utiliser. Une telle architecture générique ne fait qu'un minimum d'hypothèses sur la cognition humaine : les auteurs employant ce type d'environnement sont plus intéressés à modéliser un domaine d'expertise particulier qu'à tester les détails de l'architecture cognitive humaine. La question centrale est de vérifier si les productions qui sont postulées chez les experts permettent au programme de vraiment résoudre des problèmes non triviaux. En général, cette approche considère le développement de l'expertise comme l'acquisition d'un grand nombre de productions pertinentes.

Par exemple, en physique, Simon a développé plusieurs modèles théoriques basés sur des systèmes de production. Avec Bhaskar (Bhaskar & Simon, 1977), il a modélisé la résolution de problème en thermodynamique telle qu'on l'enseigne aux futurs ingénieurs, un domaine qui peut être considéré comme sémantiquement riche. Larkin et Simon (1981) ont développé un système de production simulant le passage de débutant à expert en mécanique. En particulier, le programme simule comment la recherche dirigée par buts, typique des débutants, est remplacée par la recherche dirigée par les données chez les experts.

3.2.2 ACT (Adaptive Control of Thought)

ACT est une architecture cognitive réalisée sous la forme d'un système de production, qui a été développée par John Anderson et ses collègues, à Carnegie Mellon, durant près de 30 ans. Plusieurs versions ont été proposées dont ACT* (Anderson, 1983) est peut-être la plus connue. La dernière version, ACT-R, a été en vigueur depuis la parution de « Rules of the Mind » (Anderson, 1993). Le « R » de ACT-R est pour « *rationnel* » et trahit l'hypothèse que la cognition humaine maximise l'obtention de buts et minimise les coûts de computation. ACT-R est capable de simuler un grand nombre de résultats empiriques portant sur l'apprentissage, l'acquisition des habiletés, la résolution de problème et la mémoire. Pour notre propos, on peut noter qu'ACT-R a simulé des niveaux d'expertise relativement bas, en gros le passage entre le niveau de débutant à celui d'amateur.

ACT-R est donc une théorie générale de la cognition. C'est aussi une théorie hybride, en ce sens qu'elle comprend des aspects symboliques (système de production) et non symboliques (propagation d'activation semblable à celle employée par les réseaux de neurones). La théorie est implémentée sous la forme d'un programme d'ordinateur, ce qui permet de la soumettre à des tests rigoureux. Finalement, une partie de la théorie est formulée de manière mathématique, et, en particulier, emploie des techniques provenant de la théorie bayésienne, cette partie des mathématiques développant des méthodes pour réviser les probabilités en fonction des observations effectuées. Il est important de noter qu'Anderson (p. ex., Anderson, 1993, p. 1, notre traduction) est d'avis que les productions sont le niveau d'analyse correct de la cognition humaine : « Les habiletés cognitives sont réalisées par des règles de production ».

3.2.2.1   **Composantes**

ACT-R est constitué de trois composantes : mémoire déclarative, mémoire procédurale et mémoire de travail.

La **mémoire déclarative** contient des chunks, qui sont des unités ne comprenant pas plus de cinq éléments (le sens de « chunk » est quelque peu différent de celui utilisé par la théorie des chunks). Les chunks ont une activation, et cette activation se propage aux chunks qui leur sont connectés. Les chunks peuvent avoir différents formats : (a) images (information configurale et spatiale) ; (b) propositions (information sémantique) ; et (c) séries (information linéaire et temporelle). Ces unités peuvent être combinées en ce qu'Anderson (1983) appelle des *hiérarchies enchevêtrées*.

La **mémoire procédurale** est constituée de productions, qui sont les unités de compétence procédurale. Les productions encodent les connaissances de sorte qu'elles soient optimisées pour l'emploi. Les productions ont quatre caractéristiques importantes avec ACT-R : elles sont modulaires, elles permettent d'encoder des variables, elles sont organisées autour d'un but, et elles comportent une asymétrie importante, en ce sens que les conditions donnent accès aux actions, mais que l'inverse n'est pas vrai. L'apprentissage consiste principalement en la création de productions et la mise à jour de leur niveau d'activation.

Comme dans les systèmes de production classiques, les conditions des productions sont comparées avec les chunks situés dans la mémoire de travail. Cependant, la présence d'activation dans ACT-R conduit à certaines complications. Premièrement, les productions ont une activité de base, qui est fonction de la manière dont elles ont été utiles dans le passé. Deuxièmement, le filtrage des productions (c'est-à-dire la comparaison des conditions des productions avec les chunks en mémoire de travail) se fait en parallèle. Durant cette comparaison, l'activité des productions est mise à jour en fonction de différents facteurs tels qu'activité initiale, activité des productions en compétition, activité des chunks correspondant aux conditions d'une production, etc. Durant la résolution de conflit, la première règle qui donne un résultat « satisfaisant » est sélectionnée. Dans quelle mesure un résultat est satisfaisant dépend à la fois du coût anticipé de calcul et de la probabilité d'obtenir le but.

La **mémoire de travail** est en fait la partie activée de la mémoire déclarative. Elle consiste en représentations temporaires formées par les actions des productions et par le résultat des processus d'encodage. Il est à noter qu'avec ACT-R la plupart des processus se font à l'intérieur ou par l'intermédiaire de la mémoire de travail : encodage à partir du monde extérieur, et action sur celui-ci ; entreposage dans la mémoire déclarative, et retrait de l'information de cette mémoire ; et, finalement, filtrage et exécution des productions.

3.2.2.2 Étapes dans l'acquisition de l'expertise

Pour ce qui est plus particulièrement de l'expertise et des étapes de son acquisition, ACT-R s'inspire de la théorie de Fitts (1964), que nous avons décrite dans une section précédente. Durant la *phase déclarative*, les connaissances déclaratives sont apprises et sont utilisées avec des méthodes dites faibles (p. ex., analyse moyens-fins). Il s'agit avant tout d'une étape caractérisée par la résolution de problèmes. Durant la *phase procédurale*, les connaissances acquises lors de l'étape précédente sont compilées en productions, par procéduralisation. Finalement, durant la *phase de mise au point*, les connaissances procédurales sont renforcées, généralisées ou discriminées. Le comportement devient de plus en plus fluide.

3.2.2.3 Applications d'ACT-R

ACT-R simule de nombreuses données empiriques sur la mémoire, telles que mémoire sérielle, phénomènes d'amorçage (*priming*), etc. ACT-R est également en mesure de simuler l'acquisition des habiletés dans plusieurs domaines, tels que géométrie, arithmétique ou programmation informatique. Finalement, ACT-R a été utilisé pour développer des didacticiels intelligents (voir chapitre 9). Comme nous l'avons noté plus haut, ACT-R a simulé des comportements correspondant à des niveaux d'expertise inférieurs et intermédiaires, mais n'a pas reproduit le comportement d'experts de haut niveau.

En résumé, Anderson considère que les règles de production constituent le niveau correct pour l'analyse de la cognition humaine. ACT-R combine un système de production avec des mécanismes de propagation d'activation. Bien que la théorie soit capable de simuler un grand nombre de données empiriques, elle a été critiquée car elle est trop complexe et difficile à évaluer, du fait qu'elle contient trop de paramètres qui peuvent varier librement. En variant les valeurs des paramètres et le contenu des productions, il est possible de simuler n'importe quel comportement (y compris un comportement humainement impossible), ce qui ne nous apprend pas beaucoup sur les mécanismes cognitifs humains.

3.2.3 Soar

Soar est une architecture cognitive développée par Newell, Rosenbloom et Laird (Newell, 1990 ; Rosenbloom, Newell & Laird, 1991 ; Rosenbloom *et al.*, 1992), basée originalement sur GPS (« General Problem Solver » ; Newell, Shaw & Simon, 1963 ; Newell & Simon, 1972). Soar est également un système de développement en intelligence artificielle, et un langage de programmation. Finalement, Soar est une nouvelle approche méthodologique pour étudier la cognition (Newell, 1973 ; 1990) – le développement de « théories unifiées de la cognition ». Le principe de base est qu'une seule architecture devrait être employée pour expliquer autant de données empiriques que possible, contrairement à la situation actuelle en psychologie où de nombreuses « micro-théories » sont utilisées. Cette architecture devrait être implémentée sous forme d'un programme d'ordinateur. En ce faisant, on limite le nombre de paramètres libres dans la théorie.

Avec Soar, l'intelligence est vue comme une combinaison de résolution de problème et d'apprentissage. La cognition consisterait en une recherche dans des espaces de problèmes. Toute la connaissance est encodée sous forme de productions ; il n'y a donc qu'un seul type de connaissance. Finalement, tout l'apprentissage se fait par « chunking » ; il n'y a donc qu'un seul type d'apprentissage. (Malheureusement, « chunking » a ici un sens différent de ceux utilisés avec la théorie des chunks et avec la théorie d'ACT-R. Avec Soar, « chunking » correspond à la création de productions.)

De manière un peu simplifiée, Soar fonctionne de la manière suivante. Un problème est encodé comme un état actuel et comme un état désiré (le but). Des opérateurs sont appliqués pour se déplacer d'un état à un autre. Si l'état actuel est semblable au but, alors Soar a résolu le problème avec succès.

Les opérateurs sont proposés par des productions, lesquelles sont exécutées en parallèle. Il n'y a ainsi pas vraiment de mécanisme de résolution de conflit. Si aucun opérateur n'est proposé, ou si différents opérateurs sont proposés, ou si Soar ne sait pas que faire avec un opérateur, il y a une *impasse*. Dans ce cas, Soar établit un nouveau sous-but (résoudre l'impasse), et crée un nouvel état. Plusieurs impasses peuvent être empilées. Lorsqu'une impasse est résolue, Soar retourne au but ou sous-but précédent. L'apprentissage se fait en combinant par le mécanisme du chunking les conditions et les actions des impasses qui ont été résolues. Dès qu'un chunk est créé, il peut être utilisé immédiatement pour aider la résolution du problème.

Soar a été utilisé dans plusieurs domaines d'intelligence artificielle, en partant de problèmes simples comme la tour de Hanoi, pour aller à des domaines complexes et interactifs comme des simulations de combat aérien, en passant par l'apprentissage de concepts et le diagnostic médical. Sur le plan de la psychologie cognitive, Soar a été utilisé pour simuler des tâches mesurant les temps de réaction, des tâches de résolution de problème comme la cryptarithmétique ou l'acquisition de compétences telles que la dactylographie. La « loi de puissance », qui a été observée dans de nombreuses situations d'apprentissage de l'expertise (voir chapitre 5), est très bien simulée par Soar. Ainsi, les contributions de Soar en ce qui concerne l'expertise sont considérables, que ce soit pour l'intelligence artificielle ou la psychologie.

3.3 *Approches connexionnistes*

Le mouvement connexionniste a été très influent en psychologie cognitive depuis les années 1980. Ce mouvement modélise les comportements cognitifs en employant des mécanismes s'inspirant de la manière dont les neurones sont interconnectés et communiquent dans le cerveau. Bien que les simulations avec ces techniques n'aient jusqu'à présent contribué que de manière discrète à l'étude des experts, certaines idées liées à cette approche ont été influentes, comme l'idée d'un apprentissage gradué réalisé par le changement d'activation entre des neurones artificiels. En particulier, les mécanismes connexionnistes ont été proposés comme une alternative à l'approche symbolique[10], dont la théorie des chunks et les systèmes de production font

---

10. L'approche symbolique postule que la cognition humaine consiste en la manipulation de symboles, qui sont des patterns physiques (activité neuronale chez l'humain, activité électrique avec un ordinateur) désignant des objets externes, d'autres symboles, des groupes de symboles ou des programmes. Ces symboles peuvent être créés, copiés, comparés ou effacés. Cette approche est décrite en détail par Newell et Simon (1972).

partie (Dreyfus & Dreyfus, 1986 ; Holyoak, 1991). Pour l'un des rares exemples où un système connexionniste a simulé des données empiriques liées à l'expertise, on peut mentionner l'étude de Raufaste, Eyrolle et Mariné (1998), qui ont effectué des simulations de l'expertise en médecine (analyse de rayons X) utilisant un réseau de neurones.

3.4 Rôle de l'environnement

Toutes les théories que nous avons présentées jusqu'à présent ont ceci en commun qu'elles soulignent l'importance d'étudier les processus cognitifs internes si l'on veut comprendre les clés psychologiques de l'expertise. Certaines postulent des mécanismes d'apprentissage expliquant comment les régularités de l'environnement sont utilisées par les experts, comme par exemple la théorie des chunks.

Figure 3.5.

Le trajet d'une fourmi peut paraître complexe (partie gauche), mais cette complexité est avant tout due à la complexité de l'environnement (partie droite).

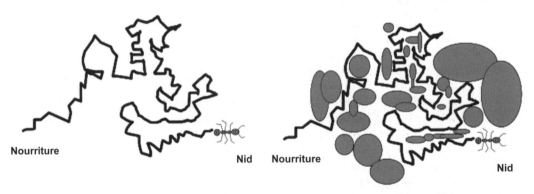

Nourriture · Nid · Nourriture · Nid

L'importance du rôle de l'environnement sur notre cognition et le fait que notre cognition est adaptative ont été soulignés à plusieurs reprises, que ce soit par les psychologues évolutionnistes ou écologiques. Dans *The Sciences of the Artificial*, Simon (1969) a poussé très loin l'idée que la complexité du comportement humain est davantage due à la complexité de l'environnement qu'à celle de notre système cognitif. Simon nous demande d'imaginer une fourmi se déplaçant sur une dune et d'observer son cheminement (voir figure 3.5). Celui-ci semble compliqué, avec des détours et des rebroussements. Peut-être la fourmi effectue-t-elle des calculs compliqués pour optimiser son trajet ? Que nenni ! D'après Simon, son comportement peut être presque entièrement prédit par les accidents du terrain (présence de galets ou autres obstacles), c'est-à-dire par les caractéristiques de l'environnement. Par conséquent, le cheminement de la fourmi ne nous apprend pratiquement rien sur les mécanismes internes de l'animal.

Une conclusion similaire peut être obtenue en ce qui concerne les humains : la complexité de leurs comportements ne fait souvent que refléter la complexité de l'environnement, et n'implique pas que les mécanismes cognitifs sous-jacents soient complexes. En fait, d'après Simon, ces mécanismes seraient plutôt simples ; par exemple, présence d'une mémoire à court terme et d'une attention sélective, emploi d'heuristiques, etc.

Dans le domaine de l'expertise, De Groot (1966 ; voir aussi De Groot & Gobet, 1996) a étudié en détail l'environnement offert par le jeu d'échecs, et a essayé de voir dans quelle mesure cet environnement pouvait prédire les performances des maîtres d'échecs dans une tâche de mémoire. Pour ce faire, il a employé la théorie mathématique de l'information de Shannon (1948), qui permet de quantifier l'information. Il faut également noter que l'importance de l'environnement est implicitement captée par les modèles informatiques qui apprennent en interagissant avec leur environnement, tels que Soar, CHREST (voir plus bas) ou les réseaux de neurones. Dans tous ces cas, les systèmes incorporent des mécanismes adaptatifs.

Récemment, certains théoriciens ont été plus loin. La théorie de l'« action située » (Lave, 1988) reproche aux théories classiques de par trop négliger les interactions avec l'environnement, et en particulier, avec la société. Dans le cas de l'étude de l'expertise, cette approche souligne le rôle que les experts jouent dans la société, et le rôle que la société joue dans la définition de l'expertise.

Vicente et Wang (1998) ont employé une approche « écologique » (p. ex., Gibson, 1969) pour expliquer la corrélation qui existe entre le niveau d'expertise et la performance de mémoire lorsque du matériel appartenant au domaine d'expertise est présenté durant un bref moment. La théorie de la « sensibilisation aux contraintes » (*constraint attunement*) que ces auteurs proposent prédit que les experts vont montrer une supériorité dans des tâches de mémoire dans les cas où ils sont sensibilisés aux contraintes liées au but à réaliser dans cette situation. Plus grand sera le nombre de contraintes présentes, plus grand sera l'avantage des experts, avec la condition que les experts doivent être attentifs à ces contraintes. Dans le cas de matériel totalement aléatoire, l'expertise ne devrait mener à aucune supériorité. Vicente et Wang dérivent leur hypothèse à partir de la théorie de la spécificité (Gibson, 1969) et de la notion de hiérarchie d'abstractions proposée par Rasmussen (1985).

Vicente et Wang (1998) font également une distinction entre *théories de produits* et *théories de processus*. Le premier type de théorie prédit la relation entre l'input et l'output d'un système, mais ne fait aucune hypothèse sur les mécanismes se déroulant entre les deux. Le second type de théorie fait des prédictions tout à la fois sur la performance d'un système étant donné un input, et sur les mécanismes intermédiaires. Vicente et Wang avancent que, dans le cadre de l'étude de l'expertise, une théorie de produits doit être proposée avant une théorie de processus, ce qu'ils font avec leur théorie de la sensibilisation aux contraintes. Ainsi, ils tentent de montrer que de nombreux phénomènes liés à la mémoire des experts peuvent être expliqués par une étude de l'environnement conjointement avec les buts des experts, sans avoir à postuler des mécanismes internes. Ils arguent que leur théorie rend mieux compte des résultats empiriques que les théories précédentes, telles que la théorie des chunks ou la théorie de la mémoire de travail à long terme.

3.5 Les contributions d'Ericsson

3.5.1 Théorie de la « mémoire habile »

Inspiré par la théorie des chunks et par les théories basées sur l'organisation des connaissances, Anders Ericsson a développé plusieurs théories influentes. Dans la théorie de la « mémoire habile » (Chase & Ericsson, 1982 ; Ericsson & Staszewski, 1989), il considère que la mémoire des experts est basée sur trois principes : (1) emploi d'indices mnésiques permettant d'incorporer l'information nouvelle aux connaissances antérieures ; (2) présence de *structures de retrait*, c'est-à-dire de structures de MLT spécifiques au domaine en question (comme elles ont été pré-apprises, elles permettent un encodage rapide) ; et, finalement, (3) diminution du temps requis par les opérations d'encodage et de retrait, grâce à une pratique intensive.

Le premier domaine d'application de cette théorie a été la mémoire des chiffres. Alors que la plupart d'entre nous ne peuvent retenir que quelques chiffres dictés rapidement (environ sept chiffres), certains sujets ont été entraînés à en mémoriser une centaine (Chase & Ericsson, 1982). L'analyse du développement de leur performance montre que, en plus d'une bonne connaissance sémantique des nombres (p. ex., temps de course d'athlétisme, dates historiques) qui leur permettait d'encoder des groupes de chiffres rapidement sous forme de chunks, ces sujets employaient également des structures de retrait.

Les *structures de retrait* méritent quelques commentaires. Elles consistent en des structures de mémoire consciemment apprises facilitant l'encodage de l'information. Un exemple classique de ce concept nous est offert par le procédé mnémotechnique de la *méthode des lieux*, dans laquelle une méthode générale d'encodage utilisant une série d'emplacements est apprise. Durant la présentation du matériel à apprendre, des associations sont faites entre les emplacements (les « *slots* ») et les items à apprendre. Un aspect important de cette théorie est que les experts doivent activer leur structure de retrait avant la présentation du matériel et que, dans le cas d'une présentation rapide du matériel (par exemple, 2 secondes par item), la structure ne peut être utilisée que pour encoder un seul type de matériel, sans transfert à d'autres types de matériel. En résumé, le développement de la mémoire habile consiste tout à la fois en la création d'une structure de retrait et en l'apprentissage de son emploi efficace.

La théorie de la mémoire habile a été appliquée principalement aux mnémonistes, bien qu'elle ait également été utilisée pour expliquer des domaines dans lesquels les performances mnésiques se développent comme un effet secondaire de la tâche principale, comme c'est le cas avec le calcul mental.

3.5.2 Théorie de la pratique délibérée

Pour Ericsson, une condition *sine qua non* pour l'éclosion de l'expertise est que les individus passent suffisamment de temps – souvent plus de dix ans – à pratiquer leur domaine *de manière délibérée*. Ainsi, il n'est pas suffisant de jouer du piano pour le plaisir, même si l'on y met le nombre d'années requis. Il est crucial d'employer des techniques d'entraînement dont le but délibéré est d'améliorer les performances. En général, ces techniques optimisent le feed-back et ainsi la correction de faiblesses. De plus, en particulier dans les sports, l'entraînement, qui n'est pas forcément agréable, doit être calibré de manière à éviter des problèmes tels que l'épuisement physique ou les risques d'accident ; ainsi, dans beaucoup de domaines, l'entraînement est limité à quelques heures par jour. Finalement, une condition supplémentaire pour obtenir de hautes performances est d'avoir un support familial et de profiter d'un environnement favorable. Ericsson utilise des données empiriques dans une variété de domaines pour appuyer cette théorie : musique, sport, science (Ericsson, Krampe & Tesch-Römer, 1993 ; Ericsson & Lehmann, 1996).

3.5.3 Mémoire de travail à long terme

Ericsson et Kintsch (1995) ont généralisé la théorie de la mémoire habile avec leur théorie de la « mémoire de travail à long terme » (« long-term working memory »). Ils proposent que les processus cognitifs puissent être décrits comme une séquence d'états stables représentant les produits finaux de traitement, et que les habilités de mémoire acquises permettent à ces produits finaux d'être engrangés en MLT. L'encodage se produit soit par une structure de retrait, soit par une structure élaborant et associant les items à d'autres items ou au contexte. Cette théorie est présentée comme une théorie générale de l'expertise. En systématisant l'usage de schémas et de structures de retrait, Ericsson et Kintsch arguent que la nouvelle théorie s'applique au-delà de la mémoire experte, couvrant des domaines comme la résolution de problème par les experts et la lecture par la population en général.

Ericsson et Staszewski (1989), de même qu'Ericsson et Kintsch (1995), ont proposé que le principe de structure de retrait puisse être appliqué à des domaines où il n'y a pas d'intention de mémoriser, et suggèrent que ce soit le cas avec les calculateurs prodiges et les joueurs d'échecs. Cependant, le support empirique est beaucoup plus faible qu'avec les tâches de mémoire délibérées (Gobet, 1998a, 2000a, 2000b), bien que Guida et collègues aient récemment présenté des données consistantes avec cette théorie (Guida & Tardieu, 2005 ; Guida, Tardieu & Nicolas, 2009a, b).

3.6 *Révisions de la théorie des chunks*

Bien que la théorie des chunks ait en général bien résisté aux tests empiriques (Gobet, 1998a), certains détails de la mémoire des experts se sont avérés plus compliqués que ce que Chase et Simon avaient proposé. Comme nous allons le voir dans le chapitre 5, les travaux empiriques ont identifié deux faiblesses de la théorie des chunks : surestimation du rôle de la MCT, et sous-estimation de la rapidité d'encodage en MLT, en tout cas avec les experts. Deux modifications de la théorie visent à remédier à ces défauts : EPAM-IV (Richman, Staszewski & Simon, 1995) et la théorie des chablons (Gobet & Simon, 1996a ; 2000), qui est en partie réalisée informatiquement avec CHREST. Ces deux théories, qui restent assez proches de la théorie originale, mais qui incorporent également des idées de la théorie de la mémoire habile, proposent que les experts développent des mécanismes leur permettant de stocker l'information rapidement en MLT. L'idée de base est qu'ils ont développé des « structures de retrait » dans lesquelles l'information peut être engrangée en quelques centaines de millisecondes, au lieu de la dizaine de secondes nécessaires pour créer un nouveau chunk. Ainsi, bien que ces structures exigent de nombreuses heures pour être acquises, elles permettent, une fois présentes, un encodage très rapide. Ces deux théories sont réalisées sous la forme de programmes d'ordinateurs et leurs prédictions ont été comparées en détail avec les données empiriques. Elles ont également été appliquées à des phénomènes au-delà de la psychologie de l'expertise, tels que la formation de concepts, l'apprentissage de la langue maternelle et divers phénomènes empiriques sur la mémoire.

3.6.1 EPAM-IV

Richman, Staszewski et Simon (1995) ont proposé une extension d'EPAM, EPAM-IV, qui incorpore l'idée de structure de retrait et qui rend compte du comportement de DD, l'un des mnémonistes spécialisés dans le rappel de chiffres. La manière dont ils conceptualisent le concept de structure de retrait est proche du traitement proposé par la théorie de la mémoire habile, avec l'importante différence qu'ils incorporent ce concept dans un modèle informatique détaillé (voir chapitre 4, section 9 pour une discussion de la méthode de modélisation par ordinateur en psychologie).

EPAM-IV incorpore plusieurs changements importants par rapport aux versions antérieures de la théorie. La MCT est davantage spécifiée et est maintenant divisée en composantes visuelles et auditives. La composante visuelle comprend deux sous-systèmes, qui sont reliés entre eux : le premier sous-système maintient de manière provisoire un nombre limité de chunks, et le second sous-système génère une représentation visuo-spatiale de l'information contenue dans ces chunks. De la même façon, la composante auditive combine un nombre limité de chunks avec un sous-système permettant de répéter l'information verbale, sous-système qui est semblable à la boucle articulatoire de Baddeley (1986). La MLT consiste en une composante sémantique et une composante procédurale, et comprend les structures de retrait et autres schémas, que le modèle apprend de manière délibérée. Le fait que la théorie soit réalisée sous forme de programme d'ordinateur permet de spécifier en grand détail la manière dont l'apprentissage des chunks et des structures de retrait s'effectue, et la façon dont ces structures sont employées durant la mémorisation et le rappel des chiffres. En outre, suivant la tradition d'EPAM, tous les processus cognitifs postulés par la théorie possèdent des paramètres spécifiant leur durée. En général, EPAM-IV est capable de simuler le comportement de DD en détail, rendant compte aussi bien des aspects qualitatifs que des aspects quantitatifs des données.

3.6.2 Théorie des chablons et CHREST

Comme la théorie des chunks, la théorie des chablons considère que l'expertise provient (a) d'un grand nombre de chunks, indexés par un réseau de discrimination ; (b) d'une grande quantité de connaissances, encodées sous forme de productions et de schémas ; et (c) d'un couplage entre les chunks perceptifs avec la base de connaissance.

De plus, elle propose que les nœuds dans le réseau de discrimination sont accessibles par différentes routes, ce qui augmente la redondance du système.

La construction de réseaux ayant les propriétés décrites ci-dessus explique pourquoi l'acquisition de l'expertise dans des domaines sémantiquement riches prend un temps si long : en plus de la création de chunks, phénomène déjà souligné par Chase et Simon (1973a, b) et par Simon et Gilmartin (1973), les productions et les schémas doivent être appris, de même que des pointeurs les connectant et les reliant à des chunks.

La motivation derrière le développement de CHREST (Chunk Hierarchy & REtrieval Structures ; Gobet, 1993a,b ; Gobet & Simon, 1996c ; Gobet & Simon, 2000) était de perfectionner et d'intégrer deux programmes (PERCEIVER et MAPP) que Simon, comme nous l'avons vu, avait réalisés pour expliquer la perception et la mémoire des joueurs d'échecs. De nouveaux mécanismes furent ajoutés, par exemple pour permettre l'acquisition automatique de connaissances perceptives, sémantiques et procédurales. Par exemple, au contraire de MAPP, qui apprenait des chunks pré-sélectionnés par les auteurs du programme, les configurations que CHREST apprend sont identifiées automatiquement à l'aide d'information recueillie au moyen de la simulation des mouvements oculaires.

Nous avons vu qu'EPAM-IV rend compte des données dans un domaine (mémoire pour listes de chiffres) où il y a une intention délibérée d'améliorer la mémoire. CHREST peut être vu comme le complément d'EPAM-IV dans les domaines où une telle intention n'existe pas. Comme ce dernier programme, CHREST intègre l'idée de chunking avec celle de structure de retrait, avec une différence importante : la création et l'emploi de ces structures ne s'effectuent plus consciemment. Avec CHREST, l'idée de base est que certaines configurations, qui se présentent fréquemment dans un domaine, conduisent à l'apprentissage de structures de données plus complexes, que l'on appelle « chablons » (« templates » en anglais). Ces structures contiennent des variables (« slots » en anglais) permettant d'encoder, dans un domaine particulier, l'information qui se présente souvent avec certaines variations. Par exemple, dans le cas des échecs, une variable peut être créée pour une pièce qui est importante dans un type de position et qui peut être placée sur différentes cases. Comme ils utilisent le principe de variables dont la valeur peut être mise à jour rapidement, les chablons permettent d'encoder des classes de situations sans nécessiter une charge de mémoire excessive, ce qui serait le cas avec la duplication de l'information sous forme de chunks. Le concept de chablon est semblable à celui de « schéma », très commun en psychologie. Toutefois, une différence de taille est que des mécanismes précis, réalisés sous forme de programmes d'ordinateurs, permettent la création et l'utilisation des chablons, alors que le concept de schéma est le plus souvent utilisé de manière plutôt vague (Gobet, 2000a ; Lane et al., 2000).

Contrastant avec les structures de retrait proposées par Chase et Ericsson (1982) et par Richman et al. (1995), qui consistent en un schéma général d'encodage qui va être employé de manière répétée par l'expert, indépendamment du matériel à encoder, la théorie des chablons stipule que les experts ne peuvent utiliser les chablons que si des conditions liées aux caractéristiques de la situation sont remplies. Dès lors, il y a des situations (par exemple, aux échecs, les positions aléatoires), dans lesquelles aucun chablon ne peut être obtenu, même si ces situations appartiennent au domaine d'expertise. Une autre différence est que les chablons donnent, « gratuitement », de l'information (le « noyau » du chablon), semblable aux chunks de Chase et Simon, qui n'a pas besoin d'être encodée.

CHREST a reproduit avec succès la performance de joueurs d'échecs (allant de débutants à grand-maîtres) dans une variété d'expériences sur la mémoire portant sur différentes sortes de positions (positions tirées de parties de maîtres, positions aléatoires, positions modifiées par diverses procédures), simulant également la manière dont les joueurs groupent les pièces durant la reconstruction d'une position et le type d'erreurs effectuées (Gobet, 1993a,b ; Gobet & Jackson, 2002 ; Gobet & Simon, 1996c, 2000 ; Gobet & Waters, 2003 ; Waters & Gobet, 2008). Le programme simule également les mouvements oculaires durant les cinq premières secondes de la présentation d'une position (De Groot & Gobet, 1996). Finalement, une variante de CHREST réalise l'idée que les coups sont choisis par reconnaissance de pattern (Gobet & Jansen, 1994), et une autre variante reproduit certains résultats typiques de la prise de décision aux échecs, tels que l'évolution de la profondeur de calcul en fonction du niveau des experts (Gobet, 1997a). Au-delà des échecs, CHREST a simulé le développement de l'expertise dans le jeu africain de l'awélé (Gobet, 2009b) et la mémorisation de programmes d'ordinateur (Gobet & Oliver, 2002). En outre, CHREST a été utilisé pour expliquer avec succès des données provenant d'une variété de domaines au-delà de l'expertise, parmi lesquels on peut mentionner l'apprentissage explicite et implicite, la formation de concepts, l'acquisition de la langue maternelle, et la résolution de problème en physique (pour des revues de littérature, voir Gobet, 2001 ; Gobet *et al.*, 2001).

4. 4ᵉ période (2000-présent) : L'apport des neurosciences

Bien que ce type de recherche ait été entrepris auparavant, la décennie du cerveau aux États-Unis (1990-2000) a donné un essor particulier aux neurosciences. En particulier, les techniques d'imagerie cérébrale, en particulier l'imagerie par résonance magnétique, ne sont devenues aisément accessibles aux chercheurs que récemment. Ces techniques ont permis de localiser les régions du cerveau qui semblent être critiques pour divers types d'expertise, par exemple expertise en musique (Bangert *et al.*, 2006), en mathématiques (Hanakawa *et al.*, 2003) et aux échecs (Campitelli *et al.*, 2007). Il a également été démontré qu'il existe un lien entre différentes mesures d'intelligence et la capacité de la mémoire de travail (Jung & Haier, 2007) et que ces fonctions reposent sur les mêmes régions du cerveau (aires dans les lobes pariétaux et frontaux). Certains ont proposé l'hypothèse que, dans beaucoup de domaines, l'expertise dépend de ces régions. Plusieurs travaux ont essayé d'identifier les régions du cerveau qui permettent aux experts de discriminer les objets de leur domaine d'expertise et de percevoir rapidement les aspects importants d'une situation. Par exemple, il a été démontré que le gyrus fusiforme, une région postérieure du lobe temporal, est activé lorsque l'on présente des photographies d'oiseaux à des experts en ornithologie (Gauthier *et al.*, 2000). Campitelli *et al.* (2007) proposent que cette région et des régions avoisinantes soient les endroits où le cerveau emmagasine les chunks proposés par Chase et Simon (1973a, b).

De manière générale, les neurosciences favorisent l'hypothèse de la spécialisation des aires cérébrales : des fonctions particulières sont traitées dans des parties du cerveau spécifiques. Cependant, d'autres travaux ont montré que le cerveau est très « plastique » : il est capable de se modifier considérablement lors de son développement et même à l'âge adulte. Expliquer à la fois la présence de spécialisations cérébrales et le caractère plastique du cerveau est un challenge important pour les neurosciences ; l'étude de l'expertise offre un domaine idéal pour y trouver une solution.

Ce type de recherche promet d'être la place où les traditions de recherche sur l'expertise et le talent, évoluant traditionnellement avec peu d'interaction, vont se rencontrer (p. ex., Chassy & Gobet, 2010).

Résumé

1. Dans ses travaux sur les joueurs d'échecs et les calculateurs mentaux, Binet (1894) met en évidence le rôle des connaissances et des stratégies. Étudiant l'apprentissage du morse, Bryan et Harter (1899) identifient l'importance de l'automatisation des composantes de l'expertise et proposent qu'il faille 10 ans de pratique pour devenir un expert.

2. Comparant des grands-maîtres d'échecs de niveau mondial et de bons joueurs de club, De Groot (1946/1965) montre qu'il n'y a que peu de différences en ce qui concerne les caractéristiques structurelles de la résolution de problème. Cependant, les grands-maîtres voient souvent les bons coups très rapidement, ce qui suggère que la perception joue un rôle important.

3. Simon effectue plusieurs travaux cruciaux sur l'expertise, dans plusieurs domaines tels que physique, économie et jeu d'échecs. Il montre que la rationalité est limitée et introduit la modélisation par ordinateur et l'idée de système de production pour étudier l'expertise (et la cognition en général). La théorie des chunks qu'il propose fait l'hypothèse que, pour devenir un expert, il faut acquérir un grand nombre de chunks perceptifs, lesquels donnent un accès rapide à l'information enregistrée en mémoire à long terme.

4. Fitts décrit trois phases dans le développement de l'expertise : la phase cognitive, la phase associative et la phase autonome. Au travers de ces

phases, le comportement conscient devient automatique et les connaissances déclaratives sont transformées en connaissances procédurales. En diagnostic clinique, Meehl montre que de simples modèles mathématiques obtiennent de meilleurs résultats que le jugement subjectif des experts.

5. Le secret de l'expertise réside non seulement dans la quantité de connaissances, mais également dans la manière dont ces connaissances sont organisées. Les théories de Soar et ACT-R, toutes deux implémentées sous forme de programmes d'ordinateurs, proposent que les connaissances des experts soient encodées sous forme de productions.

6. Certains chercheurs proposent que les connaissances des experts puissent être implémentées avec des réseaux de neurones. D'autres font l'hypothèse que ces connaissances résident davantage dans l'environnement que dans la tête des experts.

7. Ericsson a proposé trois théories influentes. La théorie de la « mémoire habile » souligne l'importance de structures de retrait et se centre sur la mémoire délibérée. La théorie de la pratique délibérée étudie le type de pratique nécessaire, et peut-être suffisante, pour obtenir de hauts niveaux d'expertise. La théorie de la mémoire de travail à long terme est une théorie générale de l'expertise qui propose que les experts emploient une partie de leur mémoire à long terme pour élargir la capacité de la mémoire à court terme.

8. EPAM-IV et la théorie des chablons améliorent la théorie des chunks. Ces deux théories sont réalisées sous forme de programmes d'ordinateur, ce qui permet un degré de précision impossible pour les autres théories. Elles ont été utilisées dans plusieurs domaines, y compris la mémoire des chiffres, le jeu d'échecs, la physique et l'acquisition de la langue.

9. Des progrès importants ont été faits par les neurosciences depuis les années 1990 en ce qui concerne notre compréhension des bases neurales de l'expertise. Les neurosciences promettent de réconcilier les traditions de recherche sur l'expertise et sur le talent.

Questions pour mieux retenir

1. Résumez les travaux de Binet sur l'expertise.

2. Décrivez la logique des expériences de De Groot, et comment elles appuient l'hypothèse selon laquelle la perception joue un rôle central dans l'expertise.

3. Quelles sont les contributions principales de Simon en ce qui concerne l'étude de l'expertise ?

4. Décrivez les trois étapes proposées par Fitts (1964) dans le développement de l'expertise.

5. Qu'est-ce qu'un système de production ?

6. Résumez la théorie d'ACT-R.

7. Quelles sont les contributions d'Ericsson en ce qui concerne le développement de l'expertise ?

8. Décrivez la théorie des chablons.

Questions pour mieux réfléchir

1. Comparez et contrastez les travaux de Binet sur le talent et l'intelligence et ceux qu'il a effectués sur l'expertise.

2. Dans son étude sur les experts aux échecs, De Groot a identifié les mécanismes d'*approfondissement progressif* et de *recherche sélective*. À un moindre degré, ces mécanismes sont utilisés dans beaucoup d'activités pour lesquelles nous ne sommes pas experts. Trouvez des exemples dans votre vie quotidienne dans lesquels ces mécanismes sont présents.

3. D'après Herbert Simon, la complexité de la cognition et du comportement humains reflète en grande partie la complexité de l'environnement. Utilisant vos connaissances en psychologie, discutez certaines données empiriques qui (a) appuient cette thèse et (b) ne l'appuient pas.

4. Quelles sont les conséquences des travaux de Meehl pour la psychologie clinique ?

5. Comparez la théorie des chunks et la théorie de la mémoire habile.

6. Dans le cadre de l'expertise, comment est-il possible de réconcilier l'hypothèse de spécialisation des aires cérébrales et l'hypothèse de la plasticité du cerveau ?

Mots clefs

- Stratégies
- Connaissances
- Règle des dix ans
- Rationalité limitée
- Modélisation par ordinateur
- Théorie des chunks
- Tâche de rappel
- Mémoire à court terme
- Anticipation/recherche
- Reconnaissance de patterns
- Phase cognitive
- Phase associative
- Phase autonome
- Connaissances déclaratives
- Connaissances procédurales
- Système de production
- Architecture cognitive
- ACT
- Soar
- Connexionnisme
- Environnement
- Théorie de la mémoire habile
- Pratique délibérée
- Mémoire de travail à long terme
- EPAM-IV
- Théorie des chablons
- CHREST

Lectures pour aller plus loin

Binet, A. (1894). *Psychologie des grands calculateurs et joueurs d'échecs.* Paris : Hachette. [Ré-édité par Slátkine Ressources, Paris, 1981.]

De Groot, A. D., & Gobet, F. (1996). *Perception and memory in chess. Heuristics of the professional eye.* Assen: Van Gorcum.

Didierjean, A., Ferrari, V., & Marmèche, E. (2004). L'expertise cognitive au jeu d'échecs : Quoi de neuf depuis de Groot (1946) ? *L'Année Psychologique, 104,* 771-793.

Ericsson, K. A. (Ed.). (1996). *The road to excellence.* Mahwah: Erlbaum.

Gobet, F. (2001). Réseaux de discrimination en psychologie : l'exemple de CHREST. *Swiss Journal of Psychology, 60,* 264-277.

Guida, A., Tardieu, H., & Nicolas, S. (2009). Mémoire de travail à long terme : quelle est l'utilité de ce concept ? Émergence, concurrence et bilan de la théorie d'Ericsson et Kintsch (1995). *L'Année psychologique, 109,* 83-122.

Simon, H. A. (1991). *Sciences des systèmes. Sciences de l'artificiel.* Paris : Dunod.

CHAPITRE 4

Méthodes de recherche

Sommaire

En commençant par la méthode introspective de Cleveland (1907) et les questionnaires employés par Binet (1894), la recherche sur l'expertise a utilisé une vaste panoplie de techniques, qui vont de simples observations à des techniques sophistiquées d'imagerie cérébrale (voir Ericsson & Smith, 1991 ; Ericsson *et al.*, 2006 ; Gobet, De Voogt & Retschitzki, 2004, pour une discussion détaillée). Dans le but de faciliter la lecture des chapitres suivants, qui décrivent les données empiriques, ce chapitre donne un bref aperçu de ces techniques et discute plus en détail celles d'entre elles qui ont été utilisées fréquemment.

1. Analyse de biographies et d'autobiographies

Étant donné la difficulté de prédire qui va et qui ne va pas être un expert ou un génie, il est parfois nécessaire d'avoir recours à des méthodes rétrospectives pour identifier l'environnement ou l'évolution qui caractérisent l'éclosion de l'expertise. Une des difficultés évidentes de cette approche est qu'elle est basée sur des commentaires rétrospectifs qui remontent parfois à plusieurs décennies dans le temps. Cependant, en utilisant un examen croisé de plusieurs sources, il est parfois possible d'obtenir des informations raisonnablement sûres (Howe, 1996).

2. Analyse de documents publics

Une approche similaire consiste à avoir recours à des documents publics, tels que listes de classements dans des compétitions sportives, tableaux de records mondiaux et de médailles olympiques, liste de scientifiques ayant obtenu le prix Nobel, base de données contenant le nombre de publications pour différents scientifiques, etc. De telles études ont été menées par Lehman (1953) à propos de l'effet de l'âge sur la performance des experts ou par Simonton (1996, 1997) à propos de la production des scientifiques. Un avantage de cette sorte d'analyse sur la précédente est qu'il est plus facile d'avoir recours à des techniques statistiques pour inférer des lois ou des mécanismes causaux. Par exemple, plusieurs chercheurs essaient actuellement de tester l'hypothèse selon laquelle le développement de l'expertise suit une « loi de puissance » en analysant l'ensemble des classements Elo publiés par la fédération internationale des échecs. D'autres exemples, tels que l'emploi de biographies et d'encyclopédies pour obtenir l'information sur la productivité artistique ou scientifique, sont discutés par Simonton (1984, 1999). Nous reviendrons sur ces techniques au chapitre 8.

3. Observation

Nous avons déjà mentionné que le développement d'une expertise exige souvent une dizaine d'années. Cela entraîne des difficultés expérimentales et logistiques évidentes pour le chercheur. Une possibilité pour faire face à ces difficultés consiste à simplement observer ce développement — une sorte d'expérience naturelle. Malheureusement, il est difficile d'anticiper et de prévoir qui, parmi les nombreux candidats, va devenir un expert ; dès lors, l'observation d'experts est la plupart du temps effectuée de pair avec l'analyse de documents rétrospectifs : des biographies ou autobiographies sont utilisées, et des carnets de notes sont consultés dans le cas de scientifiques, d'écrivains ou de musiciens. Quoique riches en enseignement, ces sources d'information ont des limites évidentes (cf. Ericsson, 1996). En particulier, les autobiographies souffrent des imperfections de la mémoire humaine (p. ex., Baddeley, 1990). Quelques exemples suffiront : le choix du matériel peut être très sélectif, que ce soit pour éviter des souvenirs pénibles ou par simple oubli ; la mémoire est reconstructive, ce qui signifie que certains souvenirs ne sont simplement pas fiables ; et, pour les personnes âgées, davantage de souvenirs sont accessibles entre 10 et 30 ans qu'après (Holding *et al.*, 1986).

Une autre possibilité est de sélectionner *a priori* des individus qui, bien entendu, ont accepté d'être observés durant leur apprentissage, et de suivre leur évolution. L'observation elle-même peut être entrecoupée de phases d'expérimentation où l'on teste différentes hypothèses sur les connaissances emmagasinées ou les stratégies employées. Les travaux de Bryan et Harter (1899) sur l'apprentissage du morse et ceux de Chase et Ericsson (1982) sur la mémoire des chiffres offrent de bons exemples de cette approche. Un autre exemple plus récent est offert par Bilalić, McLeod et Gobet (en préparation), qui ont suivi durant environ trois ans le progrès d'une soixantaine d'enfants jouant aux échecs.

4. Expérimentation

De nombreux travaux ont utilisé les canons de la psychologie expérimentale pour remédier aux défauts de l'observation ; dans une expérience, les variables indépendantes sont mieux contrôlées, et les variables dépendantes mesurées avec plus de précision et de validité que cela n'est possible avec des techniques d'observation. La recherche de Binet sur les calculateurs peut être considérée comme l'une des premières à employer des techniques expérimentales dans le cadre des performances extraordinaires. Bien que l'utilisation de telles techniques offre un contrôle expérimental meilleur que les approches que nous venons de décrire, il faut cependant noter que la variable d'intérêt principale (le niveau d'expertise) n'est presque jamais manipulée directement. Le plan expérimental utilisé est donc corrélationnel, et l'on connaît les difficultés inhérentes à ce type de plan pour tirer des conclusions sur la causalité des phénomènes.

Parmi les variables dépendantes le plus souvent employées, on peut mentionner les temps de réaction, le nombre et le type d'erreurs, la quantité de matériel correctement mémorisée, la qualité des solutions proposées, et le nombre ou le type d'actions effectuées. Dans certains cas (voir la section suivante), il est possible de demander aux experts de parler à voix haute en même temps qu'ils effectuent une tâche. Les protocoles verbaux ainsi produits sont des mesures qui peuvent être riches en enseignement.

Pour ce qui est des variables indépendantes, les plus fréquentes sont la difficulté de la tâche, la familiarité avec le matériel, le degré de structuration du matériel (dans certains cas, la structure du matériel peut être complètement détruite et rendue aléatoire), le temps alloué, et la présence de tâches concurrentes.

5. Analyse de protocoles

Une manière plutôt directe d'étudier les experts est simplement de leur demander ce qu'ils font pour produire de telles performances. Un tel emploi de l'*introspection* – proposé, par exemple, par De Groot (1946/1978) – va probablement faire hérisser les cheveux sur la tête de la plupart des psychologues, mais il a des avantages. De Groot argue que les experts sont les meilleurs connaisseurs de leur expertise et que, même s'ils n'ont pas accès au détail de leurs processus cognitifs, une quantité importante d'information peut être obtenue par cette approche, qui n'exige pas d'équipement spécifique ou d'analyses compliquées.

Les *protocoles rétrospectifs* sont différents de l'introspection : on demande aux sujets de rapporter, sans produire d'explication, ce qui est passé dans leur conscience durant la réalisation d'une tâche. Par exemple, un mathématicien pourrait reproduire les étapes intermédiaires utilisées dans la simplification d'une équation. De Groot, à nouveau lui, a employé cette technique lorsqu'il a demandé à des joueurs d'échecs de mémoriser une position d'échecs. Une fois la position reconstituée, les joueurs sont invités à reproduire les pensées qu'ils ont eues durant la présentation de la position.

En général, les chercheurs ont employé la technique des protocoles d'une autre manière et ont utilisé des *protocoles en parallèle*. Au lieu de demander aux experts de commenter après coup le déroulement de leurs actions, ils leur demandent de penser à voix haute lorsqu'ils effectuent une tâche, par exemple la résolution d'un problème de physique ou d'informatique. L'idée est de demander aux experts non pas d'expliquer comment ils pensent, un acte d'introspection, mais simplement d'exprimer à voix haute ce qu'ils pensent. Cette technique donne des résultats intéressants dans certaines tâches (par exemple, physique et diagnostic médical), mais a de sérieuses limites lorsque les tâches sont très rapides ou visuo-spatiales[1]. Dans la plupart des domaines, la technique est utile pour obtenir une description des processus se

---

1. Les échecs constituent un cas intéressant. Bien qu'il s'agisse d'un domaine visuo-spatial, de nombreux travaux, en commençant par ceux de De Groot (1946), ont montré que l'emploi de protocoles en parallèle produit des résultats utiles avec ce jeu.

produisant relativement lentement (dizaines de secondes), mais n'est guère applicable pour les processus plus rapides. Ericsson et Simon (1993) discutent en détail l'emploi de protocoles verbaux et décrivent leurs avantages et désavantages (voir aussi Gobet, 2009b). Des programmes ont été développés pour faciliter le codage. Par exemple, Bhaskar et Simon (1977) décrivent SAPA, un système semi-automatique de codage des protocoles verbaux qu'ils utilisèrent dans leur étude de la résolution de problèmes en thermodynamique.

L'analyse de protocoles a souvent été utilisée dans la recherche sur l'expertise, et également en intelligence artificielle en ce qui concerne l'acquisition des connaissances d'experts humains. Elle a également été étendue au-delà du domaine verbal pour recueillir des données sur les actions motrices (incluant des actions sur la souris ou le clavier d'un ordinateur) et sur les mouvements oculaires. Il est également possible de joindre différents types d'analyses de protocoles. Ainsi, De Groot et Gobet (1996) ont combiné l'analyse de protocoles verbaux rétrospectifs avec l'enregistrement de mouvements oculaires durant une tâche de mémoire durant laquelle une position d'échecs est présentée durant 5 secondes. Les résultats montrent que certains joueurs, mais pas d'autres, ont une excellente mémoire des endroits qu'ils avaient fixés. Un autre résultat intéressant est que les joueurs, après avoir fixé une même case plusieurs fois, ne se souviennent en général que de la première fixation dans leur protocole rétroactif. Ce résultat est à rapprocher de l'« effet de Ranschburg » observé dans des tâches de rappel sériel, où les participants trouvent difficile de retenir des stimuli qui sont répétés dans la liste à mémoriser.

6. Comparaisons entre experts et novices

Une partie importante de la recherche sur l'expertise a été conduite en comparant le comportement d'experts avec celui de novices (pour des exemples classiques voir, dans le domaine de la physique, Chi *et al.*, 1981, et, dans le domaine de la médecine, Patel & Groen, 1991). Un tel emploi de psychologie différentielle a l'avantage de produire des résultats très clairs et souvent spectaculaires. Cependant, la technique n'est pas sans désavantage. D'une part, la tâche doit être la même pour l'expert que pour le novice, si l'on veut être en mesure d'effectuer une comparaison sensée. Mais cela a pour conséquence de rendre les tâches ou relativement aisées pour l'expert — ce qui est le cas dans la plupart des travaux — ou trop complexes pour le novice. Bereiter et Scardamalia (1993) proposent que certaines généralisations, telles que la tendance des experts à raisonner à partir des données en direction du but (voir le chapitre 6 sur la résolution de problème), sont en partie un artefact de ce choix de tâche.

D'autre part, la comparaison expert-novice ne nous dit rien sur les stades intermédiaires ou sur les processus qui mènent un débutant au niveau d'expert. Le premier problème est lié au fait qu'il est difficile, dans la plupart des domaines, d'obtenir une échelle graduée des niveaux d'expertise (les échecs, qui possèdent une telle échelle de maîtrise, constituent une exception importante, ce qui explique partiellement leur popularité comme sujet d'étude pour les psychologues). Le second problème nécessite l'emploi de plans d'étude longitudinaux. Comme nous l'avons vu plus haut, de tels plans sont difficiles à utiliser dans ce domaine d'étude, d'une part du fait du nombre d'années nécessaire pour obtenir un haut niveau d'expertise, et d'autre part du fait qu'il n'est pas possible d'identifier au départ qui va et qui ne va pas être un expert.

7. Approche psychométrique

La *psychométrie* est le champ de la psychologie qui développe des techniques de mesures (« tests ») concernant, entre autres, les aptitudes intellectuelles et les composantes de la personnalité. Comme nous l'avons vu au chapitre 2, ce genre de mesures, en particulier les mesures d'intelligence (techniquement, de quotient intellectuel, QI), ont été l'outil principal des travaux sur le talent. Elles ont également été employées, plus rarement il est vrai, par l'approche étudiant l'expertise.

L'approche consiste à vérifier la présence d'une corrélation entre une aptitude mentale particulière (par exemple, l'intelligence) et une mesure de l'expertise, mesure basée ou bien sur un classement provenant du domaine (par exemple, le classement Elo aux échecs), ou bien sur les résultats d'un test mesurant le niveau d'expertise (par exemple, résultats d'un test de compétence en mathématiques). Toutes sortes de mesures psychométriques ont ainsi été employées, mais la préférence a été donnée aux tests d'intelligence, aux mesures de motivation et aux mesures de personnalité. Par exemple, Masunaga et Horn (2001) ont utilisé une série de tests basés sur la théorie de l'intelligence fluide et cristallisée (voir chapitre 2) dans le cadre d'une étude sur l'expertise au jeu de go. De manière similaire, Bilalić, McLeod et Gobet (2007b) ont étudié la personnalité d'enfants jouant aux échecs avec un test mesurant les « big five » (Costa & McCrae, 1988), c'est-à-dire les cinq traits centraux de la personnalité : ouverture à l'expérience, caractère consciencieux, extraversion, caractère agréable et neuroticisme.

8. Biologie, neuroscience et imagerie cérébrale

Historiquement, les méthodes basées sur la biologie ont été avant tout employées par l'approche du talent, par exemple avec les travaux essayant de trouver une corrélation entre intelligence et vitesse de conduction nerveuse (p. ex., Eysenck, 1995). Ce n'est que récemment, avec l'apparition de l'imagerie cérébrale, que les chercheurs travaillant sur l'expertise ont vraiment utilisé ce type de méthodes.

Deux résultats suffiront pour illustrer cette approche. Une analyse post mortem du cerveau d'Einstein a montré qu'il n'y avait pas d'opercule pariétal, ce qui a été lié à sa pensée extrêmement visuelle (Abraham, 2002). Les joueurs d'échecs ont davantage tendance à être nés dans la première partie de l'année (de janvier à juin) que dans la seconde (de juillet à décembre), ce qui pourrait être lié à la façon dont le cerveau se développe (Gobet & Chassy, 2008b).

Depuis les progrès fulgurants en imagerie cérébrale à la fin du XXe siècle, on a assisté à un nombre important d'études sur l'expertise et le talent avec cette technologie. Parmi les nombreuses techniques, on peut en mentionner trois. L'électro-encéphalographie (EEG) mesure l'activité électrique du cerveau, grâce à des électrodes placées sur le cuir chevelu. La tomographie par émission de positons (TEP) mesure l'activité métabolique du cerveau suite à l'injection d'un produit radioactif ; les émissions produites par les positons suite à la désintégration de ce produit permettent de générer une image en trois dimensions. L'imagerie par résonance magnétique (IRM) permet d'obtenir des images en trois dimensions, en employant le fait que les propriétés magnétiques de l'hémoglobine sont différentes entre sang oxygéné et sang désoxygéné. Cette technique a l'avantage d'être non invasive (aucune injection préalable de produit radioactif n'est nécessaire).

Parmi les nombreux exemples où ces techniques ont été utilisées pour l'étude de l'expertise, on peut en citer deux. Utilisant l'IRM, Schlaug *et al.* (1995) montrent que le cerveau de musiciens possédant l'oreille absolue est davantage asymétrique que celui de musiciens ne possédant pas l'oreille absolue ou que celui de personnes qui ne sont pas des musiciens. Employant la TEP, Pesenti *et al.* (2001) trouvent que, lorsqu'on compare un expert calculateur avec un groupe contrôle, le cerveau de l'expert emploie des régions différentes, ce qui reflète des stratégies différentes. En particulier, l'expert utilise davantage les aires du cerveau liées à la mémoire à long terme.

9. Modélisation

Depuis les travaux fondamentaux de Simon et de ses collègues dans les années 1960 et 1970, les scientifiques étudiant le phénomène de l'expertise ont parfois eu recours aux techniques de modélisation par ordinateur. Cette approche a plusieurs avantages : développement de théories rigoureuses, possibilité de simuler des comportements complexes et possibilité de faire des prédictions précises et quantitatives. Le fait que l'environnement de l'expert est en partie capté dans les simulations, en particulier lorsque celles-ci adressent la question de l'apprentissage, est également d'importance (Gobet & Waters, 2003). Toutefois, les difficultés liées à cette approche ne sont pas à négliger. Il faut un temps considérable pour développer les programmes et comparer les prédictions des simulations avec les données empiriques ; cette comparaison elle-même est parfois problématique, en partie du fait qu'il n'existe pas de méthodologie standardisée pour le faire (Ritter *et al.*, 2003 ; Lane & Gobet, 2003). Ces complications expliquent pourquoi la technique de modélisation, en dépit de ses avantages évidents, n'est pas employée davantage par les chercheurs intéressés par l'expertise.

10. Évaluation des approches scientifiques utilisées

Malgré sa brièveté, cette revue a mis en évidence un nombre important de techniques. Si les techniques quantitatives dominent, la présence de techniques qualitatives – en particulier l'analyse de protocoles – est à relever. Il est également intéressant de noter que certaines théories sont directement liées à l'emploi d'une technique particulière. Par exemple, certaines théories mettant en avant l'importance du talent trouvent pratiquement l'ensemble de leur support empirique dans l'emploi d'un test d'intelligence particulier, et dans les corrélations entre la performance à ce test et la performance dans un domaine d'expertise particulier. De manière similaire, certains résultats sur les bases neurologiques de l'expertise sont ancrés dans l'emploi d'une technique d'imagerie cérébrale particulière.

La discussion des méthodes employées dans l'étude du talent et de l'expertise nous donne l'occasion de souligner quelques points forts et quelques points faibles de ce type de recherche. Parmi les points forts, on peut noter la haute *validité écologique* des résultats obtenus. Les experts sont des personnes qui passent plusieurs heures par jour à pratiquer leur art, ce qui a pour conséquence qu'ils sont motivés et familiers avec leur domaine. Cela peut être contrasté avec les sujets que l'on trouve le plus souvent dans des expériences en psychologie – des étudiant(e)s en psychologie effectuant des tâches nouvelles. Cet avantage probablement explique que les résultats obtenus dans les recherches sur l'expertise se généralisent à la psychologie en général. Par exemple, l'importance des connaissances est tout aussi valide pour un musicien de haut niveau que pour une personne prenant une décision quant à son budget. À son tour, cette généralisation des résultats explique l'impact considérable que les recherches sur l'expertise ont eu sur les développements théoriques en psychologie.

Quelques points faibles doivent également être notés dans ce type de recherche. La taille des échantillons est en général petite – par définition, il est difficile de trouver des experts. Une conséquence en est que la puissance statistique de certaines expériences laisse à désirer ; c'est-à-dire que le plan expérimental ne permet pas de détecter des effets réels, car, même si les effets sont présents, les tests statistiques ne vont pas être signifiants. Un bon exemple de ce problème est offert par la recherche étudiant l'effet du sens sur le rappel de positions d'échecs. Se basant sur les résultats de Chase et Simon (1973a, b) et de quelques études éparses, on a longtemps cru que les très forts joueurs d'échecs, tels que les grands-maîtres, ne mémorisaient pas les positions aléatoires mieux que des joueurs faibles, voire des débutants. Or Gobet et Simon (1996c) ont montré qu'il existait en réalité un effet d'expertise dans ce genre de tâche, un résultat qui a par la suite été confirmé à maintes reprises. Cependant, la différence de rappel entre des joueurs de différents niveaux d'expertise est faible et est difficile à détecter si l'on n'a pas affaire à de larges échantillons.

Une autre faiblesse a trait au fait que la plupart des travaux ne sont pas répliqués (cf. Charness, 1992 ; Gobet, 1993b). Cela est bien entendu dû à la difficulté de trouver des experts. Quoi qu'il en soit, sans réplication, il est difficile de juger de la fiabilité des résultats.

Il n'est pas inutile de revenir sur une critique souvent mentionnée à propos des expériences sur l'expertise, à savoir qu'elles manquent de validité écologique. Comme nous venons de le voir, cette critique est sans fondement. En fait, bien plus que presque l'ensemble des expériences conduites en psychologie, la recherche sur l'expertise confronte les sujets avec des situations provenant de leur domaine d'intérêt — un domaine auquel ils consacrent parfois plusieurs heures par jour.

Résumé

1. La recherche sur l'expertise utilise une grande variété de méthodes, qu'elles soient quantitative ou qualitatives.

2. Il est possible d'étudier les performances extraordinaires en utilisant des biographies, autobiographies, classements de compétitions sportives, listes de prix scientifiques et bases de données indiquant par exemple le nombre de publications par scientifique.

3. Certaines études observent comment des débutants deviennent des experts. D'autres emploient des techniques expérimentales. Une limite des recherches sur l'expertise est que la variable « expertise » n'est que rarement directement manipulée, du fait qu'elles utilisent des individus qui sont des experts ou des novices avant le début de l'expérience.

4. L'analyse de protocoles, en particulier de protocoles verbaux, a jeté une lumière importante sur les processus cognitifs des experts. Il faut distinguer entre introspection, protocoles rétrospectifs et protocoles en parallèle.

5. De nombreuses études ont comparé des experts à des novices. Si possible, il est préférable d'inclure des groupes intermédiaires dans le plan expérimental.

6. Certains travaux corrèlent le niveau d'expertise avec des tests psychométriques, mesurant par exemple l'intelligence ou la motivation.

7. L'imagerie cérébrale et la modélisation par ordinateur sont maintenant des méthodes courantes pour étudier l'expertise.

8. Les recherches sur l'expertise ont en général une haute validité écologique mais emploient des échantillons relativement petits et ne sont que rarement répliquées.

Questions pour mieux retenir

1. Quels sont les désavantages des biographies et autobiographies en ce qui concerne l'étude de l'expertise ?

2. Décrivez les variables dépendantes et indépendantes des deux tâches utilisées par De Groot (tâche de rappel et tâche de choix de coup).

3. Définissez les termes suivants : introspection, protocole rétrospectif et protocole parallèle.

4. Quels sont les avantages et les désavantages de comparer les experts avec les novices ?

5. Décrivez deux techniques employées en imagerie cérébrale.

6. Quels sont les points forts et les faiblesses de la recherche sur l'expertise ?

Questions pour mieux réfléchir

1. Alors que De Groot défend la méthode d'introspection, elle est en général rejetée par la psychologie expérimentale. Qui a raison, et pourquoi ?

2. Dans certains domaines, tels que le football, la conduite automobile et la radiologie, on a proposé d'employer les mouvements oculaires des experts pour entraîner les débutants. Pensez-vous que cette approche a des chances de réussir ?

3. Nous avons vu qu'une faiblesse des expériences effectuées sur l'expertise est que la variable « expertise » n'est pas manipulée directement par l'expérimentateur. Est-ce là une faiblesse sérieuse ? Quels sont les plans expérimentaux qui pourraient être utilisés pour atténuer cette faiblesse ?

4. Les nouvelles technologies permettent d'enregistrer facilement une quantité énorme d'information et ainsi d'élargir le sens du mot « protocole ». En plus d'enregistrements audio et vidéo, on peut par exemple relativement aisément recueillir des données sur l'activité électrique du cerveau (EEG) et l'activité électrodermale (activité électrique à la surface de la peau). Mais que faire avec toutes ces données ? Sont-elles vraiment utiles pour comprendre le comportement des experts ?

5. Peu de travaux expérimentaux ont été effectués sur le lien entre experts et société. Proposez un plan expérimental qui permette d'étudier cette question.

Mots clefs

▼

- ■ Observation
- ■ Analyse de protocoles
- ■ Introspection
- ■ Protocoles rétrospectifs
- ■ Protocoles en parallèle
- ■ Comparaison en experts et novices
- ■ Psychométrie
- ■ Imagerie cérébrale
- ■ Modélisation par ordinateur
- ■ Validité écologique

Lectures pour aller plus loin

Ericsson, K. A., & Simon, H. A. (1993). *Protocol analysis. Verbal reports as data.* (2nd ed.). Cambridge, MA: MIT Press.

Ericsson, K. A., Charness, N., Feltovich, P. J., & Hoffman, R. R. (Eds.) (2006). *The Cambridge handbook of expertise and expert performance.* New York, NY: Cambridge University Press.

Houdé, O., Mazoyer, B., & Tzourio-Mazoyer, N. (2002). *Cerveau et psychologie.* Paris : PUF.

Myers, A., & Hansen, C. H. (2003). *Psychologie expérimentale.* Bruxelles : De Boeck.

PARTIE 2
Développements empiriques et théories

Sommaire

CHAPITRE 5

Perception, mémoire et apprentissage

Le but de la deuxième partie de ce livre est de présenter les données empiriques les plus importantes sur la psychologie du talent et de l'expertise, ainsi que de présenter certains développements théoriques récents qui n'ont pas été mentionnés dans les chapitres précédents. Notre souci sera de montrer comment les théories principales sont appliquées à des domaines spécifiques, et d'évaluer si ces théories sont étayées ou non par les données empiriques. Les données provenant du jeu d'échecs vont être abondamment discutées, car ce jeu a été énormément étudié dans ce domaine de recherche. Cela est principalement dû aux avantages offerts par ce jeu – en particulier la présence d'un système de classement qui permet de mesurer avec précision et fiabilité le niveau d'expertise des participants.

1. Perception élémentaire, temps de réaction simples et caractéristiques physiologiques

Une idée qui remonte loin dans l'histoire de la psychologie (par exemple, Galton, 1869) est que les experts jouissent d'un meilleur « hardware » : processus neuraux plus rapides, mécanismes de perception plus performants, et, dans le cas d'activités corporelles, caractéristiques musculaires différentes. Ces différences, opérant à un niveau cellulaire, seraient transmises génétiquement. Quoiqu'il s'agisse là d'un sujet extrêmement polémique, lié au non moins polémique sujet de l'hérédité de l'intelligence, on peut prudemment avancer que les résultats empiriques ne corroborent cette hypothèse que faiblement.

1.1 Perception élémentaire

Pour expliquer les performances de nombreux sportifs, on a proposé qu'il existe des différences dans les habilités perceptives (telles qu'acuité visuelle statique, acuité visuelle dynamique, vision périphérique ou stéréovision) entre experts et non-experts. Les mesures utilisées consistent en temps de réaction simples, temps de réaction périphériques, et vitesse de conduction nerveuse. Cette tendance a caractérisé la recherche en psychologie du sport entre 1950 et 1980 (Helsen & Starkes, 1999).

Les recherches semblent indiquer qu'il n'y a pas de corrélation entre performance sportive et mécanismes perceptifs sous-jacents (Starkes *et al.*, 1995 ; Shea & Paull, 1996). Les sportifs de pointe ne diffèrent pas des novices en ce qui concerne les habiletés perceptives générales. Cependant, il y a des différences dès que les mesures sont prises dans le domaine où le sportif excelle. Par exemple, Helsen et Starkes (1999) ont trouvé que des footballeurs de pointe n'obtiennent pas de meilleures performances dans des tests optométriques (statiques ou dynamiques). Cependant, ils trouvent des différences lorsque les mouvements oculaires sont enregistrés dans des tâches de détection liées au football. Abernethy (1987) suggère que la différence critique entre novices et experts ne soit pas tant la manière dont l'information est cherchée que la manière dont cette information est utilisée par la suite.

1.2 *Temps de réaction simples*

Comme nous l'avons vu aux chapitres 1 et 2, de nombreuses recherches ont essayé de montrer que des capacités élémentaires, qu'elles soient cognitives ou perceptives, sous-tendent les performances de pointe. Cependant, selon Ericsson et Charness (1994) et Ericsson, Krampe et Tesch-Römer (1993), les données empiriques ne confortent pas une telle vue. L'absence de corrélation entre expertise et temps de réaction simples a été bien établie dans le domaine du sport (Goulet *et al.*, 1988 ; Helsen & Starkes, 1999 ; Nielsen & McGown, 1985 ; Shea & Paull, 1996).

1.3 *Caractéristiques anatomiques et physiologiques*

De manière intéressante, un entraînement sportif intense peut avoir des répercussions anatomiques et physiologiques considérables sur le corps humain, ce qui, selon Ericsson (1996), ne laisse que peu de place pour des explications héréditaires. Par exemple, la pratique d'un sport peut augmenter le nombre des capillaires reçus par un muscle, changer la taille du cœur, et même changer les propriétés métaboliques de muscles critiques pour la pratique d'un sport (conversion de muscles « fast-twitch » et « slow-twitch »). Ces changements, qui sont des adaptations aux demandes de l'environnement, reviennent à leur valeur d'origine lorsque l'entraînement est arrêté (Ericsson, Krampe & Tesch-Römer, 1993). Cependant, le débat est loin d'être clos, et des données appuyant l'hypothèse de différences génétiques existent également (Beunen & Thomis, 2006 ; Klissouras, Geladas & Koskolou, 2007 ; Janelle & Hillman, 2003 ; Pérusse, 2001). Ces différences sembleraient inclure, au minimum, des différences au niveau de la consommation maximale d'oxygène ou d'autres indicateurs de l'endurance cardiorespiratoire, au niveau de l'adaptation à l'exercice du point de vue métabolique ou morphologique, ainsi qu'au niveau de la grandeur des segments du corps.

2. Perception complexe

Si, comme nous venons de le voir, des indices élémentaires ne permettent pas d'identifier de différence perceptive entre experts et novices en ce qui concerne des stimuli simples n'appartenant pas au domaine d'expertise, il n'en est pas de même avec la perception de matériel plus complexe appartenant à ce domaine. Plusieurs études ont montré que les experts perçoivent le matériel issu de leur domaine différemment des novices. Ces résultats confirment l'idée, développée plus bas, que les experts emploient des types de représentation mentale différents.

2.1 Échecs

De Groot et Gobet (1996) ont enregistré les mouvements oculaires de maîtres d'échecs et d'amateurs lorsqu'une position d'échecs était présentée durant cinq secondes. Ils ont trouvé que les mouvements oculaires des maîtres étaient plus rapides et moins variables que ceux des amateurs (voir figure 5.1). Les maîtres avaient aussi tendance à inspecter l'ensemble de l'échiquier, alors que les amateurs ne regardaient qu'une portion de celui-ci. Les maîtres fixaient également plus souvent les cases importantes ; ce résultat n'est pas dû uniquement au nombre total de cases fixées, car il reste valable après que l'on ait effectué les corrections statistiques adéquates. Finalement, les maîtres avaient davantage tendance à fixer à l'intersection des cases, ce qui conforterait l'idée de chunks (voir également Reingold *et al.*, 2001).

Figure 5.1.

Mouvements oculaires d'un amateur (à gauche) et d'un maître (à droite) lorsqu'ils regardent une position d'échecs (haut de la figure). La position est présentée durant cinq secondes. Le cercle noir indique la 1re fixation.
Le diamètre des cercles est proportionnel à la durée de fixation. Les cases en gris indiquent les cases qui sont importantes d'un point de vue échiquéen. D'après De Groot et Gobet (1996).

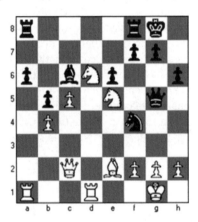

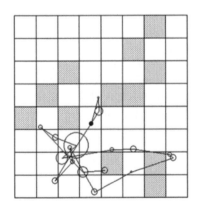
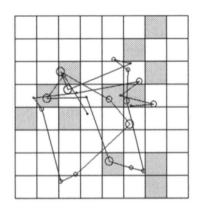

Les travaux de De Groot (1946/1978) confirment l'hypothèse de différences perceptives spécialisées. Les experts peuvent reconnaître les aspects critiques d'une position très rapidement, et mémoriser relativement bien ces positions même avec un temps de présentation aussi court qu'une seconde (Gobet & Simon, 2000). Cependant, ces habilités perceptives ne se généralisent pas à d'autres domaines, tels que la mémoire de formes géométriques (Waters, Gobet & Leyden, 2002).

2.2 *Sports*

Des résultats similaires ont été trouvés avec les mouvements oculaires de sportifs (par exemple, Helsen & Starkes, 1999). Typiquement, les experts ont besoin de moins de fixations avant de prendre une décision et fixent les aspects importants plus rapidement.

La supériorité perceptive des experts a été démontrée par la *tâche d'occlusion* (Abernethy & Russell, 1987 ; Jones & Miles, 1978). Prenons l'exemple du tennis, avec des joueurs experts et des débutants. Une vidéo montre un joueur effectuant un service et est coupée au moment où la raquette frappe la balle. La tâche consiste à prédire l'endroit où la balle va toucher la surface du terrain. Comme on peut s'y attendre, les experts sont supérieurs aux amateurs dans cette tâche. Une manipulation supplémentaire de la vidéo est de dérober à la vue la raquette ou des parties du corps. Tous les joueurs sont particulièrement empruntés lorsque le mouvement de la raquette n'est pas visible. De manière intéressante, les experts, mais pas les débutants, utilisent l'information sur le mouvement du corps et du bras tenant la raquette – les premiers montrent une baisse de performance quand cette information est absente, mais pas les seconds. La conclusion est que les experts emploient davantage d'indices perceptifs que les débutants.

3. Mémoire

Un des résultats les plus robustes en psychologie cognitive est que les experts mémorisent remarquablement bien le matériel appartenant à leur domaine d'expertise, même quand ce matériel n'est présenté que pour quelques secondes. Ce résultat n'est pas surprenant quand ces experts, tels les mnémonistes, s'entraînent à développer leur mémoire ; il l'est davantage quand les compétences développées – programmer un ordinateur, jouer au football – n'ont rien à voir avec l'amélioration de la mémoire.

La mémoire a toujours été un sujet d'étude favori en psychologie, et la recherche sur la mémoire des experts ne fait pas exception. Cette longue tradition de recherche commença avec Binet (1894), qui examina les prouesses mnésiques des joueurs d'échecs et des calculateurs mentaux. Quelque peu en retrait durant les années de gloire du béhaviorisme, le domaine de la mémoire a suscité maints travaux depuis la révolution cognitive, peut-être parce qu'il offre un environnement dans lequel il est possible d'étudier en détail plusieurs concepts clés en psychologie cognitive, à savoir : organisation des connaissances, techniques d'encodage et rôle des stratégies. Peut-être davantage qu'avec d'autres aspects de l'expertise, la mémoire des experts a été recherchée tout autant pour développer et tester des théories de la mémoire humaine en général que pour comprendre la mémoire des experts.

Il est commode de diviser les recherches sur la mémoire des experts en deux catégories. D'une part, les domaines dans lesquels le but de l'expert est de mémoriser de l'information ; et, d'autre part, les domaines dans lesquels une amélioration de la mémoire est un effet secondaire du développement de l'expertise. Par exemple, on a montré que les joueurs de basket ou de football mémorisent très bien des photographies ou des vidéos montrant des situations de jeu (Williams *et al.*, 1993 ; Starkes *et al.*, 1994) ; or il est clair qu'ils ne pratiquent pas cette mémoire pour elle-même.

3.1 Mnémotechniques – Habiletés pour lesquelles le développement de la mémoire est délibéré

Pour pallier l'absence d'aide-mémoire tels que papier et livres, les orateurs de l'Antiquité développèrent un grand nombre de mnémotechniques qui incluent des techniques d'encodage telles que la « méthode des lieux », la « technique des piquets », parmi beaucoup d'autres (Yates, 1966). La *méthode des lieux* consiste à apprendre préalablement une liste de lieux (p. ex., cuisine, salon, jardin ...) ; lorsqu'une nouvelle liste de mots doit être apprise, on fait simplement une association entre chaque lieu et chaque mot de la liste de lieux. Cette technique peut être employée avec d'autres concepts que des lieux, par exemple avec des animaux (voir figure 5.2). La *technique des piquets* est utile pour mémoriser des listes de chiffres et consiste à d'abord apprendre un code. Par exemple :

1 = T, D

2 = N, Gn

3 = M

etc.

Lorsque les chiffres sont présentés, on emploie ce code pour « traduire » ces chiffres en mots. Par exemple, la séquence *3 2 1 2* correspond aux lettres *M N T Gn*, ce qui pourrait être recodé comme *MoNTaGne*. Avec de longues listes de chiffres, on emploie les mots pour former des phrases.

Ces techniques ont moins d'importance pratique aujourd'hui, mais elles constituent encore la base des méthodes visant à améliorer sa mémoire. Les travaux menés en psychologie cognitive ont montré que même un entraînement de relative courte durée avec ces techniques mène à une amélioration de performance notable (Atkinson & Raugh, 1975 ; Higbee, 1988). Le point commun de ces méthodes est que la MLT est employée massivement dans le but de compenser les limites de la MCT et de faciliter la rétention de matériel nouveau. Cela est rendu possible soit par l'usage de structures de MLT acquises auparavant, soit en forçant le matériel à mémoriser à être associé avec du matériel déjà connu.

Figure 5.2.

Illustration de l'emploi de techniques mnémotechniques. Une liste d'animaux est apprise dans un premier temps. Une fois qu'un objet à mémoriser est présenté (p. ex., une horloge), une association est faite entre l'animal se trouvant à la position correcte de la liste et cet objet (p. ex., la colombe tient l'horloge avec son bec). Lorsque la liste doit être reproduite, les animaux sont rappelés dans l'ordre et l'objet associé est retrouvé grâce aux associations qui avaient été faites.

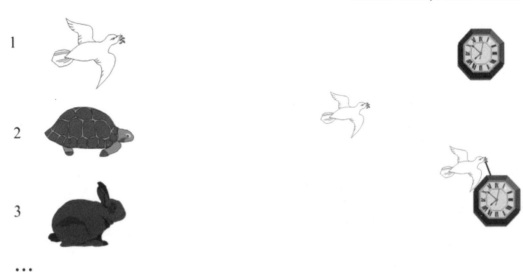

Les travaux de Chase et Ericsson (1982) et d'Ericsson et Staszewski (1989) sur la mémoire des chiffres sont peut-être les plus connus et, du fait de leur importance théorique, méritent que l'on s'y arrête un moment. Essayez de mémoriser une séquence aléatoire de chiffres, dictés rapidement. Pour la plupart d'entre nous, la limite est d'environ sept chiffres. Deux étudiants, SF et DD, qui possédaient une capacité de mémoire normale au début de l'expérience, participèrent volontairement à un entraînement destiné à augmenter leur performance. À la suite d'un entraînement intensif, quoique de relativement courte durée (environ 250 heures en deux ans de pratique observée en laboratoire, pour SF, et environ 800 heures pour DD, réparti sur plus de trois ans)[1], ces sujets furent en mesure de mémoriser respectivement 84 et 106 chiffres dictés au rythme d'un chiffre par seconde.

Les analyses effectuées par Chase, Ericsson et Staszewski semblent indiquer que deux facteurs ont joué un rôle essentiel. D'une part, ces deux sujets avaient une connaissance détaillée des temps de course en athlétisme avant même de participer à cette expérience, ce qui leur donnait une base de données étendue de nombres. La connaissance de ces nombres leur permettait de grouper rapidement et automatiquement une

---

1. Il faut noter que SF tout comme DD avaient, avant même de commencer cette expérience, une connaissance considérable des temps de course en athlétisme, sans mentionner une connaissance plus générale des dates, des résultats arithmétiques, etc. Par conséquent, l'entraînement réel de ces deux individus est beaucoup plus long que 250 heures.

Figure 5.3.

Exemple d'une structure de retrait employée dans la tâche de la mémoire des chiffres. Les nombres dans les carrés indiquent la grandeur des chunks employés, qui se trouvent au 1er niveau. Au 2e niveau, on trouve des nœuds groupant plusieurs chunks. Au 3e niveau, un seul nœud groupe des groupes de chunks.

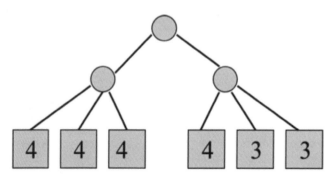

liste de trois ou quatre chiffres en *chunks* (voir chapitre 3). D'autre part, tous deux avaient développé le type de structures de retrait proposé par la théorie de la mémoire habile, c'est-à-dire des structures de MLT stables qui leur permettaient d'encoder rapidement de l'information en MLT (voir figure 5.3). L'idée de base est que les structures de retrait imposent une organisation au matériel à mémoriser, en conséquence de quoi de simples élaborations sont encodées. La structure de l'information étant engrangée préalablement en MLT, les coûts d'encodage en MLT sont minimisés. L'évidence pour un encodage en MLT provient de deux sources. Premièrement, il y a la remarquable capacité démontrée par SF et DD de mémoriser de longues séquences de chiffres. Deuxièmement, des tests de rappel libre en fin de session, après le rappel de plusieurs listes, démontrèrent que DD et SF étaient en mesure de retrouver les groupes utilisés pour la mémorisation de chaque liste. D'autres types de données empiriques étayent l'hypothèse de structures de retrait : mémoire exceptionnelle de menus de restaurants (Ericsson & Polson, 1988) et calcul mental (Staszewski, 1988, 1990).

Comme nous l'avons vu au chapitre 3, les simulations effectuées par Richman *et al.* (1995) avec EPAM-IV montrent que des mécanismes simples, utilisés pour expliquer des aspects plus communs de la mémoire, peuvent simuler en détail le comportement de DD. Les simulations répliquent de manière convaincante la progression de DD au cours de son apprentissage, le rythme avec lequel les chiffres sont reproduits, le nombre et le type d'erreurs. Ces explications théoriques ne doivent pas faire penser que la tâche est aisée pour SF et DD. Tout au contraire, elle exigeait une concentration intense, et les vidéos effectuées avec DD montrent l'intensité de l'activité intellectuelle qu'il lui fallait maintenir pour encoder les chiffres en temps réel — n'oublions pas qu'un chiffre est dicté chaque seconde !

Les performances des mnémonistes ont parfois été interprétées comme offrant un support empirique pour l'hypothèse d'une constituante innée de la mémoire experte. Cependant, se basant sur une analyse fouillée de la littérature et sur les résultats que nous venons de présenter, en particulier le fait que les performances de SF et DD soient supérieures à celles de mnémonistes professionnels « innés », Ericsson et ses collègues (1993) concluent que l'hypothèse du talent n'est pas tenable pour expliquer ces performances. Ces conclusions peuvent paraître extrêmes et certains innéistes ont essayé de défendre la position opposée, à savoir que certains individus sont simplement nés avec une mémoire supérieure à la moyenne (cf. Wilding & Valentine, 1994). De toute évidence, il est très difficile de séparer talent et pratique, du fait que les individus talentueux vont trouver leur talent renforçant et qu'il est probable qu'ils vont davantage pratiquer leur talent que des individus moins chanceux. (Pour une discussion de ce point, voir le chapitre de conclusion de ce livre.)

3.2 Amélioration non délibérée de la mémoire

Dans ce type d'expertise, les habiletés en jeu, telles que choisir un bon coup aux échecs ou marquer un panier au basket-ball, ne sont pas directement liées à une amélioration délibérée de la mémoire. Cependant, lorsqu'ils sont testés dans une tâche de mémoire avec des stimuli signifiants et liés à leur domaine d'expertise, les experts obtiennent de meilleures performances que les non-experts. Ce phénomène, qui a été démontré la première fois par De Groot (1946) avec le jeu d'échecs, a été reproduit avec un grand nombre d'activités comme par exemple les échecs (voir Gobet, 1993b ; Holding, 1985 ; ou Saariluoma, 1995, pour des revues de littérature) ; les jeux de plateaux autres que le jeu d'échecs (Gobet *et al.*, 2004) tels que le jeu de go (Reitman, 1976) ; le bridge (Charness, 1979 ; Engle & Bukstel, 1978) ; les sports (Allard, Graham & Paarsalu, 1980 ; Allard & Starkes, 1991) ; l'informatique (McKeithen, Reitman, Rueter & Hirtle, 1981) ; la musique (Sloboda, 1976a, b). Une exception intéressante est

Figure 5.4.

À gauche, une position d'échecs tirée d'une partie de maître, et à droite, une position aléatoire.

offerte par la médecine, où plusieurs études ont trouvé que les individus avec un niveau d'expertise intermédiaire ont une meilleure mémoire que les novices et les experts (Rikers, Schmidt & Boshuizen, 2000 ; Schmidt & Boshuizen, 1993). Un phénomène semblable a également été observé dans le domaine de la physiothérapie (Gobet & Borg, 2011).

Un autre phénomène important est que la supériorité des experts diminue (on a longtemps cru, de manière incorrecte, qu'elle disparaissait complètement) lorsque le sens du matériel est détruit en permutant aléatoirement ses éléments (voir figure 5.4). Cette relation entre niveau d'expertise et degré de signification a été trouvée dans de nombreux domaines, quoique des variations dans le temps de présentation rendent difficiles des comparaisons quantitatives : le jeu de go (Reitman, 1976) ; Othello (Wolff, Mitchell & Frey, 1984) ; le bridge (Engle & Bukstel, 1978 ; Charness, 1979) ; l'électronique (Egan & Schwarz, 1979) ; les programmes d'ordinateur (McKeithen, Reitman, Rueter & Hirtle, 1981) ; le basket-ball (Allard, Graham & Paarsalu, 1980). Dans quelques domaines, les experts maintiennent même une supériorité importante sur les débutants. C'est le cas lorsque le matériel aléatoire consiste en séquences de notes (Sloboda, 1976a) ou de séquences de pas de danse (Allard & Starkes, 1991), ou provient du jeu africain de l'awélé (Retschitzki, 1990). La section 3.2.3 discute en détail les résultats portant sur le rappel de positions aléatoires aux échecs.

Comme la majorité des travaux sur la mémoire non délibérée des experts ont été effectués pour tester la théorie des chunks (Chase & Simon, 1973a, b), il est naturel de présenter la littérature en utilisant ce cadre théorique. Cette revue commence par le domaine des échecs, qui a généré un nombre considérable de travaux.

3.2.1 Identification des chunks

Afin d'obtenir des données leur permettant d'identifier – de manière approximative – la manière dont les chunks sont structurés, Chase et Simon (1973a) se sont intéressés à la façon dont les joueurs replacent les pièces sur l'échiquier dans deux conditions expérimentales différentes. Dans la première, une tâche de copie, les joueurs peuvent voir la position stimulus lorsqu'ils essaient de la reconstruire sur un autre échiquier ; dans la seconde, une tâche de mémoire, la position stimulus n'est présentée que pour une durée de cinq secondes. La stratégie de Chase et Simon était de montrer qu'il était possible de définir le concept de chunk à la fois par les temps de latence entre les placements et par les relations sémantiques entre les pièces (attaque, défense, proximité, et couleur). Les résultats indiquent que les joueurs reconstruisent la position par groupes, au sein desquels les pièces sont replacées rapidement. Les groupes sont eux-mêmes séparés par des pauses relativement longues (au moins deux secondes).

Dans la tâche de copie (voir figure 5.5), les pièces replacées après une seule fixation sur l'échiquier possèdent davantage de relations que les pièces placées entre deux fixations. Comparant la tâche de copie avec la tâche de mémoire, Chase et Simon ont trouvé que les placements sans regarder le stimulus corrèlent avec les placements inférieurs à deux secondes, et les placements avec un coup d'œil sur le stimulus corrèlent avec les placements supérieurs à deux secondes. Ces résultats, qui suggèrent que les joueurs d'échecs perçoivent et mémorisent les positions avec des chunks, ont été confirmés par Gobet et Simon (1998a), qui étudièrent un échantillon de joueurs beaucoup plus grand que l'étude originale (26 sujets, alors que l'échantillon de Chase et Simon ne comprenait que trois sujets).

Figure 5.5.

Illustration de la tâche de copie. Une fois la partition enlevée, la personne reconstruit, sur l'échiquier à sa droite, la position de l'échiquier à sa gauche.

Les résultats décrits par Chase et Simon (1973a, b), bien que très clairs, avaient l'inconvénient de n'être basés que sur un seul paradigme expérimental, la comparaison du replacement de pièces durant une tâche de mémoire et une tâche de copie. D'autres chercheurs ont depuis lors confirmé la plausibilité du concept de chunk avec des techniques différentes. Dans une expérience de Charness (1974), les pièces étaient présentées verbalement à un rythme de 2.3 secondes par pièce. La manipulation principale avait trait à l'ordre avec lequel les pièces étaient présentées. Elles étaient ou bien groupées en chunks, selon les relations proposées par Chase et Simon (1973a), ou bien présentées par colonnes, ou finalement dictées avec un ordre aléatoire. Charness a trouvé que la performance de rappel la meilleure était obtenue lorsque les pièces étaient groupées en chunks. La performance avec la présentation par colonnes donna lieu à une performance intermédiaire, et l'ordre de présentation aléatoire produisit la performance la plus faible. Des résultats semblables furent obtenus lorsque les pièces étaient présentées visuellement, une pièce à la fois (Charness, 1974).

Frey et Adesman (1976) ont employé une technique semblable et ont contrasté la présentation par chunk, la présentation par colonne et la présentation de l'échiquier dans son entier. Ils ont présenté des diapositives contenant un groupe de quatre pièces. Chacune des six diapositives était présentée durant deux secondes, et le contenu des diapositives précédentes restait à l'écran (il y a donc une présentation cumulée des pièces). Frey et Adesman ont trouvé qu'une présentation par chunk était supérieure à une présentation par colonne. De plus, la présentation par chunk donna lieu à un meilleur rappel que la présentation de toutes les pièces pour la même durée (12 secondes), peut-être parce que la première méthode rend plus facile l'identification de chunks. Au total, ces expériences fortifient le concept de chunk, défini soit par le nombre de relations échiquéennes, soit par le temps de placement des pièces.

Comme certains auteurs (par exemple, Gold & Opwis, 1992 ; Holding, 1985 ; Reitman, 1976) l'ont suggéré, la manière dont Chase et Simon ont opérationnalisé le concept de chunk n'était pas sans receler quelques faiblesses. Ainsi, il peut être difficile de déterminer les chunks en employant uniquement les temps de latence; il n'est pas certain que cette méthode permette d'identifier des chunks qui se chevauchent ou qui forment des hiérarchies ; et il possible de critiquer l'hypothèse que les chunks soient rappelés complètement en un seul groupe. Plusieurs chercheurs ont proposé des techniques pour pallier ces déficiences potentielles. Reitman (1976) a employé la technique de partition avec le jeu de go, et Chi (1978) l'a employée avec les échecs. Cette technique consiste à demander aux sujets de dessiner dans le diagramme d'une position les frontières qu'ils perçoivent entre les groupes de pièces. Freyhoff, Gruber et Ziegler (1992) ont employé une procédure similaire, si ce n'est que les participants doivent en plus, d'une part, diviser en sous-groupes les chunks obtenus lors de la première partition, et d'autre part les grouper en super-groupes. Finalement, Gold et Opwis (1992) ont utilisé la technique de l'analyse hiérarchique de clusters pour identifier les structures de mémoire des joueurs d'échecs.

Bien qu'elles corroborent en général l'idée du chunking, ces expériences démontrent aussi que les joueurs emploient des structures de mémoire plus grandes que celles proposées par Chase et Simon. De fait, cette conclusion avait été anticipée dans les années 1940 par De Groot (1946/1978), qui avait employé la technique des protocoles rétrospectifs pour demander aux joueurs de commenter sur ce qu'ils avaient perçu durant la présentation rapide d'une position. De Groot avait découvert que les bons joueurs employaient des groupements assez larges, parfois l'ensemble de la position.

Dans une réplication de l'étude de Chase et Simon, Gobet et Simon (1998a) ont montré que les maîtres replacent les pièces en chunks plus grands que ce qui avait été originellement proposé : une moyenne de 19 pièces pour leurs maîtres, contre une moyenne de 5 ou 6 pièces avec le maître étudié par Chase et Simon. Comme nous l'avons vu au chapitre 3, ce résultat a été l'une des motivations principales dans la révision de la théorie des chunks (Gobet & Simon, 1996a, 1998a). Mais comment expliquer le contraste entre les résultats de ces deux expériences ? Une différence importante entre le design de Chase et Simon (1973a) et celui de Gobet et Simon (1998a) doit être mentionnée. Chase et Simon ont utilisé un échiquier et des pièces standards, alors que Gobet et Simon ont demandé à leurs sujets de reconstruire les positions sur un écran d'ordinateur (l'ordinateur était également employé pour présenter les positions). Le fait que Chase et Simon aient trouvé des chunks beaucoup plus petits semble être un arte-fact du nombre limité de pièces que la main peut saisir – une hypothèse qui a été vérifiée par Gobet et Clarkson (2004), qui ont comparé la manière avec laquelle les joueurs reconstituaient les positions soit avec un ordinateur soit avec des pièces et un échiquier. La présence de grands chunks est en outre corroborée par les protocoles verbaux, qu'ils soient rétrospectifs et en parallèle, dans lesquels les joueurs se réfèrent de manière explicite à des concepts de haut niveau, qui sont de toute évidence plus grands que les chunks proposés par Chase et Simon (De Groot & Gobet, 1996 ; Gobet, 1996a).

Les données empiriques corroborant le concept de chunk proviennent également d'autres domaines, tels que l'apprentissage verbal (Feigenbaum & Simon, 1984 ; Zhang & Simon, 1985), le bridge (Charness, 1989), le jeu de go (Reitman, 1976), la tour de Hanoi (Kotovski, Hayes & Simon, 1985), la tâche de Seibel (Rosenbloom & Newell, 1987), l'électronique (Egan & Schwarz, 1979), la musique (Sloboda, 1976b), ainsi que des tâches de mémorisation visuelles et verbales qui impliquent un groupement séman-tique (Wixted & Rohrer, 1994). Sans oublier évidemment le morse, le sujet des travaux princeps de Bryan et Harter (1899). Dans tous ces domaines, tout se passe comme si les « lettres » étaient d'abord apprises, avant d'être groupées en unités signifiantes plus complexes : « syllabes » et « mots ».

3.2.2 Nombre de chunks en LTM

Comme nous l'avons vu dans notre revue historique, Simon et Gilmartin (1973) ont estimé qu'il fallait au moins 50 000 chunks en MLT pour atteindre la performance de rappel d'un maître d'échecs. Holding (1985, 1992) critique cette estimation et argue que 2500 chunks au plus suffisent pour expliquer ce résultat. Il propose que les joueurs encodent les relations sémantiques entre les pièces, sans avoir besoin de mémoriser leur emplacement exact ; par conséquent, chaque chunk peut être utilisé pour encoder plusieurs configurations présentes sur l'échiquier. Par exemple, le même chunk pourrait encoder la même configuration avec des pièces blanches ou noires, ou la même configuration déplacée d'une ou de plusieurs cases horizontalement ou verti-calement. L'instanciation de ces schémas ne pré-encodant pas l'emplacement des pièces se ferait durant la perception de la position.

Deux expériences donnent raison à l'hypothèse originale de Chase et Simon, au détri-ment de celle avancée par Holding. Saariluoma (1994) et Gobet et Simon (1996b) ont modifié des positions en décalant des configurations ou en prenant l'image en miroir de la position, et ont trouvé que la performance de rappel était diminuée par ces modifi-cations. Ces auteurs concluent que l'encodage de l'emplacement exact des pièces au sein d'un chunk a l'avantage de rendre possible une rapide reconnaissance de patterns, car il n'est pas nécessaire d'instancier des variables. Il s'agit en fait d'une idée assez proche de l'idée de procéduralisation, où l'usage de productions devient automatique du fait que les connaissances, d'abord encodées de manière déclarative (« savoir que ») avec un temps d'accès relativement lent, sont plus tard encodées sous forme de pro-cédures (« savoir comment »), avec un temps d'accès rapide. (Voir le chapitre 3, section 3.2 sur les systèmes de production pour plus de détail.) Ils concluent également que l'estimation de 50 000 chunks n'est pas exagérée ; de fait, des simulations plus récentes suggèrent qu'au moins 300 000 chunks soient nécessaires pour obtenir le niveau de grand-maître dans une tâche de rappel (Gobet & Simon, 2000).

Figure 5.6.

Aux échecs, la même configuration de pièces peut avoir un sens complètement différent en fonction de l'emplacement. Dans la position de gauche, les blancs perdent la partie par échec et mat. Dans la position de droite, ils gagnent facilement car les trois pions vont être promus en dame.

Une autre raison pour laquelle l'information sur l'emplacement exact des pièces est importante aux échecs est que la signification des patterns change en fonction de leur position. Par exemple, une formation de roque est défensive (voir figure 5.6). Cependant, si la même configuration est déplacée cinq cases vers le haut, elle devient extrêmement offensive du fait que les pions sont maintenant proches de leur case de promotion (l'obtention d'une dame). De plus, les possibilités tactiques sont très différentes si l'on se trouve au centre de l'échiquier ou si l'on se trouve au bord de l'échiquier. Le même phénomène se produit dans certains sports. Par exemple, au basket-ball, une configuration de joueurs a un sens totalement différent si elle se trouve au centre du terrain ou si elle se trouve sous le panier.

Une question intéressante pour de futures recherches est de savoir dans quels domaines l'encodage de l'emplacement est important, et dans quels domaines il ne l'est pas. Par exemple, *a priori*, il y a des jeux comme le go où la localisation semble moins critique, car le go utilise un grand plateau (19 × 19 cases), avec la conséquence que, proportionnellement, moins de cases sont proches des bords du plateau, qui sont stratégiquement importants.

3.2.3 Importance du sens

La majorité des manuels de psychologie, utilisant l'étude de Chase et Simon (1973a) sur les joueurs d'échecs, soulignent que la supériorité des experts disparaît lorsque le matériel perd sa structure due à un aménagement aléatoire. Or Gobet et Simon (1996b, c), dans une revue des expériences dans lesquelles des positions d'échecs sont présentées brièvement, ont découvert que les maîtres font preuve d'une mémoire supérieure même avec des positions aléatoires, bien que leur supériorité soit moins tranchée qu'avec le rappel de positions tirées de parties. Ces auteurs décrivent le résultat de 13 études dans lesquelles des positions aléatoires avaient été employées comme tâche de contrôle. Dans toutes ces études, avec l'exception seulement de Chase et Simon (1973a, b), il y avait une corrélation entre le nombre de pièces correctement mémorisées et le niveau d'expertise. Dans la plupart des cas, cette corrélation n'était pas significative statistiquement en raison du nombre insuffisant de sujets. Ce résultat a des conséquences théoriques importantes. D'une part, il est compatible avec l'idée de Chase et Simon selon laquelle l'expertise dépend de l'acquisition d'un grand nombre de chunks, comme Gobet et Simon (1996c) l'ont montré à l'aide de simulations par ordinateur. La raison en est que, plus le nombre de chunks augmente en MLT, plus il est probable que certaines des configurations sur l'échiquier vont être reconnues, par hasard, même dans une position aléatoire. D'autre part, ce résultat est difficile à expliquer pour d'autres modèles théoriques en vogue, comme nous le verrons au chapitre 10 (voir aussi Gobet, 1998a ; Gobet & Simon, 1996b). Finalement, il est important de noter que la supériorité des maîtres avec les positions aléatoires est un résultat robuste et qu'il se généralise à divers types de positions aléatoires (Gobet & Waters, 2003).

3.2.4 MCT et MLT : capacité et temps d'encodage

Plusieurs travaux ont concerné le rôle de la MCT et la MLT dans la théorie des chunks. Rappelons que cette théorie postule que la capacité de la MCT est très limitée et que l'information qui y est stockée est sensible aux interférences. Charness (1976) et Frey et Adesman (1976), employant un paradigme d'interférence, ont intercalé des tâches entre la présentation de positions d'échecs et leur rappel. Comme la tâche interférente est censée éliminer les pointeurs en MCT, la théorie des chunks prédit une perte importante d'information. Cependant, les résultats montrent que ces tâches ne causent qu'une interférence minime avec le rappel de positions (une perte d'environ seulement 10 %), même si elles ont rapport aux échecs. Les mêmes tâches interférentes provoquent une perte de performance importante avec du matériel visuel ou verbal (Charness, 1976 ; Kintsch, 1970). De plus, Cooke *et al.* (1993) et Gobet et Simon (1996a) ont montré que de forts joueurs peuvent mémoriser plusieurs positions présentées rapidement l'une après l'autre, même s'il semble y avoir une limite autour de cinq échiquiers. Les échiquiers additionnels peuvent être considérés comme des tâches interférentes pour le premier échiquier, et ainsi de suite (p. ex., avec quatre échiquiers, les échiquiers 1, 2 et 4 interfèrent avec la mémoire du 3e échiquier).

Ces résultats indiquent des performances qui sont nettement supérieures à ce que prédit le modèle de Chase et Simon (1973a, b), remettant sérieusement en question l'hypothèse selon laquelle, durant une tâche de rappel, l'information est encodée principalement dans une MCT à capacité limitée. Considérés avec les données de Chase, Ericsson et Staszewski sur la mémoire des chiffres, ces résultats ont conduit Gobet et Simon (1996) à formuler leur théorie des chablons, qui explique l'encodage rapide montré par les maîtres d'échecs (voir chapitre 3).

3.2.5 Schémas et organisation des connaissances

Comme nous l'avons vu à la section 3.1 du chapitre 3, plusieurs auteurs ont proposé que les experts utilisent une grande quantité d'information stockée en MLT. Cette information serait encodée sous forme de schémas. Ces auteurs ont, en outre, souligné l'importance de l'*organisation* des connaissances, par contraste à la *quantité* de connaissances (Chi, Feltovich & Glaser, 1981 ; Patel & Groen, 1991).

Il n'est pas facile de recueillir des données empiriques qui corroborent directement le contenu présumé d'un schéma. Une première possibilité est d'effectuer une analyse de la tâche, en y ajoutant des informations provenant du domaine d'expertise. Par exemple, si la tâche est de proposer le diagnostic d'une infection pulmonaire, on extraira les connaissances contenues dans des manuels sur la physiologie et la pathologie des poumons et on essayera de construire des schémas à partir de ces connaissances. C'est ce qu'ont essayé de faire les chercheurs en intelligence artificielle, avec des succès divers (voir section 2 du chapitre 9). Une autre approche est de partir des protocoles verbaux enregistrés durant la résolution d'une tâche et d'essayer d'utiliser cette information pour inférer les schémas. Ces deux approches peuvent être combinées, comme cela a par exemple été le cas dans les recherches sur l'expertise en physique (Larkin *et al.*, 1980 ; Simon & Simon, 1978) et en médecine (Boshuizen & Schmidt, 1992 ; Patel & Groen, 1986).

Dans certains cas, même s'il n'est pas possible de reconstruire l'ensemble des schémas connus des experts, certaines caractéristiques de ces schémas permettent de dériver des prédictions qui peuvent être testées expérimentalement. Par exemple, on a proposé que les schémas des experts contiennent de l'information leur permettant d'anticiper des actions. L'effet de ces schémas a été testé dans une série d'expériences avec des joueurs d'échecs (Ferrari, Didierjean & Marmèche, 2006), des joueurs de basket (Didierjean & Marmèche, 2005), des conducteurs automobiles (Blättler *et al.*, 2010) et des pilotes de chasse de l'armée de l'air française (Blättler *et al.*, 2011). Le résultat central de ces travaux est que les experts ont tendance à mémoriser une situation telle qu'elle va évoluer dans un futur proche plutôt que telle qu'elle a été vraiment présentée. La présence de schémas anticipatoires est donc vérifiée.

4. Apprentissage

Nous avons déjà mentionné la loi proposée par Chase et Simon (1973b) : il faut au moins dix ans de pratique pour devenir un expert, ce qui revient à au moins 10 000 heures d'entraînement et d'étude. Il est intéressant de noter que ces nombres doivent être revus à la baisse. Par exemple, il n'a fallu à Magnus Carlsen, actuellement l'un des deux ou trois meilleurs joueurs d'échecs au monde, que six années de pratique pour atteindre le niveau de grand-maître. De plus, Campitelli et Gobet (2008) ont trouvé que certains joueurs ont obtenu le titre de maître après 3000 heures de pratique seulement. Deux explications ont été avancées : une augmentation globale de l'intelligence dans le monde (Howard, 1999) ou, plus probablement, de meilleures techniques d'entraînement (Campitelli & Gobet, 2008 ; Gobet, Campitelli & Waters, 2002). En particulier, pour les échecs, on mentionnera la présence de bases de données informatiques qui donnent un accès immédiat à l'information nécessaire pour l'étude ; l'existence de programmes d'ordinateur qui jouent au niveau de champion du monde ; et la présence de sites internet sur lesquels on peut jouer 24 heures sur 24 contre des grands-maîtres de niveau mondial.

4.1 *Pratique délibérée*

Quel que soit le nombre exact d'heures de pratique nécessaires pour devenir un expert, Ericsson *et al.* (1993) notent qu'il est important que cette pratique soit délibérée, c'est-à-dire qu'elle porte de manière consciente sur les points faibles ou les points exigeant une longue pratique. Comme nous l'avons vu au chapitre 3, ces auteurs proposent que la méthode d'apprentissage la plus efficace exige une tâche bien définie, un niveau de difficulté convenable, un feed-back riche en information, et la possibilité de répétition et de correction des erreurs. Ericsson *et al.* (1993) et Sloboda *et al.* (1996) ont analysé en détail le développement de musiciens virtuoses, et concluent que leurs données confirment l'hypothèse de la pratique délibérée et non l'hypothèse du talent. Le rôle de la pratique délibérée a également été confirmé empiriquement par des travaux dans de nombreux domaines, y compris les jeux, les sciences et le sport. En particulier, une grande quantité de données a été recueillie dans des sports comme le karaté, le football, le hockey sur glace, le patinage et la lutte (voir Ericsson, Charness, Feltovich & Hoffman, 2006, pour une revue de littérature exhaustive). Dans ces études, les participants sont généralement invités à estimer rétrospectivement combien d'heures ils ont passé dans divers types d'activités, et la corrélation entre ces estimations et leur niveau de compétence est calculée. En général, les résultats montrent que plus les personnes sont qualifiées, plus elles ont investi d'heures de pratique délibérée.

Cependant, certaines études, tout en corroborant en partie le rôle de la pratique délibérée, suggèrent également l'importance d'autres facteurs. L'étude réalisée par Gobet et Campitelli (2007) avec des joueurs d'échecs est un bon exemple de ce type de résultats. Ces auteurs ont demandé aux joueurs d'estimer combien d'heures ils ont consacré, durant leur carrière, à diverses activités, y compris l'étude en solitaire et la pratique avec d'autres joueurs (les parties compétitives étaient incluses dans cette catégorie). Comme prévu par la théorie de la pratique délibérée, une forte corrélation a été trouvée entre les compétences aux échecs et le nombre d'heures de pratique individuelle. Toutefois, contrairement aux prédictions, une corrélation encore plus forte a été trouvée entre les compétences aux échecs et le nombre d'heures passées à s'entraîner avec d'autres joueurs. En outre, les données ont montré un niveau de variabilité très élevé – un résultat incompatible avec la théorie de la pratique délibérée. Certains joueurs ont obtenu le titre de maître relativement rapidement (environ 3 000 heures de pratique délibérée), tandis que d'autres ont eu besoin de beaucoup plus de temps (jusqu'à environ 24 000 heures). Il s'agit là d'une différence énorme : le rapport est de 1 à 8. Enfin, certains joueurs ont consacré plus de 25 000 heures à l'étude et à la pratique du jeu, mais ne sont jamais devenus des maîtres.

Cette étude a également découvert deux résultats qui suggèrent que d'autres facteurs, en plus de la pratique délibérée, sont en jeu. Tout d'abord, il y avait une corrélation entre le niveau final de compétence et l'âge auquel les joueurs ont commencé à jouer aux échecs sérieusement : les joueurs commençant plus jeunes sont plus susceptibles de devenir des maîtres. Cette corrélation est valable même après que la contribution de la pratique délibérée ait été contrôlée statistiquement. Ensuite, la proportion de personnes non droitières (c'est-à-dire des personnes gauchères ou ambidextres) était plus élevée avec les joueurs d'échecs que dans la population en général. Ces résultats tendent à suggérer que la pratique est une condition *nécessaire*, mais *non pas suffisante*, pour atteindre des niveaux élevés d'expertise (Campitelli & Gobet, 2011). Cette conclusion a également été atteinte dans le domaine de la musique, où il a été démontré que l'intelligence et la capacité de mémoire de travail sont des facteurs prédictifs, au-delà de ce qui est prédit par la quantité de pratique délibérée (Meinz & Hambrick, 2010 ; Ruthsatz *et al.*, 2008).

4.2 *Études longitudinales*

Malgré la difficulté de suivre le développement de l'expertise chez un individu, plusieurs chercheurs ont employé une telle approche. Nous avons déjà mentionné les travaux de Bryan et Harter (1899) sur l'apprentissage du morse et les travaux de Chase, Ericsson et Staszewski sur la mémoire des chiffres. Aux échecs, Charness (1989) a re-testé un sujet après un intervalle de dix ans. Lors du second test, ce sujet, qui avait énormément progressé durant cette période, fit preuve d'une meilleure mémoire, mais non d'une meilleure aptitude de calcul. Toujours avec les échecs, Gobet et Simon (1996a), s'inspirant des travaux de Chase et Ericsson (1982), ont entraîné un maître à mémoriser plusieurs positions à la fois. L'intention était de tester la possibilité que des structures de retrait délibérées pouvaient être également développées pour ce jeu. La méthode employée par ce sujet – en plus de ses connaissances techniques du jeu d'échecs – était d'associer chaque position avec l'élément correspondant d'une liste qui avait été apprise auparavant (cette liste était formée par les champions du monde de l'histoire des échecs). Cette liste servait donc de structure de retrait. Chaque position était présentée durant huit secondes. Après 150 sessions, le sujet avait atteint un plateau avec une moyenne de 123 pièces mémorisées. Son meilleur résultat avait été obtenu lors de la session 90 : dix positions tentées, 160 pièces replacées correctement.

Dans une des rares études longitudinales portant sur un groupe de sujets, Bilalić, McLeod et Gobet (en préparation) ont étudié durant environ trois ans le développement d'enfants jouant aux échecs dans un club. Ils ont trouvé que l'intelligence était la variable la plus prédictive du niveau de jeu au début, mais que, par la suite, la quantité de pratique délibérée était une variable plus prédictive, quoique l'intelligence jouât encore un rôle.

4.3 Loi de puissance

Newell et Rosenbloom (1981) ont montré que l'apprentissage de nombreux domaines suivait une loi de puissance, c'est-à-dire une fonction mathématique de la forme $y = ax^b$ (voir figure 5.7, partie gauche). Ce qui est remarquable avec cette fonction c'est que, si l'on représente les données avec des coordonnées logarithmiques (voir figure 5.7, partie droite), l'on obtient une ligne droite. Ainsi, un nombre énorme de données empiriques sur l'apprentissage chez les animaux et les humains peut être résumé par la fonction la plus simple qui existe !

Figure 5.7.

Illustration, avec des données fictives, de la loi de puissance caractérisant de multiples formes d'apprentissage.
À gauche : les données sont représentées en coordonnées linéaires.
À droite : les données sont représentées en coordonnées logarithmiques.

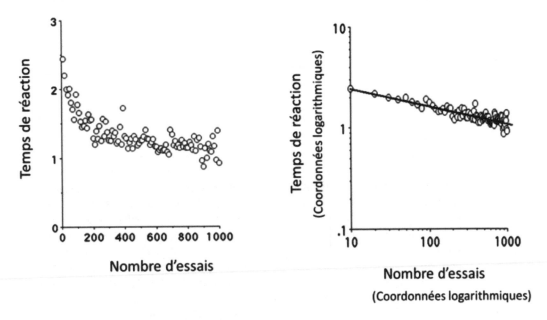

L'on a ainsi des rendements décroissants : pour la même quantité d'effort ou de temps passé à s'entraîner, le progrès réalisé diminue à mesure que le niveau de performance croît. Il y a là une explication très convaincante de la raison pour laquelle il est difficile de maintenir sa motivation lorsqu'on atteint de hauts niveaux de performance.

L'expertise étant l'aboutissement d'un long apprentissage, il est naturel que les chercheurs aient vérifié si cette loi s'applique également avec les experts. Un exemple amusant est proposé par Crossman (1959). Dans cette étude, la productivité d'opérateurs dans une fabrique de cigares est étudiée durant une période de dix ans. Les données sur le temps nécessaire pour fabriquer un cigare indiquent la présence d'une loi de puissance jusque vers la 7e année (100 millions de cigares !), après quoi le taux d'amélioration diminue plus rapidement que prédit. Cependant, ce plateau n'indique pas que la loi de puissance est incorrecte : au contraire, il est dû au fait que les ouvriers aient presque atteint les limites physiques de leur machine !

Tirant parti de la présence d'une échelle quantitative pour mesurer le niveau des joueurs d'échecs, Charness (1989) montre que l'évolution d'un de ses sujets suit une telle courbe. Il est cependant trop tôt pour affirmer qu'une telle loi caractérise l'ensemble, ou même la plupart, des domaines d'expertise. Une autre hypothèse est que l'expertise évolue par paliers. C'est ce qu'avaient proposé Bryan et Harter déjà en 1899, et ce que d'autres chercheurs tels qu'Ericsson, Krampe et Tesch-Römer (1993) ont suggéré depuis. Il s'agit en fait d'une question fondamentale en ce qui concerne le développement de l'expertise, et il est intéressant que l'on n'y ait pas encore répondu. Il est vrai que différencier développement continu et développement par paliers soulève des problèmes méthodologiques importants, comme cela est bien connu depuis les tentatives de valider – ou d'invalider – la théorie piagétienne des stades dans le cadre de la psychologie de l'enfant.

4.4 Transfert

Dans leur majorité, les chercheurs sont d'accord qu'il n'y a qu'un transfert minime d'un domaine d'expertise à un autre. Par exemple, DD, quoique capable de mémoriser une centaine de chiffres, n'avait pas amélioré sa mémoire pour les mots (Chase & Ericsson, 1982). Plusieurs travaux ont été effectués sur le jeu d'échecs, avec l'hypothèse que les aptitudes acquises avec ce jeu soient transférables à d'autres domaines, tels que les mathématiques. Une revue de littérature par Gobet et Campitelli (2006) a cependant démontré que cela n'était pas le cas. À noter cependant que des aptitudes plus abstraites, telles que l'habilité de gérer un problème complexe ou la connaissance de techniques mathématiques, pourraient être transférées à d'autres domaines. Une des rares activités avec laquelle un transfert a été démontré est de jouer à des jeux vidéo d'action, de préférence des jeux violents (Green, Li & Bavelier, 2009). Il semble que ce type d'activité réduise les temps de réaction dans d'autres tâches où il est important d'être rapide tout en gardant une bonne précision, et également améliorent les processus perceptifs et attentionnels. Comme mécanisme possible pour expliquer ces résultats, on a proposé que ce type de jeux vidéo améliore l'inférence probabiliste (Green, Pouget & Bavelier, 2010). Au total, ces résultats corroborent la vénérable théorie des « éléments identiques », qui stipule qu'un transfert n'est possible d'un domaine à un autre que dans la mesure où les composantes des aptitudes dans les deux domaines se chevauchent (Thorndike & Woodworth, 1901).

Il existe cependant quelques exemples d'experts ayant obtenu des résultats de niveau mondial dans plusieurs disciplines. L'Américain Eric Heiden fut d'abord un patineur de vitesse – il est de fait considéré comme le meilleur patineur de vitesse de tous les temps. Il a remporté la médaille d'or dans toutes les cinq courses aux Jeux olympiques de 1980 à Lake Placid, aussi bien dans des épreuves de sprint que d'endurance. Au passage, il a battu quatre records olympiques et un record du monde. Il remporta également sept titres de champion du monde. Il fut ensuite coureur cycliste professionnel, devenant champion des États-Unis de course en ligne en 1985. Finalement, il obtint un doctorat en médecine en 1991, se spécialisant dans la chirurgie orthopédique.

Un autre exemple est offert par le Norvégien Simen Agdestein, qui a la particularité d'avoir mené de front deux carrières internationales : la première comme grand-maître international d'échecs et la seconde comme footballeur professionnel. Comme joueur d'échecs, il a gagné sept fois le championnat de Norvège ; comme footballeur, il a représenté l'équipe nationale à huit reprises. Après une fin prématurée de sa carrière de footballeur à cause d'une lourde blessure au genou, il devient entraîneur d'échecs, ayant entre autres conseillé Magnus Carlsen, actuellement un des meilleurs joueurs au monde.

Cette brève liste serait incomplète sans mentionner l'homme de tous les transferts : Arnold Schwarzenegger. Considéré comme l'un des plus grands professionnels du body building, il remporta cinq titres de Monsieur Univers et sept titres de Monsieur Olympia. Il obtint ensuite un diplôme universitaire en business à l'Université du Wisconsin (États-Unis) et fit fortune en investissant dans les gymnases, les magazines de fitness et l'immobilier. Il devint ensuite l'une des plus grandes vedettes d'Hollywood, avec des succès à la fois dans les films d'action (la trilogie des *Terminator*) et de comédie (*Jumeaux*). Dans sa dernière carrière (pour l'instant), il se consacre à la politique. Membre du parti républicain, il est élu gouverneur de l'État de Californie en 2003 et est réélu en 2006.

Comment expliquer ces succès multiples ? Talent pur ? Aptitude à utiliser les atouts d'une carrière précédente lorsqu'il s'agit d'en commencer une nouvelle ? Aptitude à saisir sa chance quand elle se présente ? Volonté et endurance permettant de consacrer le temps indispensable pour acquérir les connaissances et compétences nécessaires dans chaque carrière ? Il n'est pas facile de répondre à cette question. Cependant, ce qui est indéniable, c'est qu'il y a un contraste frappant entre les conclusions de la littérature technique mettant en doute la possibilité du transfert et les carrières de ces trois individus.

Résumé

1. Les théories axées sur le talent prédisent que les sportifs de pointe possèdent des mécanismes neuraux plus efficients. Cependant, les données empiriques ne montrent pas de corrélation entre les habiletés perceptives de base et le niveau d'expertise lorsque les tâches n'ont pas de lien avec le domaine. Il n'y pas de corrélation non plus en ce qui concerne les temps de réaction.

2. La pratique d'un sport peut avoir des conséquences énormes sur l'anatomie et la physiologie des sportifs. Le rôle de facteurs génétiques est âprement discuté dans la littérature.

3. Il existe des différences importantes entre experts et novices au niveau de la perception complexe avec du matériel lié au domaine d'expertise. Typiquement, les mouvements oculaires des experts sont dirigés plus rapidement vers les aspects importants de la situation.

4. La recherche sur la mémoire délibérée a montré que l'emploi de procédés mnémotechniques peut considérablement améliorer les performances. En particulier, avec la mémoire des chiffres, les connaissances sémantiques et l'emploi de structures de retrait ont permis d'obtenir des résultats jugés auparavant impossibles.

5. Un grand nombre de travaux ont été conduits sur la mémoire non délibérée des experts. Plusieurs techniques ont été développées pour identifier les chunks employés par les experts, en particulier avec le jeu d'échecs. En général, ces résultats confortent les prédictions de la théorie des chunks.

6. Simon et Gilmartin (1973) ont proposé qu'il faille acquérir au moins 50 000 chunks en MLT pour devenir un expert. Plus récemment, les résultats de simulations par ordinateur effectuées par Gobet et Simon (2000) suggèrent que ce nombre est insuffisant et qu'il faille au moins 300 000 chunks.

7. Les experts maintiennent un petit avantage sur les non-experts avec du matériel aléatoire appartenant au domaine d'expertise, bien que cet avantage soit beaucoup plus petit qu'avec du matériel pourvu de sens.

8. Les schémas acquis par les experts leur permettent d'anticiper les actions.

9. La théorie de la pratique délibérée propose que, pour obtenir un haut niveau d'expertise, il faille avoir recours à un type de pratique particulier caractérisé par une tâche bien définie, la possibilité de répétition et la présence de feed-back permettant de corriger les erreurs. Les données

empiriques suggèrent que la pratique délibérée est nécessaire, mais non suffisante, pour devenir un expert.

10. Dans la grande majorité des domaines, les progrès sont rapides au départ et plus lents par la suite, avec des rendements décroissants. Quand les résultats décrivent une ligne droite avec des coordonnées logarithmiques, on parle de loi de puissance.

11. Il n'y a que peu de transfert entre différents domaines d'expertise. Le transfert n'est possible que lorsqu'il y a un chevauchement entre les composantes de deux domaines. Certains individus semblent être en mesure de violer cette loi et font preuve de hauts niveaux d'expertise dans des domaines apparemment déconnectés.

Questions pour mieux retenir

1. Décrivez les principaux résultats sur la perception élémentaire et la perception complexe des experts.

2. Comment DD et SF parvinrent-ils à augmenter de manière spectaculaire le nombre de chiffres qu'ils pouvaient mémoriser ? Quelle est l'importance théorique de ces résultats ?

3. Quelles techniques ont été développées pour identifier les chunks que les joueurs emploient aux échecs ?

4. Décrivez les expériences réfutant l'idée de Holding (1985) selon laquelle le nombre de chunks en MLT a été surestimé par Simon et Gilmartin (1973).

5. Expliquer pourquoi les expériences utilisant le paradigme d'interférence posent problème à la théorie des chunks.

6. Résumez les données empiriques (a) confortant la théorie de la pratique délibérée et (b) ne la confortant pas.

7. Expliquez la loi de puissance.

8. Résumez le support empirique pour et contre la notion de transfert.

Questions pour mieux réfléchir

1. Tant De Groot que Chase et Simon proposent que la perception joue un rôle central en ce qui concerne l'expertise. Est-ce que cela est vraiment le cas dans des domaines abstraits tels que les mathématiques ou le droit ?

2. À quoi correspondent les chunks acquis par un expert en psychologie ?

3. Considérez votre sport ou votre activité favorit(e). Est-ce que les individus qui ont obtenu un niveau international dans ce domaine ont dû s'entraîner durant au moins dix ans ?

4. Vous basant sur votre expérience, identifiez des cas où (a) vous avez consacré considérablement de temps à la pratique d'un domaine, mais n'avez pas obtenu le résultat escompté ; et (b) où vous n'avez pas particulièrement essayé, mais avez obtenu d'excellentes performances. Est-ce que ces résultats sont prédits par la théorie de la pratique délibérée ?

5. La théorie des chablons permet-elle de rendre compte de la carrière d'Arnold Schwarzenegger ?

Mots clefs

- Temps de réaction
- Mouvements oculaires
- Tâche d'occlusion
- Mnémotechniques
- Mémoire délibérée
- Mémoire non délibérée
- Tâche de rappel
- Identification des chunks
- Schémas
- Organisation des connaissances
- Apprentissage
- Pratique délibérée
- Études longitudinales
- Loi de puissance
- Transfert

Lectures pour aller plus loin

Ericsson, K. A., Krampe, R. T., & Tesch-Römer, C. (1993). The role of deliberate practice in the acquisition of expert performance. *Psychological Review, 100*, 363-406.

Gobet, F. (1993b). *Les mémoires d'un joueur d'échecs*. Fribourg: Éditions universitaires.

Simon, H. A., & Chase, W. G. (1973). Skill in chess. *American Scientist, 61*, 393-403.

Starkes, J. L., & Ericsson, K. A. (Eds.). (2003). *Expert performance in sports: Advances in research on sport expertise*. Champaign, IL: Human Kinetics.

Yates, F. A. (1966). *The art of memory*. Chicago: The University of Chicago Press.

CHAPITRE 6

Résolution de problème, intuition, et créativité

Dans beaucoup de domaines, les experts prennent des décisions, résolvent des problèmes, et créent de nouveaux produits ou de nouvelles idées. Ils sont souvent capables de le faire rapidement, sans beaucoup réfléchir — les bonnes idées viennent intuitivement à l'esprit. Ce chapitre va couvrir ces thèmes, que beaucoup considèrent centraux pour comprendre l'expertise de manière scientifique.

L'influence d'Herbert Simon va être considérable dans les travaux présentés dans ce chapitre. Cette influence est double. D'une part, et faisant lien avec le chapitre précédent, l'hypothèse du chunking est utilisée par Simon pour expliquer comment l'information employée durant la résolution de problème est rapidement et automatiquement accédée en MLT. D'autre part, l'idée de recherche au sein d'un espace de problème, centrale dans la théorie de Newell et Simon (1972), offre un lien élégant entre résolution de problème et créativité — la créativité emploierait les mêmes mécanismes que la résolution de problème, avec toutefois la différence que les espaces de problème explorés sont beaucoup plus larges et moins bien définis dans le premier cas.

Dans la théorie de Newell et Simon (1972), un *espace de problème* est l'espace contenant tous les états possibles d'un problème (voir figure 6.1, pour un exemple avec la tour de Hanoi à deux disques). L'on se déplace entre les différents états d'un problème à l'aide d'opérateurs (p. ex., les règles d'un jeu). On peut distinguer l'*espace de problème externe*, qui se réfère à l'analyse objective d'un problème (cf. figure 6.1), et l'*espace de problème interne*, qui se réfère à l'espace tel qu'il est construit par le sujet.

Figure 6.1.

L'espace de problème de la tour de Hanoi à deux disques. (Voir aussi page 131.)

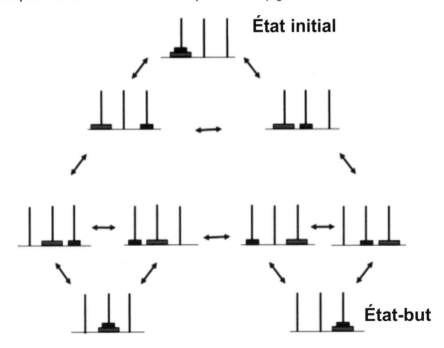

1. Résolution de problème

Reconnaissance de patterns et recherche sont souvent considérées comme les ingrédients principaux de la résolution de problèmes chez les humains et chez les ordinateurs. Très tôt, des chercheurs comme De Groot (1946) et Chase et Simon (1973b) ont montré qu'une des clés de l'expertise est de pouvoir intégrer ces deux mécanismes. Ce point vaut la peine d'être mentionné, car il est souvent ignoré dans la littérature, ce qui a mené à un débat peu productif sur les mérites respectifs et exclusifs de ces deux mécanismes. Par exemple, de nombreux auteurs (p. ex., Holding, 1985, Chabris & Hearst, 2003) décrivent la théorie des chunks comme déniant l'importance de la recherche. Cette critique est évidemment incorrecte, car un des buts de cette théorie est précisément de montrer comment la reconnaissance de patterns, rendue possible par la présence de chunks, permet à la recherche d'être sélective et ainsi efficace[1].

1.1 *Reconnaissance de patterns*

Plusieurs sortes de données étayent l'hypothèse que la reconnaissance de patterns joue un rôle important chez les experts. Par exemple, les joueurs d'échecs sont capables d'identifier rapidement, en quelques secondes, les caractéristiques principales d'une position (De Groot, 1946 ; De Groot & Gobet, 1996). La qualité de leur jeu ne diminue que légèrement s'ils n'ont que cinq secondes par coup au lieu de trois minutes (Calderwood *et al.*, 1988). Et un joueur comme Kasparov peut affronter des équipes nationales (de quatre à huit maîtres ou grands-maîtres) simultanément et obtenir des résultats qui le plaçaient encore parmi les cinq meilleurs joueurs du monde (Gobet & Simon, 1996d). Comme il joue plusieurs parties en même temps, son temps de réflexion est divisé par le nombre d'adversaires. Si la recherche était l'unique déterminant de l'expertise, la performance de Kasparov devrait diminuer de manière drastique. Or cela n'est pas le cas.

L'importance de la reconnaissance de patterns a été documentée dans presque tous les domaines d'expertise, avec une attention particulière pour les jeux (Gobet, de Voogt & Retschitzki, 2004) et les sports (Starkes & Ericsson, 2003). Dans tous ces domaines, les experts sont capables de trouver rapidement la solution de problèmes de routine, sans avoir besoin de vraiment y réfléchir.

1.2 *Anticipation de situations*

L'importance de la reconnaissance de patterns ne signifie pas pour autant que les experts n'effectuent pas de recherche. Même si les experts sont capables de saisir rapidement les éléments essentiels d'un problème, il leur faut encore anticiper des

---

1. Voir Gobet (2002a) pour une discussion approfondie du rôle de la reconnaissance de patterns et de la recherche dans les travaux de Simon.

situations, que ce soit pour contrôler que leur solution intuitive est correcte, pour élaborer cette solution ou pour examiner d'autres possibilités. Le résultat surprenant de De Groot fut que la structure de la recherche, qui peut être estimée en mesurant des paramètres tels que le nombre de positions considérées ou la profondeur de calcul, n'est guère différente entre joueurs d'échecs de classe mondiale et amateurs. Ainsi, les experts sont capables de limiter considérablement leur analyse, ce qui leur permet d'aborder des situations ordinaires sans beaucoup de calcul pur.

Newell et Simon (1965, 1972) ont tenté de détailler les mécanismes rendant possible cette sélectivité, se centrant sur la manière avec laquelle les coups sont générés. Ils analysent de manière détaillée le protocole verbal d'un de leurs sujets, et trouvent que, la plupart du temps, l'analyse de chaque coup de base (coup à partir de la position initiale) est indépendante de l'analyse des autres coups de base. Les premiers épisodes[2] ont tendance à employer des coups normaux et les épisodes suivants emploient des coups qui sortent de plus en plus de l'ordinaire. L'évaluation d'un épisode joue un rôle important pour le choix du coup suivant. Si l'évaluation est favorable, le joueur continue l'analyse du coup de base considéré. Dans le cas contraire, le joueur considère un autre coup de base. Finalement, il arrive qu'un coup plus favorable soit découvert durant un épisode ; dans ce cas, le joueur abandonne fréquemment l'analyse du coup qu'il considérait pour analyser la nouvelle possibilité. (Les programmes d'échecs incorporent cette idée avec ce que l'on appelle la « killer heuristic ».) Il est intéressant de noter qu'à l'intérieur des épisodes, un seul coup est en général considéré chaque fois qu'un joueur est au trait (c'est-à-dire que c'est à son tour de jouer). Les coups sont générés par l'emploi de relations d'attaque et de défense, d'heuristiques ou de plans. Finalement, les joueurs réévaluent périodiquement le problème, par exemple lorsqu'un nouvel aspect de la position est découvert ou que l'analyse d'un coup donné a causé une surprise, c'est-à-dire a produit des résultats autres que ceux qui avaient été anticipés.

Les recherches de ces dernières années ont précisé les résultats de De Groot de deux manières importantes. Premièrement, les maîtres d'échecs ont tendance à chercher davantage que des joueurs plus faibles (Charness, 1979 ; Saariluoma, 1995 ; Gobet, 1998b). Les différences sont assez petites avec des positions simples ou à caractère stratégique, mais peuvent être considérables avec des positions compliquées ou à caractère tactique (Campitelli & Gobet, 2004). Tout se passe donc comme si les experts étaient capables d'ajuster leur type de recherche en fonction des demandes de l'environnement. Gobet (1997a, 1998b) propose que, lorsque l'on emploie le niveau échiquéen comme variable indépendante, la profondeur de calcul suit une loi de puissance (voir chapitre 5, section 4.3) ; ce résultat expliquerait pourquoi des différences sont parfois difficiles à déceler avec des joueurs possédant un haut niveau d'expertise.

Deuxièmement, il a été possible de mettre au jour des différences structurelles dans d'autres domaines d'expertise. En particulier, les experts ont tendance à chercher en partant des données et en se dirigeant vers le but, alors que les novices ont plutôt tendance à chercher en prenant le but comme point de départ, et en se dirigeant vers les données. Par exemple, un médecin expérimenté est capable de limiter

---

2. Un épisode est une séquence de coups sans revenir au coup de base.

considérablement l'espace de recherche après la présentation de quelques symptômes. Par contre, un étudiant en médecine devrait d'abord générer les diagnostics possibles, et ensuite les tester un à un, avec un raisonnement assez détaillé sur les mécanismes reliant les symptômes aux diagnostics. Cette différence entre novices et experts quant au comportement décrivant l'investigation a été documentée en physique (Simon & Simon, 1978), en médecine (Patel & Groen, 1986) ou en géométrie (Koedinger & Anderson, 1990), voire même dans l'expertise de Sherlock Holmes (Didierjean & Gobet, 2008). Cette règle connaît des exceptions, cependant. En programmation, experts comme novices opèrent une recherche arrière. Et, en général, lorsque les problèmes sont difficiles et que les connaissances spécifiques manquent, les experts régressent vers le comportement caractéristique des novices : ils emploient une recherche orientée par but et utilisent des méthodes faibles.

1.3 Représentations et résolution de problèmes

La reconnaissance de configurations permet non seulement de générer des actions et des stratégies, mais également de choisir une représentation adéquate. Comme l'ont démontré Larkin et Simon (1987), l'utilisation d'une bonne représentation permet parfois de simplifier un problème considérablement. Greeno et Simon (1988), effectuant un parallèle entre la physique et le jeu d'échecs, vont jusqu'à affirmer que la performance des experts dépend en grande partie de leur aptitude à représenter le problème de manière adéquate. Cette compétence proviendrait du fait que les experts possèdent des structures de connaissance bien intégrées dans lesquelles les patterns associés aux divers traits du problème sont mis en relation avec des concepts possédant des degrés de généralité variables. Il en résulterait des méthodes permettant une recherche efficace. Cela inclut la faculté de décomposer les problèmes en sous-problèmes bien définis, qui peuvent être résolus avec des techniques spécifiques. Dans certains cas, en particulier avec des problèmes mal définis, il est nécessaire de coordonner plusieurs espaces de problème disparates (Simon, 1973). Avec les experts, ces espaces sont intégrés avec des structures de connaissance. Ces assertions sont appuyées par les données empiriques recueillies par Simon et collègues dans des domaines tels que l'algèbre (Paige & Simon, 1966), la physique (Larkin *et al.*, 1980), et l'économie (Tabachnek-Schijf *et al.*, 1997). Nous allons discuter quelques-uns de ces résultats plus en détail dans les sections suivantes.

1.3.1 Physique

L'analyse de protocoles verbaux a souvent été utilisée pour étudier la façon dont experts et débutants résolvent des problèmes de physique (p. ex., Bhaskar & Simon, 1977 ; Larkin, Mc Dermott, Simon, & Simon, 1980 ; Simon & Simon, 1978). Comme nous l'avons vu, les débutants ont tendance à travailler à rebours, en partant du but et en essayant de relier ce but aux données de départ, alors que les experts préfèrent partir des données pour se diriger vers le but. Une autre différence frappante est que les experts se représentent le problème en employant des principes de base de physique (par exemple, les forces), alors que les débutants doivent se contenter de représenter des aspects superficiels (p. ex., ils groupent les problèmes de poulie dans une même catégorie). L'emploi de principes de base facilite la génération de quantités inconnues en partant des données – un facteur essentiel pour effectuer une recherche avant. Ces travaux ont également montré l'importance du type de représentations externes utilisées par les experts ; en particulier, ils emploient souvent des diagrammes pour représenter le problème (cf. Larkin & Simon, 1987). Les experts parviennent également à intégrer leurs connaissances en physique avec des concepts et avec des processus de raisonnement généraux (Greeno & Simon, 1988).

Chi et Glaser (1985) sont d'avis que la compétence des experts en résolution de problème provient de la complexité et de la complétude de leurs schémas. Ceux-ci contiennent des règles qui sont plus complexes qu'une simple mise en relation des indices superficiels (ou primaires) procurés par les données du problème avec les procédures de solution. Leurs conclusions s'appuient sur les travaux de Chi, Feltovich et Glaser (1981), qui ont montré de manière empirique que la maîtrise de principes abstraits en physique et mathématique permet une représentation de problème adéquate et fournit des méthodes de résolution efficaces. Ces auteurs ont noté que, contrairement aux experts, les novices ne perçoivent que les aspects superficiels du problème. Ils sont notamment plus facilement induits en erreur par le scénario enrobant le problème.

1.3.2 **Médecine**

Dans une étude menée sur des radiologues dont l'expérience variait et qui devaient analyser des radiographies pour établir un diagnostic, Lesgold *et al.* (1988) ont montré que les experts possèdent davantage de connaissance intégrée à propos des maladies, et une connaissance plus détaillée à la fois des variations portant sur les états de la maladie et sur les relations entre maladie et symptômes. Lesgold (1988) en conclut que l'expertise en médecine est basée avant tout sur une accumulation de connaissances très spécifiques aux tâches auxquelles on doit faire face, et non sur une aptitude générale quelconque, une connaissance de méthodes faibles ou les dynamiques structurales de la mémoire ou de la cognition.

Un autre résultat intéressant avec la médecine et la physiothérapie, que nous avons déjà mentionné en parlant de la tâche de mémoire de De Groot, est que les individus d'expertise intermédiaire (p. ex., étudiants de dernière année) font preuve d'une meilleure mémoire que les experts. Les résultats décrivent donc une courbe en forme de U inversé, avec les novices obtenant les résultats les plus faibles (Gobet et Borg, 2011 ; Rikers, Schmidt & Boshuizen, 2000 ; Schmidt & Boshuizen, 1993). Par contre, la qualité du diagnostic est en forte corrélation avec le niveau d'expertise. Dans ce type d'expérience, les participants lisent une description de cas (environ une minute) et doivent ensuite produire un diagnostic. On leur demande alors de donner tous les détails dont ils se souviennent à propos du cas.

Pour expliquer cette supériorité des étudiants avancés sur les experts, Schmidt et ses collaborateurs avancent une explication basée sur les différences importantes qui existent entre les connaissances possédées par les uns et les autres. Les étudiants avancés emploient leurs connaissances théoriques en anatomie, physiologie, biochimie, pathologie et pathophysiologie pour analyser systématiquement l'information donnée dans la description du cas. Les experts, quant à eux, utilisent un autre type de connaissance. En plus des connaissances théoriques qu'ils ont acquises durant 4 à 5 ans de formation académique, ils possèdent également des connaissances cliniques – c'est-à-dire des connaissances sur la manière avec laquelle les pathologies se manifestent chez les patients. Ces connaissances ont été acquises durant plusieurs années de formation clinique dans une spécialisation particulière et au terme de l'interaction avec des milliers de patients. De plus, leurs connaissances biomédicales deviennent progressivement restructurées et « encapsulées » sous la forme d'un nombre limité de concepts qui sont cliniquement pertinents. Ces concepts mènent finalement à la formation de *scripts*, c'est-à-dire de structures narratives qui contiennent relativement peu d'information sur les causes physiopathologiques mais fournissent une grande quantité de renseignements cliniques sur les symptômes, les plaintes et les facteurs susceptibles de conduire à la maladie. Ces concepts et ces scripts ont le même pouvoir explicatif que des explications biomédicales détaillées, mais peuvent être atteints et traités plus rapidement.

Ainsi, les experts se distinguent des étudiants avancés non seulement par rapport à la proportion entre leurs connaissances biomédicales et cliniques, mais aussi par des différences qualitatives : les concepts deviennent encapsulés par des structures plus intégratives. C'est à dire que les experts ne traitent pas les symptômes et les renseignements connexes de manière déconnectée, mais comme des ensembles intégrés qui peuvent être résumés par un concept encapsulé. Cela leur permet de parvenir rapidement à un diagnostic qui ne retient que l'essentiel. Alors que le diagnostic des individus intermédiaires occupe un long paragraphe, entrant dans le détail des mécanismes sous-jacents, celui des experts se limite à une courte phrase (p. ex., « patient en état septique »). Lors d'une tâche de rappel, les experts se souviendront du concept encapsulé et non pas des informations plus détaillées qui sont incluses implicitement dans ce concept.

Une faiblesse de ce type de recherche est que dans pratiquement toutes les études, l'âge est une variable parasite, en ce sens que les experts, qui ont parfois plusieurs dizaines d'années d'expérience, sont plus âgés que les étudiants. Or il est bien établi que la capacité de mémoriser des données décline avec l'âge – un déclin qui commence déjà dans la vingtaine (Schaie, 1996).

1.3.3 Économie

L'importance du type de représentation utilisée a également été démontrée en économie (Tabachnek-Schijf *et al.*, 1997). Ces auteurs ont étudié l'emploi de représentations multiples (p. ex., la coordination de représentations diagrammatiques et verbales). L'intérêt s'est également porté sur le rôle du raisonnement visuel et sur la manière dont les experts parviennent d'une part à intégrer plusieurs types de représentation interne, tels que représentations visuelle et verbale, et d'autre part à interagir avec des représentations externes, telles que des diagrammes sur un tableau noir. CaMeRa, le modèle que ces auteurs ont développé, est un système hybride qui comprend un système parallèle consacré à la vision de bas niveau, un système de production et un réseau sémantique.

Par exemple, Tabachnek-Schijf *et al.* (1997) ont demandé à des débutants en économie de lire un texte d'introduction à la théorie de l'offre et de la demande. Les étudiants doivent ensuite résoudre un problème (trouver un équilibre, établir les conséquences de déplacer vers la gauche ou la droite la courbe de l'offre et expliquer comment l'équilibre est maintenu). En plus du texte, les données sont présentées de trois façons différentes : graphiques (voir figure 6.2 pour un exemple), équations algébriques ou tableaux. Les protocoles verbaux sont enregistrés durant la résolution du problème. Dans une autre expérience, ces auteurs demandent aux étudiants de produire des graphiques similaires à ceux utilisés dans le texte d'introduction. La moitié des participants avaient vu les graphiques, et l'autre non.

Figure 6.2.

Un exemple du type de diagramme trouvé dans les manuels d'introduction à l'économie et utilisé par Tabachnek-Schijf *et al.* (1997).

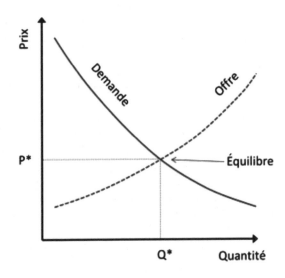

En général, les débutants ont d'énormes difficultés à utiliser les graphiques dans leur raisonnement et encore plus à les produire. Par contre, les experts parviennent à intégrer facilement plusieurs représentations. Comme le notent Tabachnek-Schijf *et al.* (1997, p. 335, notre traduction), leur expert en économie « avait distillé un modèle des relations entre l'offre et la demande qui exploite les aspects uniques à la fois des représentations graphiques et des représentations verbales. En employant ce modèle, il emploie sa mémoire visuelle pour dessiner les parties pertinentes du graphique, pour reconnaître des aspects du dessin qui sont importants et ainsi faire avancer le raisonnement, et pour reconstruire la trace ou le résumé du raisonnement qui a déjà été effectué et qui est incorporé dans les traits laissés sur le tableau noir. La mémoire verbale est employée pour offrir le raisonnement causal, et les étiquettes verbales donnent une signification sémantique aux différentes parties du graphique. »

2. Prise de décision et limites de la rationalité

Si la caractérisation de l'expertise proposée par Chase et Simon (1973a) est correcte, il s'ensuit que les experts se basent sur leur expérience et qu'ils effectuent une recherche très sélective. Nous avons vu que cela était le cas lorsque nous avons parlé de l'anticipation aux échecs, mais considérons également un exemple concret. Vous voulez acheter une nouvelle voiture. Allez-vous effectuer une analyse exhaustive de toutes les possibilités existantes et calculer leur utilité (c'est-à-dire leur valeur subjective) ? Allez-vous comparer une Fiat Punto rouge vendue à 100 kilomètres de votre domicile avec une Honda Civic grise vendue par le garage d'en face, utilisant dans votre calcul chacune des multiples caractéristiques techniques présentes ? Allez-vous continuer cet exercice avec toutes les voitures sur le marché ? C'est ce que vous devriez faire selon la théorie classique en économie, qui postule que les humains *optimisent* leur bien-être. Mais ce n'est probablement pas la façon dont vous allez vous comporter. Votre temps est limité et l'accès à l'information est coûteux — bien que le développement de l'internet ait diminué l'impact de ce facteur. Comme celle des experts, votre rationalité est limitée. Pour reprendre l'expression de Simon (1969), vous allez vous contenter de solutions *satisfaisantes* : des solutions qui satisfont, parmi les milliers de critères possibles, les quelques critères que vous avez en tête. Cela implique évidemment que vous n'allez pas chercher à obtenir une solution optimale. Ce constat souligne bien entendu le caractère limité de notre cognition. Il peut être comparé aux résultats des travaux psychologiques sur le raisonnement en logique et en probabilité. Comparés à des modèles normatifs, les humains proposent souvent des solutions qui sont loin des solutions optimales, rationnelles et font preuve de plusieurs biais cognitifs typiques (Kahneman, Slovic & Tversky, 1982), biais auxquels même les experts ne semblent pas pouvoir échapper (Dawes, 1988)[3].

La situation est encore pire dans certains domaines où il est difficile d'apprendre suffisamment de patterns prédictifs, peut-être en raison du caractère imprédictible de ces domaines ou du manque de feed-back immédiat. Dans ce cas, il va être très difficile de devenir un expert. L'expertise clinique en psychologie et en psychiatrie semble être l'un de ces domaines : de nombreux travaux (Camerer & Johnson, 1991 ; Meehl, 1954) ont montré que les experts obtiennent des performances inférieures à celles de modèles mathématiques relativement simples, tels que la régression linéaire. On observe des résultats similaires dans d'autres domaines, tels que la prédiction dans les marchés de change ou la sélection de futurs étudiants universitaires.

---

3. Pour des raisons principalement historiques, et bien que toutes deux étudient les mécanismes de la pensée, la résolution de problème et la prise de décision constituent des champs de recherche différents en psychologie. La différence principale est que, dans les travaux sur la résolution de problème, les participants doivent eux-mêmes générer des solutions, alors que dans les travaux sur la prise de décision, les participants se contentent de choisir parmi quelques alternatives, qui sont données par l'expérimentateur. Ces deux traditions ont également suscité deux courants de recherches différents sur l'expertise. La tradition centrée sur la résolution de problème, qui sert de fil conducteur dans ce chapitre, est clairement dominante, mais la tradition centrée sur la prise de décision a également mené à des résultats importants, comme noté dans cette section. Pour une discussion, voir Campitelli et Gobet (2010) et Gobet, Chassy et Bilalić (2011).

Un autre aspect de la prise de décision est la manière dont les experts se comportent quand ils n'ont que peu de temps à disposition. Gary Klein et ses collègues (p. ex., Klein, 1998, 2003 ; Zsambok & Klein, 1997) ont développé un modèle qui met en évidence les mêmes caractéristiques que celui de Chase et Simon (1973a) : importance de la reconnaissance de patterns, de la recherche sélective et de l'aspect « satisfaisant », et non optimal, des solutions. Ce modèle a été appliqué dans des domaines tels que des pompiers luttant contre un incendie, des militaires en situation de combat, des joueurs d'échecs en crise de temps. Une différence de cette approche par rapport à la recherche « classique » est que, la plupart du temps, les situations sont réelles et non pas placées en laboratoire.

3. Intuition et perspicacité

L'intuition consiste en la capacité des experts de résoudre certains problèmes – les problèmes auxquels ils sont confrontés dans leur pratique de tous les jours – rapidement et sans beaucoup de réflexion. La solution leur vient naturellement et automatiquement à l'esprit, et il leur est souvent impossible d'expliquer comment ils sont arrivés à cette conclusion. La solution a également une connotation émotionnelle ; ils sentent immédiatement si une solution est correcte ou non, sans pouvoir toujours expliquer la raison de cette évaluation. De bons exemples d'intuition sont offerts par un médecin arrivant à un diagnostic quelques secondes après l'entrée d'un patient dans son bureau, ou par un ingénieur civil décidant au premier coup d'œil qu'une fissure dans un mur ne présente aucun danger.

Simon et ses collègues (p. ex., Chase & Simon, 1973a ; Gobet, 1997c ; Langley *et al.*, 1987 ; Richman *et al.*, 1996) ont appliqué les principes généraux de la théorie des chunks et de l'idée de recherche sélective à la question de l'intuition. Pour eux, l'intuition consisterait simplement à recouvrer des connaissances tacites par reconnaissance de patterns. Les patterns reconnus donnent accès à de l'information supplémentaire, telle que le type de diagnostic à utiliser dans une telle situation. L'accès à la connaissance est si rapide, et en outre basé sur des indices qui ne sont pas forcément verbaux, que l'expert n'a aucun accès aux mécanismes en jeu durant les phénomènes intuitifs. Simon (1989b) va jusqu'à proposer que la reconnaissance de patterns offre une explication *suffisante* pour le phénomène de l'intuition[4].

Une autre approche influente, basée sur la phénoménologie, est celle de Dreyfus et Dreyfus (1986). Ces auteurs avancent que la route vers l'expertise comprend cinq étapes (débutant, débutant avancé, compétent, expérimenté et expert), et que la différence essentielle entre la cinquième étape et les autres est la présence d'intuition. Dans cette dernière étape, le comportement est fluide et les décisions sont prises automatiquement, sans résolution de problème explicite. Gobet et Chassy (2008a) comparent cette approche avec celle de Simon, prenant comme toile de fond le domaine des soins

---

4. De Groot n'accepte pas cette explication de l'intuition et souligne le rôle joué par des mécanismes *productifs*. Pour une discussion de ces deux points de vue, voir le chapitre 9 de De Groot et Gobet (1996).

infirmiers, un domaine dans lequel la théorie de Dreyfus et Dreyfus a eu un grand succès (voir p. ex. Benner, 1995). Ils concluent que la théorie de Dreyfus et Dreyfus est trop simple pour expliquer les données sur l'expertise et l'intuition des experts ; en particulier, elle néglige par trop les aspects analytiques de l'expertise, qui jouent un rôle important dans la manière dont les experts font face à des situations inattendues ou difficiles. Prolongeant leur réflexion, Gobet et Chassy (2009) proposent une nouvelle théorie de l'intuition basée sur la théorie des chablons.

Alors que le terme « intuition » dénote des solutions quasi immédiates, le terme « perspicacité intuitive » (*insight*, en anglais) est utilisé pour caractériser la manière efficace et intuitive avec laquelle les experts cherchent un espace de problème, ou avec laquelle ils créent de nouveaux espaces de problèmes. Très souvent, cela ne se produit qu'après une investigation laborieuse et infructueuse. Donner un exemple de perspicacité intuitive dans un domaine d'expertise particulier ne serait probablement pas très parlant, car la plupart des lecteurs n'auraient probablement pas les connaissances nécessaires pour apprécier, d'une part, la longue période de recherche stérile, et, d'autre part, le moment où l'idée cruciale — typiquement une restructuration du problème, apparaît. Nous allons donc employer un petit problème qui ne requiert pas d'expertise particulière : le problème de l'échiquier tronqué (voir figure 6.3), créé par Gamow et Stern (1958) et étudié en détail par Kaplan et Simon (1990).

Figure 6.3.
Le problème de l'échiquier tronqué.

La consigne est la suivante (Wickelgren, 1974 ; Lemaire, 1999, p. 274) : « Vous avez un échiquier et 32 dominos. Chaque domino couvre exactement deux carrés adjacents sur l'échiquier. Les 32 dominos couvrent donc les 64 cases de l'échiquier. Supposons que deux cases de l'échiquier ont été retirées sur des coins opposés de l'échiquier (p. ex., en haut à gauche et en bas à droite). Est-il possible de placer 31 dominos sur l'échiquier de manière à couvrir les 62 cases restantes ? Si oui, comment pouvons-nous le faire ? Sinon, prouver que c'est impossible. »

Si vous ne connaissez pas ce problème, essayez de trouver la solution. Mais n'y passez pas plus d'une heure !

La description du problème dirige notre attention sur le nombre de cases et de dominos et sur leur arrangement géométrique. Par conséquent, la première représentation qui vient à l'esprit comporte un échiquier de 62 cases et 31 dominos pour le couvrir. Cependant, cette représentation n'est pas particulièrement utile. Avec l'aide de simulations par ordinateur, Kaplan et Simon (1990) ont montré qu'il faut éliminer 758 148 permutations de dominos pour prouver, par exhaustion, que le problème n'a pas de solution. Un étudiant en chimie employa une telle approche systématique, mais, après 18 heures de labeur et avoir rempli 61 pages de cahier, il n'avait toujours pas réussi à résoudre le problème. De fait, la plupart des participants n'arrivent pas à résoudre ce problème, à moins de recevoir une aide importante sur la manière de représenter le problème de façon correcte (Kaplan & Simon, 1990).

Les problèmes d'insight sont difficiles parce que la représentation initiale ne permet pas d'utiliser l'information qui est nécessaire. Après avoir vainement essayé de trouver une solution avec une approche systématique, la plupart des participants deviennent frustrés et comprennent qu'une nouvelle représentation est nécessaire. Avec un peu de chance ou l'aide de l'expérimentateur, ils vont noter que (a) un domino ne peut couvrir qu'une case blanche et noire, (b) les deux cases retirées sont de la même couleur, et (c) une fois le problème représenté de cette façon, l'échiquier tronqué a 30 cases blanches et 32 cases noires. Après avoir utilisé 30 dominos, nous avons couvert 30 cases blanches et 30 cases noires, et il nous reste deux cases blanches à couvrir, ce qui n'est pas possible[5]. CQFD !

Ainsi, le cheminement d'un mathématicien essayant de prouver un théorème ou d'un écrivain planifiant un livre peut être comparé à celui d'un sujet essayant de résoudre l'échiquier tronqué, avec souvent de longs moments de frustration terminés seulement par un moment d'insight. Les biographies de scientifiques et d'artistes, ainsi que la description de découvertes célèbres, contiennent de nombreux exemples (p. ex., Aczel, 1996 ; Gardner, 1993a ; Jacob, 1987 ; Watson, 1969). Mais il ne faut pas oublier que la production de joyaux scientifiques ou artistiques doit également beaucoup à un type de comportement certes moins spectaculaire mais beaucoup plus commun — le train-train quotidien et parfois ennuyeux du créateur. Quoi qu'il en soit, il est aussi important de noter que les experts en science et dans d'autres domaines emploient des heuristiques facilitant le changement de représentation et ainsi l'occurrence d'insight (Klahr & Simon, 1999 ; Richman *et al.*, 1996 ; Simon, 1989a ; Simonton, 1999). Parmi ces heuristiques, on peut mentionner : redéfinir le problème, ou même essayer de résoudre un autre problème ; explorer les variantes d'une solution partielle ; être toujours prêt à changer de direction ; relâcher les contraintes du problème ; penser en employant la négation ou le contraire d'idées acceptées ; explorer ses connaissances de manière ludique ; effectuer un brainstorming ; incorporer des idées provenant d'autres domaines ; penser de manière analogique. (Voir également section 5.2.)

---

5. Le concept crucial pour résoudre ce problème est l'alternation des cases : blanches et noires, impaires et paires. Techniquement parlant, il s'agit d'un problème de *parité*.

Le concept d'insight souligne le caractère créatif de la pensée (De Groot & Gobet, 1996). Comme avec l'intuition pure, la reconnaissance de patterns offre un mécanisme expliquant l'insight, bien que le rôle de la recherche et en particulier celui du changement de représentation soit plus important dans ce cas (Kaplan & Simon, 1990 ; Simon, 1995).

4. Expertise et rigidité de la pensée

Si l'expertise dépend de la présence de connaissances très spécialisées, on pourrait en conclure que plus l'expertise augmente, plus la pensée devient rigide. C'est ce qu'ont proposé Sternberg et Frensch (1992) : l'expertise a un coût, et ce coût est une inflexibilité dans la manière d'aborder des situations nouvelles. Les experts sont tellement habitués à leur façon de penser qu'il leur est difficile d'adopter d'autres perspectives. Sternberg et Frensch donnent comme exemple une expérience dans laquelle des joueurs de bridge (débutants et experts) devaient apprendre à jouer une nouvelle variante de bridge. Bien qu'ils obtinrent de meilleures performances que les débutants, les experts eurent beaucoup de difficulté à s'adapter aux différences structurales de ce nouveau jeu de cartes. Bilalić, McLeod et Gobet (2008b, c) ont étudié cette question en essayant d'induire un effet d'« Einstellung » chez des joueurs d'échecs. L'effet d'« Einstellung », originellement établi expérimentalement par Luchins (1942) avec des tâches arithmétiques simples, peut être décrit de la manière suivante : la première idée qui vient à l'esprit, déclenchée par les caractéristiques connues du problème, empêche de trouver de meilleures idées. Dans cette expérience, Luchins a entraîné des participants à résoudre une suite de problèmes, qui tous avaient la même solution. Quand une nouvelle classe de problèmes furent présentés, qui permettaient à la fois la solution typique qui avait été apprise mais également une solution nouvelle et plus courte, les participants employèrent presque toujours la vieille solution. Et quand les nouveaux problèmes ne pouvaient être résolus qu'avec une nouvelle solution, les participants échouèrent car ils s'entêtèrent à utiliser la vieille solution. Bilalić et ses collègues trouvent que l'effet est présent même avec des joueurs de haut niveau, mais qu'il diminue à mesure que le niveau de l'expertise augmente. Ainsi, contrairement à ce que Sternberg et Frensch (1992) avaient suggéré, l'expertise rend la pensée *moins* rigide. Observant les mouvements oculaires des joueurs, Bilalić et collègues ont également identifié le mécanisme derrière l'effet d'Einstellung. Après avoir trouvé une première solution, les joueurs déclarent qu'ils essaient de trouver une meilleure solution. Cependant, les mouvements oculaires indiquent que les joueurs continuent de fixer les aspects de la position qui sont pertinents pour la première solution qu'ils ont trouvée. Tout se passe donc comme si le schéma lié à la première solution, activé par les aspects familiers de la position, contrôle l'attention de sorte qu'elle est biaisée vers cette première solution. Il est possible que ce mécanisme soit très général et qu'il explique des phénomènes comme le biais de confirmation dans le test d'hypothèses et la tendance des scientifiques à ignorer les résultats qui ne correspondent pas aux prédictions de leur théorie favorite.

5. Créativité

La créativité est évidemment un phénomène central en science et dans les arts. Mais c'est également un phénomène entouré d'une aura de mystère. D'après une définition commune, elle consiste à produire quelque chose de nouveau, qui possède un élément de surprise et qui a de la valeur (Boden, 1990). Le terme « valeur » est le terme qui fait problème dans cette définition. La détermination de ce en quoi consiste une valeur est souvent discutable, en particulier dans le domaine des arts où les goûts changent avec les modes. Ce problème de définition rend l'étude de la créativité compliquée, tout comme le fait que les occasions d'observer de vraies créations en laboratoire sont rares.

La créativité est souvent considérée comme une des caractéristiques essentielles du talent et de l'expertise. Des nombreuses théories qui existent sur la créativité, nous nous contenterons d'en mentionner cinq. Pour une discussion plus approfondie, nous référons le lecteur à des ouvrages tels que ceux de Weisberg (2006) et Runco (2006).

5.1 *Créativité et incubation*

Une théorie populaire veut que la créativité soit avant tout due à des phénomènes inconscients. Par exemple, le grand mathématicien français Henri Poincaré raconte comment, après avoir travaillé avec acharnement, mais sans succès, à résoudre un problème complexe, il l'a mis de côté. Alors qu'il est en excursion avec des collègues et parle d'autre chose, la solution lui saute à l'esprit. Poincaré (1913) propose que deux mécanismes soient en jeu : l'*incubation*, où l'inconscient identifie les combinaisons de pensées qui sont fécondes, et l'*illumination*, où la solution vient de manière inattendue à l'esprit. Wallas (1926) complète cette explication en ajoutant deux étapes. Durant la *préparation*, la première étape, on effectue une recherche consciente et délibérée du problème. Durant la *vérification*, la dernière étape, les détails de la solution sont inspectés et sa correction évaluée. L'idée de base derrière cette théorie est que l'inconscient fonctionne de manière plus rapide et efficace que la pensée consciente, et également que l'inconscient relâche les liens habituels entre les concepts, ce qui permet de nouvelles et surprenantes recombinaisons.

La littérature abonde d'exemples se conformant aux étapes proposées par Poincaré et Wallas. Par exemple, le grand chimiste August Kékulé a raconté comment la structure du benzène lui est venue à l'esprit alors qu'il rêvassait à propos de serpents. De même, le poète anglais Coleridge a décrit comment un de ses plus fameux poèmes lui est venu à l'esprit après avoir rêvé durant plusieurs heures du palais de Kubla Kahn. À son réveil, il aurait pris la plume et écrit le poème d'un seul jet, sans effort conscient.

Le problème avec ces exemples est qu'ils sont basés sur les réminiscences de créateurs fameux, réminiscences qui ont souvent eu lieu des années, voire des décennies, après l'acte créatif. Leur validité est dès lors loin d'être établie. En outre, d'autres esprits créateurs rapportent avoir simplement effectué une recherche consciente de la solution, et ne mentionnent pas du tout la présence de moments d'illumination. Un bon exemple est offert par Thomas Edison, l'inventeur de l'ampoule électrique domestique entre autres inventions, qui a décrit comment ses inventions étaient le produit d'une investigation systématique. Un autre exemple est la découverte de la structure en double hélice de l'ADN par Watson et Crick (Watson, 1969). Bien que cette découverte fût marquée par de nombreux rebondissements, on ne peut pas dire qu'elle corrobore les phases décrites par Wallas.

Malgré ce tableau un peu pessimiste, il faut noter qu'il existe quelque support empirique pour le phénomène d'incubation (Sio & Ormerod, 2009), bien que ce support ait trait à la résolution de problème plutôt qu'à la créativité elle-même. Il est également intéressant de noter que Simon (1966) a montré que l'idée d'espace de problème peut être utilisée pour expliquer le phénomène d'incubation.

5.2 *Créativité et espaces de problèmes*

Simon et ses collègues proposent que la créativité puisse être expliquée par une combinaison de reconnaissance de patterns et de méthodes simples, qui peuvent être identifiées par l'étude de problèmes élémentaires tels que la tour de Hanoi. Les individus créateurs cherchent au travers d'espaces de problèmes, tout comme les individus confrontés à la tour de Hanoi (voir figure 6.4).

Figure 6.4.

Résoudre la tour de Hanoi et découvrir la structure de l'ADN : les mêmes mécanismes de pensée ?

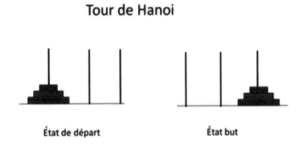

- On ne peut déplacer qu'un seul disque à la fois, qui doit être au sommet d'une tour
- On peut mettre un disque uniquement sur un disque plus grand ou un emplacement vide

Il s'agit évidemment d'une hypothèse très forte. Elle a été corroborée de deux façons. La première approche a été de montrer que des sujets expérimentaux naïfs peuvent reproduire des découvertes scientifiques célèbres en employant des méthodes standards de résolution de problème. C'est par exemple ce qu'ont fait Qin et Simon (1990).

Ils ont donné à des étudiants en licence les données que possédait l'astronome allemand Johannes Kepler lorsqu'il a découvert sa troisième loi, qui peut être représentée sous forme d'une équation. (Les lois de Kepler décrivent le mouvement des planètes autour du soleil). Près d'un tiers des étudiants trouvèrent la loi en moins d'une heure.

La seconde approche, basée sur le concept d'heuristique, a démontré que des méthodes de recherche peu sophistiquées sont suffisantes pour permettre à des programmes informatiques (systèmes de production) de répliquer des découvertes scientifiques historiques telles que celles de Kepler en astronomie ou de Krebs en biochimie (Langley *et al.*, 1987). Dans de nombreux domaines scientifiques et artistiques, on peut identifier les heuristiques employées – consciemment ou inconsciemment – par les humains créateurs. Par exemple, en science, les bons chercheurs aiment trouver de nouveaux problèmes et explorer les variations d'une solution, et ont tendance à changer de directions et à redéfinir les problèmes. Ils pensent également en utilisant des symétries et n'hésitent pas à utiliser la négation d'une hypothèse pour faire avancer la solution d'un problème. Certaines heuristiques sont évidemment beaucoup plus spécialisées et leur application est limitée à un domaine particulier[6]. L'importance de cette approche est donc d'avoir démontré que des programmes d'ordinateur peuvent employer, avec succès, de telles heuristiques.

Une difficulté surgit lorsque l'espace de problème initial n'est pas suffisant pour générer une réponse correcte. Dans ce cas, le scientifique ou l'artiste doit générer d'autres espaces, parfois en changeant totalement la représentation qu'il a du problème. La recherche heuristique se produit maintenant non plus au sein d'un espace de problème unique, mais entre des espaces de problèmes. Comme les experts possèdent davantage de connaissances, y compris davantage de représentations, il leur est plus facile de générer de nouveaux espaces de problèmes et de tester leur utilité et leur validité.

5.3 *Créativité et mécanismes de sélection*

Plusieurs auteurs, tels que Campbell (1960) et Mednick (1962) ont suggéré que la créativité est le produit d'un double processus : d'abord produire des solutions, sans aucune contrainte, et ensuite sélectionner les solutions les plus satisfaisantes. L'idée que la créativité repose sur des processus de génération et de sélection est ancienne. Par exemple, saint Augustin a noté au Ve siècle que *cogito* (penser) signifie « mélanger », alors que *intelligo* (comprendre) signifie « choisir parmi » (Dehaene, 1997).

Simonton (1996) a également proposé que les mécanismes darwiniens de variation et de sélection constituent le cœur de la créativité. De son point de vue, les scientifiques et les artistes fameux génèrent beaucoup plus d'idées ou d'œuvres que leurs collègues. Ils produisent davantage de joyaux, mais également davantage de déchet. Simonton présente un modèle mathématique détaillé décrivant l'évolution de carrières créatrices sur plusieurs dizaines d'années.

---

6. Si vous avez l'intention de devenir un chercheur en psychologie, il vaut la peine de consulter l'article de McGuire (1997), qui donne la liste de 49 heuristiques pour faire des découvertes en psychologie. Gobet (2002b) discute certaines des heuristiques employées par Herbert Simon.

Il y a eu plusieurs tentatives de développer des tests psychométriques en employant l'idée que la créativité consiste à générer des idées de manière fluide. Parmi ces tentatives, on peut en mentionner quatre. Binet (1894) développe, avec peu de succès, un test de créativité consistant à générer le plus grand nombre possible d'interprétations d'une tache d'encre — une sorte de test de Rorschach avant l'heure. Il expérimente également avec des tâches ouvertes telles que produire des mots qui riment avec un mot donné.

Comme nous l'avons vu au chapitre 2, Guilford (1967, 1982) avance que l'intelligence est organisée selon trois axes : opérations, produits et contenus. En ce qui concerne les opérations, il distingue entre opérations convergentes et opérations divergentes. Les tâches mesurant les opérations convergentes n'acceptent qu'une seule réponse — les tests d'intelligence conventionnels font évidemment partie de cette catégorie. Les tâches mesurant les opérations divergentes, par contre, exigent du sujet qu'il donne autant de réponses qu'il est possible.

Se basant sur le principe des opérations divergentes, Guilford a développé plusieurs tests de créativité. Quelques exemples suffiront. La production divergente peut porter sur les unités sémantiques (p. ex., « Nommer des choses qui soient vertes et mangeables ») ; elle peut porter sur les relations (p. ex., « Quelles sont les différentes relations entre un père et sa fille ? ») ; elle peut également porter sur les systèmes (« Écrivez autant de phrases dans lesquelles vous pouvez employer les mots désert, nourriture et armée »). Malheureusement, la corrélation entre ces tests et d'autres mesures de créativité est faible.

Torrance a également développé plusieurs tests de pensée créative (p. ex., Torrance, 1972). Dans le test « demande-et-devine », on présente une image intrigante au sujet, et il doit dire ce qui s'est passé avant et ce qui va se passer après. Dans le test d'« amélioration de produit », on présente la photo d'un animal en peluche et l'on demande comment le rendre plus amusant pour jouer avec. Dans le test d'« emplois inhabituels », on donne un objet commun, tel qu'une brique ou un trombone (la petite agrafe provisoire de bureau, pas l'instrument de musique !) et l'on demande au sujet de proposer autant d'emplois inhabituels que possible. On code à la fois le nombre et le caractère unique des réponses.

Mednick (1962) propose la théorie selon laquelle la créativité consiste à trouver des liens communs entre des idées différentes. Comme mesure de créativité, il développe le RAT (Remote Associate Test ; test des associations à distance), où trois mots qui n'ont rien en commun sont donnés et où il faut trouver un terme qui soit associé à ces trois mots. Par exemple, pour le trio « égouts, piège et bibliothèque », la réponse serait « rat » : rat d'égout, piège à rat et rat de bibliothèque.

Tous ces tests mesurent la capacité à générer des idées de manière fluente et flexible. Malheureusement, il y a peu de support empirique pour l'hypothèse que cette capacité (et donc les tests que nous avons discutés) corrèlent avec la créativité (Wallach, 1970). En général, les corrélations sont plus fortes avec l'intelligence verbale et avec « g ». De manière intéressante, il n'est même pas sûr que les personnes créatrices soient plus fluentes au sein de leur domaine. Par exemple, une étude sur des poètes connus a montré qu'il y avait beaucoup de variabilité en ce qui concerne le taux de production verbale (Perkins, 1981).

5.4 Les composantes psychologiques de la créativité

On a proposé que les esprits créateurs puissent être caractérisés par une série de traits psychologiques et de particularités biographiques. Winner (1997) discute cette question en ce qui concerne les enfants surdoués, alors que Simonton (1999) s'intéresse aux adultes créateurs, qu'ils aient ou non connu une enfance de surdoué. Il y a relativement peu d'études sur la personnalité des experts en général (pour une revue de littérature, voir Ackerman & Beier, 2006), mais en général les caractéristiques dont nous allons parler s'appliquent également à eux.

Deux composantes essentielles sont l'*énergie* et la *motivation* (elles semblent même être plus importantes que le QI). Comme Winner le note, les créateurs montrent une « rage de maîtriser ». Par exemple, un artiste comme Picasso a produit autour de 20 000 œuvres, ou un scientifique comme Herbert Simon près de 1 000 publications. À l'heure actuelle, il n'est pas évident que cette énergie et cette motivation soient d'origine intrinsèque ou extrinsèque. Ces individus montrent également énormément d'*attention* et d'*intérêt* pour leur domaine. Ils sont capables d'une intense concentration dans leur travail, concentration qui peut mener à ce que Csikszentmihalyi (1990) appelle le *phénomène de flow* – un total oubli de tout excepté l'objet de leur travail, ce qui s'accompagne d'une sensation de succès et de participation totale.

Winner mentionne également quelques caractéristiques externes intéressantes. Premièrement, les garçons ont plus de chance d'avoir des carrières créatives que les filles. Deuxièmement, certaines configurations familiales semblent favoriser l'éclosion d'individus créateurs, en particulier les familles faiblement structurées, sujettes à tension et peu enclines à montrer du soutien pour l'enfant. Troisièmement, le facteur chance n'est pas à négliger.

Selon Winner, les créateurs sont également dominants, sûrs d'eux et capables d'affronter la compétition. Ils sont indépendants et introvertis. Finalement, ils sont prêts à prendre des risques et à assumer les conséquences d'un échec et ont un besoin profond de changer l'ordre établi. De plus, Eysenck (1995) a noté que les personnes qui ont des scores élevés avec le psychoticisme (un des trois traits de personnalité qu'il a identifiés, les deux autres étant l'extraversion et le neuroticisme) ont plus tendance à être créatifs. Ces personnes sont normales mais ont tendance à être excentriques, égocentriques, impulsives, agressives et émotionnellement froides jusqu'à être antisociales. Elles sont également caractérisées par un relâchement de la pensée, ce qui favoriserait la créativité. Du psychoticisme (trait de personnalité) à la psychose (maladie mentale) il n'y a qu'un pas, qui a été allègrement franchi par quelques chercheurs, comme nous allons le voir maintenant.

5.5 L'explication psychopathologique

Nous avons vu que certains chercheurs considèrent que l'aptitude à construire des associations surprenantes entre concepts est une des caractéristiques les plus importantes de la créativité. Si cela est le cas, on pourrait s'attendre à ce que certains troubles mentaux tels que la schizophrénie et le trouble bipolaire (psychose maniaco-dépressive) favorisent l'éclosion de la créativité. C'est l'hypothèse du « génie fou ». La schizophrénie faciliterait la créativité du fait qu'elle génère des idées bizarres et des connexions incongrues. La phase maniaque du trouble bipolaire, dans laquelle la personne possède une énergie et un enthousiasme énormes, une rapidité élevée de la pensée, un optimisme démesuré et une confiance en soi sans limite, pourrait également encourager la productivité et par là même la créativité. Il semble que cette hypothèse soit, au moins en partie, correcte (p. ex., Jamison, 1993), et plusieurs grands créateurs semblent avoir souffert de troubles mentaux sérieux, parmi lesquels on peut mentionner Newton, Rimbaud et Rembrandt pour la schizophrénie, et Balzac, Schumann, Schopenhauer et Van Gogh pour les troubles bipolaires (Simonton, 1999). Jamison (1989) a effectué des interviews auprès d'un échantillon de 47 écrivains et artistes anglais. Elle a trouvé que plus de 38 % d'entre eux avaient reçu un traitement pour troubles mentaux et que 30 % souffraient de changements d'humeurs sévères et durables. La plupart des personnes faisant partie de cet échantillon ont mentionné la présence d'épisodes créatifs extrêmement productifs, et les descriptions qu'elles font de ces épisodes correspondent assez bien à la phase maniaque du trouble bipolaire.

6. Résolution de problème, intuition et créativité : discussion

Comme nous l'avons mentionné dans l'introduction de ce chapitre, une grande partie des travaux sur la résolution de problème, l'intuition et la créativité ont été effectués dans une double optique théorique : reconnaissance de patterns et recherche. Cette dualité théorique est reprise par deux théories de Simon : la théorie des chunks d'une part et la théorie des espaces de problèmes d'autre part. En général, ces mécanismes ont reçu un excellent support empirique. Plusieurs travaux ont également essayé de montrer comment les mécanismes de reconnaissance de patterns et ceux liés à la recherche interagissent.

Il est indiscutable que la reconnaissance de patterns joue un rôle important dans la performance des experts, en particulier lorsque les problèmes font partie de leur routine. Des soins infirmiers aux échecs en passant par le football, il a été démontré expérimentalement que les experts reconnaissent les caractéristiques centrales d'une situation très rapidement. Le phénomène de l'intuition est donc bien établi empiriquement, et la reconnaissance de patterns au travers de chunks semble en offrir une bonne explication théorique. Un coût partiel de la reconnaissance de patterns est qu'il est parfois difficile pour les experts d'aller au-delà de la première idée qui leur vient à l'esprit, bien qu'il semble que ce coût diminue à mesure que l'expertise augmente.

L'importance de la reconnaissance de patterns ne signifie pas que l'anticipation ne joue aucun rôle, bien au contraire. À ce propos, les travaux récents ont connu deux contributions importantes qui ont montré, d'une part, que les experts peuvent effectuer des recherches très approfondies, mais uniquement lorsque cela est nécessaire, et, d'autre part, que la reconnaissance de patterns permet en fait l'anticipation.

Les données expérimentales appuient également très clairement le rôle des représentations. Dans de nombreux cas, comme en physique et en économie, la différence de performance entre experts et novices peut presque entièrement être expliquée par le fait que les experts emploient de meilleures représentations. De son côté, le phénomène de la perspicacité intuitive semble en grande partie explicable en termes de reconnaissance de patterns et de changement de représentation.

La créativité est sans aucun doute, parmi les domaines discutés dans ce chapitre, celui qui est le moins bien compris. Cela est en partie dû au fait que ce phénomène est lui-même mal défini. Comme avec l'intuition, reconnaissance de patterns et anticipation jouent un rôle important. On pourrait dire qu'avec l'intuition la reconnaissance de patterns est plus importante que l'anticipation, alors que c'est l'opposé avec la créativité. Cette dissymétrie vient probablement du fait que les connaissances sont plus facilement utilisables dans les problèmes qui peuvent être résolus par intuition – ces problèmes ont tendance à être communs dans le domaine – alors qu'elles sont moins utiles dans les problèmes de créativité, qui par définition sont à la limite des connaissances actuelles.

Les mécanismes de reconnaissance de pattern sont bien entendu inconscients, mais un autre rôle de l'inconscient a été mis en avant pour expliquer la créativité. Il s'agit de la mise en relation de concepts qui étaient auparavant non connectés. L'idée est que ces nouvelles relations permettent des solutions créatives. Malgré sa popularité, le support empirique pour cette explication de la créativité est plutôt faible. Bien plus qu'un rôle « magique » de l'inconscient, il faut souligner l'importance de la motivation et de traits de personnalité permettant l'acquisition des connaissances nécessaires et rendant plus probable une exploration – qu'elle soit systématique ou non systématique – du champ des possibilités.

La théorie des chunks et la théorie des espaces de problèmes constituent toutes deux un cadre théorique puissant, qui intègre la recherche effectuée non seulement sur la résolution de problème, l'intuition et la créativité, mais également sur la perception et la mémoire. Cette unité théorique n'est pas une surprise : c'est un prolongement naturel du concept simonien de rationalité limitée, que nous avons rencontré au chapitre 3. La rationalité humaine est limitée en raison des contraintes imposées par la capacité de la mémoire, le goulot d'étranglement de l'attention et les temps relativement lents d'apprentissage. Pour atténuer l'effet de ces limites, les humains emploient leurs connaissances, effectuent une recherche hautement sélective et doivent se contenter de solutions suffisamment bonnes plutôt que de solutions optimales. Les données passées en revue dans ce chapitre ont donné un support très clair à cette vision de la rationalité humaine.

Résumé

1. La reconnaissance de patterns et la recherche sont les deux composantes essentielles de la résolution de problème. Avec les experts, la reconnaissance de patterns devient plus importante, mais la recherche joue encore un rôle central.

2. La recherche des humains est très sélective (seul un nombre infime de possibilités est prise en compte). Comparés aux non-experts, les experts ont tendance à sélectionner très rapidement les solutions qui sont prometteuses.

3. La représentation d'un problème est centrale pour sa solution. Cela est *a fortiori* le cas avec les experts. Les schémas sont utiles pour créer des représentations efficaces. Les représentations multiples et les représentations externes jouent également un rôle important.

4. En médecine et en physiothérapie, les individus d'un niveau d'expertise intermédiaire obtiennent de meilleurs résultats dans une tâche de mémoire que les novices ou les experts. Cela en dépit du fait qu'il existe une forte corrélation entre la qualité du diagnostic et le niveau d'expertise. Le mécanisme d'encapsulation a été proposé pour expliquer ce phénomène.

5. La rationalité humaine est limitée, même avec les experts. Nous nous contentons de solutions satisfaisantes et ne cherchons pas à trouver des solutions optimales.

6. Les experts sont capables de résoudre des problèmes de routine très rapidement, en général de manière correcte. On parle alors d'intuition.

7. Lors de la résolution de problèmes difficiles, il faut parfois abandonner la représentation initiale pour en utiliser une nouvelle. Les experts, qui ont davantage de représentations à leur disposition du fait de la quantité de leurs connaissances, sont plus susceptibles d'avoir de tels « insights ».

8. Il existe plusieurs explications pour le phénomène de la créativité : processus inconscients durant l'incubation, mécanismes de génération et de sélection, traits de personnalité et psychopathologie. L'explication basée sur la notion d'espaces de problèmes a l'avantage d'être consistante avec d'autres données sur la résolution de problème. En général, les tests développés pour mesurer la créativité n'ont eu que peu de succès.

Questions pour mieux retenir

1. Décrivez les données empiriques appuyant le rôle de la reconnaissance de pattern dans la résolution de problème chez les experts.

2. Quels résultats expérimentaux démontrent l'importance de l'anticipation (recherche) chez les experts ?

3. Quel est le support empirique permettant de soutenir l'hypothèse que les experts utilisent de meilleures représentations que les non-experts ?

4. Décrivez l'effet intermédiaire en expertise médicale.

5. Décrivez la théorie des espaces de problèmes et expliquez comment elle s'applique à la fois à la résolution de problème et à la créativité.

6. Qu'est-ce que l'intuition ? Donnez quelques exemples de la manière dont les experts font preuve d'intuition.

7. Dans quelle mesure les données empiriques appuient-elles l'hypothèse selon laquelle l'intuition des experts joue un rôle important dans la résolution de problème ?

8. Quelles sont les données empiriques qui soutiennent la notion de rationalité illimitée, et quelles sont celles qui soutiennent la notion de rationalité limitée ?

9. Quelles sont les explications principales de la créativité ?

Questions pour mieux réfléchir

1. Comment avez-vous choisi votre future profession ? Le processus de décision que vous avez employé est-il plus proche de la théorie de la décision en économie (avec l'hypothèse de l'optimisation de l'utilité) ou de la théorie de la rationalité limitée ?

2. Choisissez un domaine (p. ex., un hobby) dans lequel vous avez une certaine expertise. Pouvez-vous donner des exemples de prise de décision dans lesquels l'intuition a joué un rôle ?

3. Prenez comme exemple la découverte scientifique que vous préférez. Dans quelle mesure a-t-elle été rendue possible par la reconnaissance de patterns, l'anticipation ou une combinaison des deux ?

4. Les tentatives de développer des tests de créativité ont en général échoué. Pourquoi ?

5. Quel est le rôle des stratégies dans le développement de l'expertise ?

6. Les soins infirmiers sont un domaine dans lequel la théorie de Dreyfus et Dreyfus a eu un impact particulier. Préférez-vous être soigné(e) par des infirmier(ère)s suivant une approche basée sur la phénoménologie ou suivant une approche basée sur les sciences naturelles ?

7. Développez une nouvelle théorie psychologique de la créativité. Ce faisant, observez la manière dont vous procédez. S'agit-il de reconnaissance de patterns, de recherche ou d'une combinaison des deux ? Ou est-ce que votre cheminement est davantage orienté par la théorie de Wallas (1926) ?

Mots clefs

- Résolution de problème
- Reconnaissance de patterns
- Recherche/anticipation
- Recherche sélective
- Recherche en avant
- Recherche en arrière
- Représentation
- Schéma

- Effet intermédiaire
- Encapsulation
- Représentations multiples
- Représentations externes
- Utilité
- Rationalité limitée
- Solution satisfaisante
- Solution optimale
- Modèle normatif
- Domaines imprédictibles
- Intuition
- Insight
- Rigidité de la pensée
- Effet d'« Einstellung »
- Créativité
- Incubation
- Espace de problème externe
- Espace de problème interne
- Génération et sélection
- Tests de créativité
- Phénomène de flow
- Psychoticisme
- Hypothèse du génie fou

Lectures pour aller plus loin

Benner, P. (1984). *De novice à expert : excellence en soins infirmiers*. Paris : Masson.

Jamison, K. R. (1993). *Touched with fire: Manic-depressive illness and the artistic temperament*. New York : The Free Press.

Klein, G. A. (1998). *Sources of power: How people make decisions*. Cambridge, MA : MIT Press.

Lubart T., Mouchiroud C., Tordjman S., Zenasni (2004). *Psychologie de la créativité*. Paris : Armand Colin.

Newell, A., & Simon, H. A. (1972). *Human problem solving*. Englewood Cliffs, NJ: Prentice-Hall.

Simon, H. A. (1991). *Sciences des systèmes. Sciences de l'artificiel*. Paris : Dunod.

CHAPITRE 7

De la naissance au troisième âge

Quel est l'effet de l'âge sur l'expertise ? Il est clair que l'âge joue un rôle important dans les domaines où les aspects moteurs sont prépondérants : un enfant de 6 ans n'aurait aucune chance dans une partie de tennis contre un enfant de 9 ans, même si l'on contrôle la quantité et la qualité de l'entraînement. De même, un coureur de marathon de 60 ans ne pourrait faire jeu égal avec un jeune de 20 ans. Est-ce que cette composante biologique est également importante dans les domaines où les aptitudes cognitives dominent ? C'est à cette question que ce bref chapitre va essayer de répondre, en se concentrant sur l'interaction entre développement (au sens large) et connaissances.

1. Expertise et développement

Bien que des différences individuelles existent, les recherches empiriques nous ont démontré qu'avec des adultes, une grande partie de la variabilité dans la performance était expliquée par les connaissances que les individus ont acquises à propos de leur domaine. Un support convaincant pour ce point de vue nous est donné en psychologie du développement par des comparaisons entre enfants et adultes dans des tâches de mémoire. Il est bien connu que la mémoire à court terme des enfants, mesurée par exemple avec le nombre de chiffres qu'ils peuvent retenir, a une capacité moindre que celle des adultes. Cela a parfois été expliqué par des différences neurologiques portant sur les capacités mentales de base (p. ex., Pascual-Leone, 1970). Mais il est aussi bien connu que les enfants possèdent une mémoire remarquable, supérieure à celle d'adultes non-experts, pour les domaines qui les intéressent. Par exemple, Chi et Koeske (1983) donnent une description détaillée d'un enfant de 5 ans, expert en herbe dans le domaine des dinosaures. Ils montrent que cet enfant avait acquis une représentation sophistiquée de la classification de ces vertébrés et avait une excellente mémoire dans ce domaine (pour d'autres démonstrations expérimentales avec le jeu d'échecs, voir Chi, 1978, et Schneider, Gruber, Gold & Opwis, 1993). Nous avons donc là un cas très clair où la connaissance joue un rôle essentiel dans des tâches de mémoire, effaçant de possibles différences en ce qui concerne la capacité[1]. La conclusion semblerait être que, si l'on écarte les cas où il existe des déficiences majeures du système nerveux central, les différences individuelles jouent un rôle relativement mineur en comparaison des connaissances spécifiques à un domaine, en particulier quand la comparaison est faite entre experts et débutants[2].

Un corollaire de ce type de recherche est qu'il est possible de considérer le développement comme l'acquisition de connaissances (d'expertises) dans divers domaines (p. ex. Chi, 1978 ; Keil, 1989 ; Siegler, 1986 ; Wood, 1998). Cette approche est actuellement

---

1. À noter qu'une explication alternative des différences observées en fonction de l'âge avec la mémoire des chiffres est que les adultes ont une connaissance plus grande des nombres, peut-être codée sous forme de chunks.

2. Il est probable qu'avec de hauts niveaux d'expertise, où la quantité de connaissance acquise pourrait atteindre une asymptote, ces différences individuelles relativement mineures quand des niveaux d'expertise différents sont comparés jouent maintenant un rôle critique.

très populaire en psychologie du développement et a remplacé le cadre théorique piagétien. Les *décalages horizontaux* [3], si difficiles à expliquer au sein de la théorie de Piaget, seraient alors explicables en termes de niveaux d'expertise différents, dus à des différences dans le temps d'apprentissage consacré à divers domaines cognitifs. Comme le note Siegler (1986), l'acquisition de connaissances dans un domaine facilite l'acquisition de stratégies ainsi que de compétences régulatrices (p. ex., métamémoire).

2. Expertise et vieillissement

Récemment, l'étude de l'effet du vieillissement sur l'expertise a suscité de nombreuses recherches. Une raison évidente est qu'avec le vieillissement de la population dans les pays industrialisés, l'impact économique d'une perte potentielle d'expertise due à l'âge est énorme. Il y a là un défi évident pour maintenir la productivité des travailleurs (p. ex., Willis & Dubin, 1990). Une idée courante dans ce domaine est que, pour jouir d'un vieillissement réussi, il est nécessaire de compenser les changements liés au déclin des habiletés physiques et mentales (Baltes, 1993). Selon le modèle de « l'optimisation sélective avec compensation », il est nécessaire d'investir dans certains domaines pour maintenir une performance de haut niveau, tout en laissant tomber d'autres domaines. Un des buts de la recherche actuelle est de développer des méthodes d'entraînement et de recyclage favorisant ce but.

Les effets de l'âge sur les capacités cognitives sont bien documentés (par exemple, Schulz & Salthouse, 1999). Bien qu'il existe une grande variabilité entre individus, la tendance est clairement vers une diminution des facultés. En ce qui concerne la vue, l'acuité visuelle diminue, l'accommodation est plus lente et la vitesse de traitement d'information visuelle se réduit. Pour ce qui est de l'audition, la détection de sons simples est plus difficile et la perception de la parole est plus faible. La mémoire est également atteinte, avec en particulier de plus grandes difficultés à apprendre un matériel nouveau. Ces difficultés ne sont pas limitées à un seul type de matériel et portent sur des matériels aussi différents que les listes de mots sans relation, les paragraphes décrivant une histoire, les visages et l'information spatiale. Sur le plan de l'intelligence, finalement, l'intelligence fluide (efficacité de la performance lors du test, habilité de résoudre des problèmes nouveaux et peu familiers) est particulièrement atteinte, alors que le déclin est beaucoup plus faible pour l'intelligence cristallisée (information et connaissances accumulées durant la vie)[4]. En général, les temps de réaction sont plus lents par un facteur de 1.6 à 2.0 (Charness, 1988).

D'un point de vue cognitif, l'expertise peut être vue comme une variable modératrice des effets négatifs du vieillissement (p. ex., Charness & Campbell, 1988), et l'intérêt est

---

3. Ce terme décrit les asymétries du développement qui se produisent à l'intérieur d'un stade. Certains problèmes sont résolus avant d'autres par l'enfant, bien qu'ils soient de difficulté comparable d'après la théorie de Piaget.

4. Dans le test d'intelligence de Wechsler, l'intelligence fluide correspond plus ou moins à l'échelle de performance, alors que l'intelligence cristallisée correspond à l'échelle verbale.

de trouver des mécanismes compensatoires permettant de contrebalancer les pertes d'efficacité dans le traitement cognitif. Les travaux de recherche sur la dactylographie (Salthouse, 1984) ont montré que, malgré le ralentissement moteur (vitesse des doigts), les dactylographes âgés obtiennent des performances semblables à celles des jeunes, grâce à leur habilité à enregistrer davantage d'information lorsqu'ils préparent leur frappe, ce qui leur permet de programmer leurs mouvements plus tôt que les dactylographes jeunes. Nous avons ici un exemple clair de mécanismes compensatoires : planification contre ralentissement.

Charness (1981a, b, c) a trouvé que, malgré des résultats indiquant une mémoire moins performante, les joueurs d'échecs âgés proposent des coups aussi bons dans une tâche de résolution de problème que des joueurs plus jeunes, mais de même niveau. Ils sont également plus rapides à choisir leur coup. Cependant, les résultats sont difficiles à analyser du point de vue des mécanismes compensatoires pour des raisons méthodologiques. Le problème est que les joueurs plus âgés sont probablement plus faibles qu'ils ne l'étaient quelques années ou décennies auparavant. Dans ce cas, les connaissances qu'ils possèdent correspondent aux connaissances de joueurs de niveau supérieur et non pas à celles possédées par de jeunes joueurs de niveau égal. L'idéal pour clarifier ces questions serait d'effectuer une étude longitudinale incorporant un grand échantillon.

Les données actuelles documentant l'effet de l'âge sur les activités professionnelles ne donnent pas une image très cohérente. Dans certains cas, il ne semble pas y avoir de relation entre âge et performance au travail (p. ex., McEvoy & Cascio, 1989) ; par contre, dans d'autres cas tels que celui des grands-maîtres d'échecs, Elo (1965) a montré qu'il existait un pic autour de 35 ans et que, de manière intéressante, la performance à 20 ans était à peu près la même que celle à 65 ans. Il est à noter que les grands-maîtres d'aujourd'hui obtiennent leur titre plus tôt que quand Elo a effectué ses recherches (Howard, 1999), ce qui suggère que le pic des meilleures performances s'est déplacé vers le début de la trentaine (Gobet *et al.*, 2004).

Sur le plan de la créativité, il semblerait que la performance maximale se situe, pour la plupart des activités, autour de 40 ans (par ex., artistes, musiciens, inventeurs ; Schulz & Salthouse, 1999). Ce pic de performance apparaît plus tôt dans des domaines tels que les mathématiques et la physique théorique, et plus tard dans des domaines tels que la philosophie et l'histoire. Évidemment, il y a une interaction entre âge biologique et ancienneté dans le domaine, interaction qui n'est pas encore très bien comprise. (Voir également la discussion des travaux de Simonton au chapitre 8, section 2.2.)

La grande majorité de la recherche sur les relations entre vieillissement et expertise est corrélationnelle et expérimentale. Pour des exemples d'approches computationnelles, on peut mentionner les modèles de Charness (1988) et de Smith *et al.* (2007) simulant la mémoire de joueurs d'échecs jeunes et âgés. Ces deux modèles sont basés sur l'idée de chunking. Ils sont intéressants car ils permettent d'explorer différents mécanismes qui peuvent potentiellement expliquer comment les experts compensent par leurs connaissances le déclin dû aux processus biologiques liés à l'âge.

Résumé

1. De toute évidence, les capacités cognitives augmentent durant l'enfance. Plutôt que de considérer le développement uniquement comme un phénomène biologique, on peut le considérer également comme une acquisition de connaissances.

2. Le vieillissement a un effet négatif sur les fonctions cognitives. L'intelligence fluide est plus atteinte que l'intelligence cristallisée. L'expertise permet de contrecarrer ces effets, en partie en tout cas.

3. Les travaux actuels sur le vieillissement et l'expertise essaient de mettre en lumière les mécanismes compensatoires rendus possibles par l'expertise, tels que la planification.

4. Dans beaucoup de domaines, le pic de créativité se situe autour de la quarantaine. Il y a cependant de grandes différences entre les domaines.

Questions pour mieux retenir

1. Dans quelle mesure peut-on considérer le développement comme l'acquisition de connaissances ?

2. Comment est-ce que l'expertise peut atténuer les effets du vieillissement ?

3. Statistiquement, quel est l'âge optimal en ce qui concerne les occupations professionnelles ?

Questions pour mieux réfléchir

1. Proposez un plan expérimental pour étudier conjointement l'effet de l'expertise et celui du développement biologique chez les enfants.

2. Le grand-maître d'échecs Viktor Kortchnoï a remporté le championnat suisse à 80 ans, 29 ans après avoir remporté son premier championnat suisse à 51 ans, et 33 ans après avoir affronté Karpov en match de championnat du monde. Donnez d'autres exemples de performances de haut niveau par des personnes du 3e âge voire du 4e âge.

3. Pouvez-vous suggérer quelques idées pour faciliter l'emploi de méthodes compensatoires par les experts du 3e âge ?

Mots clefs

- Développement
- Connaissances
- Vieillissement
- Intelligence fluide
- Intelligence cristallisée
- Mécanismes compensatoires
- Activités professionnelles
- Créativité

Lectures pour aller plus loin

Lehman, H. C. (1953). *Age and achievements*. Princeton, NJ : Princeton University Press.

Schulz, R. & Salthouse, T. A. (1999). *Adult development and aging* (3e édition). Upper Saddle River, NJ: Prentice Hall.

Wood, D. J. (1998). *How children think and learn* (2e édition). Oxford : Blackwell.

CHAPITRE 8

Aspects socio-biologiques

Ce chapitre prend une vue plus large et discute plusieurs questions liées aux aspects sociaux et surtout biologiques du talent et de l'expertise. Implicitement, la question de l'inné et de l'acquis sera toujours en arrière-plan. En principe, il devrait être facile de répondre à cette question. En pratique, les deux facteurs sont toujours intimement reliés et il est souvent difficile de comprendre le réseau de causes qui se situe derrière un phénomène donné. Ce chapitre aborde, dans l'ordre, le lien entre talent, expertise et QI, l'approche historiométrique, les apports récents des neurosciences, les différences entre garçons et filles, la question des « savants » — ces personnes possédant des îlots de génie dans une mer de retard mental — et la question des enfants surdoués.

1. Talent, expertise et QI

De manière générale, l'approche basée sur le talent utilise l'une ou l'autre mesure de l'intelligence, comme c'est typiquement le cas au travers d'un test de QI. Bien qu'il ait été montré que le QI corrèle avec des mesures telles que le succès scolaire et le salaire (p. ex., Mackintosh, 2004), les données sont beaucoup moins claires en ce qui concerne l'expertise. Par exemple, les travaux sur les joueurs d'échecs adultes ont montré des résultats contradictoires, certaines études trouvant une corrélation (p. ex., Grabner *et al.*, 2007) alors que d'autres n'en trouvent pas (p. ex., Unterrainer *et al.*, 2006). Toujours avec les échecs, mais cette fois-ci avec des enfants, Bilalić *et al.* (2007a) ont trouvé une corrélation entre le niveau du jeu et l'intelligence pour l'ensemble de leur échantillon, mais une corrélation *négative* quand l'analyse se limitait aux meilleurs joueurs de leur échantillon. Ce résultat inattendu semble être dû au fait que les deux échantillons montraient une relation différente entre l'intelligence et la pratique — la variable qui prédisait le mieux le niveau d'expertise. Dans l'échantillon complet, les enfants plus intelligents s'entraînaient davantage que les enfants moins intelligents. Par contre, dans l'échantillon limité aux meilleurs joueurs, les enfants plus intelligents s'entraînaient *moins* que les enfants moins intelligents. Ce résultat illustre à merveille les relations complexes qui existent entre les différentes variables liées au développement de l'expertise, et la prudence avec laquelle il faut aborder de tels résultats.

Sternberg *et al.* (1995), qui ont étudié l'intelligence pratique de chefs d'entreprise, et Ceci et Liker (1986), qui se sont intéressés à des férus de courses de trot attelé, n'ont trouvé aucune corrélation entre le niveau de performance et le QI. Cela étant dit, il existe certains domaines, tels que les mathématiques ou la physique, où un QI minimum est indispensable pour acquérir les connaissances techniques nécessaires avant d'être productif. On a suggéré que ce QI minimum est de 120 (Barron, 1963).

De fait, effectuant une méta-analyse, Hunter et Hunter (1984) ont montré que g est le meilleur prédicteur de la performance au travail avec une corrélation de .53 en moyenne, une corrélation supérieure à la corrélation obtenue entre performance au travail et niveau d'éducation, expérience de travail, interview et lettre de référence. (Ces résultats ont été confirmés plus récemment par Schmidt & Hunter, 1998.) De manière significative pour les conclusions que l'on peut tirer sur l'expertise, cette corrélation est plus importante pour des métiers complexes que pour des métiers simples, et elle demeure lorsque l'on considère de hauts niveaux d'expérience de travail (Schmidt *et al.*, 1988).

On aurait pu s'attendre à ce que des corrélations similaires aient été trouvées avec les composantes de l'intelligence, comme celles identifiées par Cattell, Thurstone ou Gardner. Ainsi, les musiciens obtiendraient de hauts scores dans un test d'aptitude auditive, ou les architectes dans un test de manipulation visuo-spatiale. Cependant, il semble que cela ne soit pas le cas. Par exemple, le test de talent musical de Seashore, qui utilise des tâches de discrimination de hauteur de sons, de timbre et de rythme, ne corrèle que peu avec le niveau de performance musicale (Kline, 2000) et les joueurs d'échecs n'ont pas une meilleure mémoire visuelle que les non-joueurs quand le matériel n'a rien à voir avec les échecs (Waters, Gobet & Leyden, 2002). Une étude particulièrement parlante a été effectuée auprès des joueurs de go. Masunaga et Horn (2001) étudièrent 263 joueurs de go allant de débutant (30 kyu) à grands-maîtres (9 dan). Ils utilisèrent une série de tests mesurant la capacité de la mémoire à court terme, l'intelligence fluide ou la composante de l'intelligence liée à la vitesse de traitement (huit tests au total). Chaque test comportait deux versions : une version liée au jeu de go et une version sans lien avec ce jeu. Le résultat critique est qu'un effet d'expertise a été trouvé avec toutes les tâches liées au jeu de go, mais avec aucune des tâches neutres.

Une difficulté liée à la recherche sur l'intelligence tient à ce que certaines techniques sont impraticables avec les experts. Par exemple, on a souvent comparé les « vrais » jumeaux et les « faux » jumeaux pour établir l'hérédité de l'intelligence. Or cette approche n'est pas possible pour l'étude du talent et de l'expertise, car on ne dispose que de trop peu d'observations si l'on est intéressé par la crème des experts, et la probabilité de trouver des paires de jumeaux ayant atteint un haut niveau est infime. De plus, cette approche présume que le talent soit transmis par des caractères génétiques simples. Or plusieurs auteurs (p. ex., Simonton, 1999 ; Chassy & Gobet, 2010) ont suggéré que les facteurs facilitant l'accès à de hauts niveaux d'expertise soient encodés non pas par un seul gène, mais par une constellation de gènes. Si cette hypothèse est correcte, le rôle de l'hérédité dans le développement de l'expertise serait beaucoup plus complexe que ne le présument des auteurs tels qu'Eysenck (1995) et Plomin et Petrill (1997), et la probabilité que l'expertise soit transmise génétiquement au sein d'une famille très faible. Dès lors, l'étude des bases génétiques du talent et de l'expertise devra se faire avec des techniques plus sophistiquées que les corrélations entre jumeaux et s'intéresser au détail des mécanismes de transmission, par exemple avec les techniques développées en génomique.

Il n'est pas inutile de mentionner à ce propos qu'il n'y a pas de pattern particulièrement clair en ce qui concerne la transmission de l'expertise dans les familles. Bien qu'il existe des familles célèbres avec de multiples créateurs, par exemple la famille Bernouilli qui a produit nombre de mathématiciens ou la famille Bach qui compte plusieurs musiciens célèbres, il existe également des créateurs fameux qui semblent ne venir de nulle part, tant leurs antécédents familiaux semblent peu prédicteurs. Simonton (1999) donne l'exemple du mathématicien Carl Gauss, du mathématicien-physicien Isaac Newton et du compositeur Ludwig van Beethoven — la crème de la créativité européenne.

2. L'apport de l'approche historiométrique

L'approche historiométrique consiste à étudier le comportement humain au travers de l'analyse de documents historiques portant sur des individus célèbres. Bien qu'il s'agisse là d'une approche non standard, elle a jeté un éclairage important sur plusieurs questions liées au talent et à l'expertise. De nos jours, elle a avant tout été défendue par Keith Simonton, un chercheur particulièrement prolifique (p. ex., Simonton, 1984, 1999, 2006). De manière importante, cette approche emploie des analyses quantitatives et statistiques, malgré l'origine des données qui suggérerait plutôt une analyse qualitative. Elle est avant tout intéressée à trouver des *lois scientifiques* dans le comportement humain, applicables à une large sous-population si ce n'est à l'ensemble de la population, plutôt qu'à comprendre le comportement d'une seule personne. Il s'agit là de la distinction classique en méthodologie des sciences entre l'approche *nomothétique* (basée sur les lois dérivées de l'analyse d'un groupe d'individus) et l'approche *idiographique* (basée sur l'étude d'individus qui sont analysés de manière indépendante) (cf. De Groot, 1969).

Certaines différences importantes sont à noter entre cette méthode et l'approche expérimentale, la plus courante en psychologie. En particulier, l'échantillonnage n'est pas aléatoire, mais est par définition centré sur des personnes hors du commun, telles que des champions sportifs, des lauréats du prix Nobel ou des chefs d'État. Étant donné la nature des données, il est difficile d'éliminer la présence d'artefacts ; par exemple, une comparaison des courbes de productivité en fonction de l'âge entre différentes disciplines doit contrôler le fait que l'espérance de vie varie entre domaines, les mathématiciens vivant en moyenne moins longtemps que les scientifiques provenant d'autres disciplines (Simonton, 1991). L'emploi de techniques statistiques telles que l'analyse de régression permet un contrôle au moins partiel. Il est également important de souligner que les lois obtenues sont des généralisations statistiques, et qu'il est ainsi toujours possible d'y trouver de nombreuses exceptions. Quoi qu'il en soit, ces lois sont intéressantes et caractérisent le comportement humain d'une façon qui ne peut pas être expliquée uniquement par des variations aléatoires.

Cette approche a produit des résultats intéressants sur les origines du talent et du génie. Suivant l'organisation utilisée par Simonton (2006), nous discuterons en premier lieu d'une série de facteurs qui sont liés au développement de l'expertise. Ensuite, nous présenterons quelques données sur la manière dont la carrière « typique » des grands créateurs se développe en fonction de l'âge.

2.1 *Facteurs prédisposant le développement de l'expertise créatrice*

Il a été établi que les experts de niveau mondial viennent souvent de familles ayant un profil particulier. Certains appartiennent à des familles dont le pedigree sort de l'ordinaire. On mentionnera par exemple les familles Bach (musique), Bernouilli (mathématiques) et Darwin (sciences). Une grande partie de l'influence est d'origine environnementale, bien que certains indices suggèrent qu'une origine génétique soit également présente – en particulier, certains experts de haut niveau proviennent de familles qui ont une histoire de problèmes psychiatriques (Jamison, 1993).

Les conditions socio-économiques semblent également importantes. Par exemple, il y a une corrélation robuste entre conditions socio-économiques, probabilité d'avoir une bonne éducation et QI (Mackintosh, 2004), avec la conséquence que les enfants de parents aisés ont davantage de chances d'entrer à l'université et d'avoir une carrière de scientifique. De plus, il a été démontré que l'ordre de naissance corrèle avec la probabilité de devenir célèbre (Goertzel *et al.*, 1978). De manière intéressante, cet ordre varie en fonction des domaines. Dans la plupart des domaines, les enfants nés en premier ont plus de chances de devenir éminents, suivis par les enfants nés en dernier. Les enfants uniques sont peu représentés dans l'élite politique et les révolutionnaires sont rarement les aînés de famille. Finalement, le type d'environnement familial est également important. Plus que les artistes, les scientifiques ont tendance à avoir passé leur enfance au sein d'une famille stable et conventionnelle et à avoir eu des parents possédant un haut niveau d'éducation.

Un deuxième résultat important, à défaut d'être surprenant, est que les experts de haut niveau bénéficient également d'une formation particulièrement bonne. Celle-ci inclut des caractéristiques telles que la qualité des écoles dans lesquelles l'enfant d'abord et l'adolescent ensuite sont inscrits, l'existence d'enseignement privé, le recours à des entraîneurs ou des mentors, et également la présence d'une riche bibliothèque à la maison dont le futur expert profite amplement. (À noter que le nombre de livres, journaux et magazines à la maison est un excellent prédicteur du QI ; Chapin, 1928.) La présence de modèles est également importante. Walberg *et al.* (1980) ont montré que, dans un échantillon d'individus éminents, 68 % ont grandi entourés de personnes travaillant dans le domaine dans lequel ils feront carrière, et 63 % ont rencontré très jeunes des personnes éminentes. Zuckerman (1977) a trouvé que, parmi les lauréats du Nobel en sciences, plus de la moitié avaient travaillé durant leurs études ou au début de leur carrière avec des personnes ayant reçu ce prix.

Finalement, l'expertise a tendance à éclore dans des contextes socioculturels particuliers (Simonton, 1984). De manière assez prédictible, le nombre d'experts dans une génération est corrélé avec le nombre d'experts dans la génération suivante. De plus, les experts dans un domaine ont tendance à être groupés, que ce soit géographiquement ou historiquement. Les exemples abondent. Avant la Première Guerre mondiale, Vienne fut un centre intellectuel unique qui produisit un grand nombre d'idées révolutionnaires. On y trouve, pour n'en citer que quelques-uns, Sigmund Freud (psychanalyse), Oskar Kokoschka (peinture), Adolf Loos (architecture), Arnold Schoenberg (musique) et Ludwig Wittgenstein (philosophie). En sport, le Kenya a dominé depuis les années 1960 les compétitions de course à pied de longue distance, y compris le marathon. Bien qu'un pays plutôt petit (un peu plus de trois millions d'habitants), l'Arménie est une des meilleures nations au monde aux échecs. En science, les personnes d'origine juive constituent moins de 1 % de la population mondiale, mais ont obtenu près d'un prix Nobel sur cinq (Berry, 1981). L'origine culturelle ne suffit cependant pas : l'environnement politique est important également. D'après Berry, un Juif vivant en Suisse a

83 fois plus de chances d'obtenir un prix Nobel qu'un Juif vivant en Russie. Plus généralement, la situation politique est également un prédicteur fiable du taux de créativité.
Une période d'anarchie politique n'engendre que peu de créateurs, contrairement à une
période de fragmentation politique, durant laquelle une civilisation est découpée en
plusieurs États indépendants (Simonton, 2006). De plus, la culture et le système politique d'une époque donnée vont contraindre les domaines dans lesquels on peut être
créatif : Picasso n'aurait pas eu la liberté nécessaire en Chine communiste, et Einstein
n'aurait pas pu développer ses théories dans un pays dévasté par la guerre civile et la
famine.

2.2 Carrière des grands créateurs en fonction de l'âge

L'historiométrie a également jeté un éclairage nouveau sur la manière dont les
performances, en particulier celles liées à la créativité, évoluent durant une carrière.
Une attention particulière a été accordée à l'étude de la performance en fonction de
l'« âge de carrière », c'est-à-dire l'âge lorsque l'on prend comme point zéro le moment
où un individu a commencé dans un domaine particulier. Les résultats princeps
de Lehman (1953) ont été raffinés par la suite (voir Simonton, 1996, 1997, pour des
détails), et peuvent être résumés de la manière suivante. Premièrement, le profil diffère
d'un domaine à l'autre, parfois considérablement. Deuxièmement, la relation entre
production créative et âge peut être décrite par une fonction quadratique (voir
figure 7.1). Typiquement, la production augmente rapidement au début, atteint un pla-
fond dans la trentaine et la quarantaine, et ensuite décroît progressivement. Dans les
dernières années d'une carrière, la production n'est que la moitié de ce qu'elle était
dans les meilleures années.

Figure 8.1.

Production d'idées créatives en fonction de l'âge
de carrière (t) et de l'âge chronologique. Les lignes
en pointillés indiquent la première, la meilleure
et la dernière performance. (D'après Simonton, 1997.)

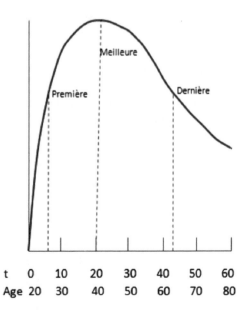

Troisièmement, la position du pic varie d'un domaine à l'autre. Il en va de même du taux de déclin après que le pic ait été dépassé. Le pic est présent très tôt dans des disciplines telles que les mathématiques ou la poésie, et le déclin est rapide. Par contre, dans des disciplines telles que l'histoire ou la psychologie, le pic est plus tardif et le déclin est faible. Quatrièmement, il y a évidemment des différences importantes en ce qui concerne le début de carrière : par exemple, certains individus obtiennent un doctorat très jeunes, alors que d'autres l'obtiennent beaucoup plus tard. Dans ce dernier cas, le pic de carrière va se produire plus tard (voir figure 7.2).

Figure 8.2.

Comparaison entre une personne qui commence une carrière très jeune (à gauche) et une personne qui commence plus tard (à droite). La courbe indique la production d'idées créatives en fonction de l'âge de carrière (t) et de l'âge chronologique. Les lignes en pointillés indiquent la première, la meilleure et la dernière performance. (D'après Simonton, 1997.)

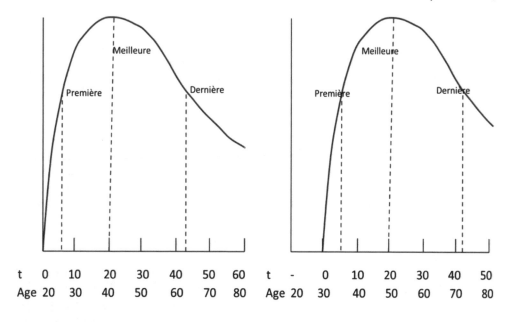

Cinquièmement, on obtient les mêmes courbes de performance que l'on prenne la quantité ou la qualité de l'output comme mesure. Ainsi, les meilleures productions d'un individu créateur vont être engendrées lorsque cette personne produit le plus grand nombre de productions. Finalement, dans les domaines où les facteurs physiologiques sont importants, tels que la grande majorité des sports, les courbes de carrière sont similaires aux courbes définies par l'âge biologique. Il est intéressant de noter que l'ensemble de ces résultats ont été résumés par un modèle mathématique sophistiqué (Simonton, 1997).

3. L'apport des neurosciences

Comme nous l'avons vu au chapitre 2, la neurologie est peut-être l'explication la plus ancienne du talent. Elle remonte au moins à l'époque de la phrénologie et est présente dans les travaux de Binet sur les grandes mémoires. De ce point de vue, les experts doivent leurs compétences, telles qu'une excellente mémoire pour l'information tirée de leur domaine, à certaines caractéristiques de leur système nerveux central. La manière dont les neurosciences sont utilisées pour expliquer le talent est illustrée par la collection d'articles publiés par Obler et Fein (1988), qui discutent entre autres les bases neurales du talent en mathématiques et musique, et abordent le lien entre autisme et talent. Un autre exemple est donné par Carpenter et Just (1989), qui maintiennent que les différences existant dans les tâches cognitives ne peuvent pas être expliquées seulement par la connaissance et les stratégies employées par les experts, mais nécessitent le concept d'une mémoire de travail dont la capacité varie d'un individu à l'autre.

Il semble certain que les nouvelles techniques d'imagerie du cerveau vont amener des compléments d'information bienvenus sur ces questions, bien que leur interprétation soit délicate. Certains ont noté que les cerveaux de musiciens présentent des particularités anatomiques absentes chez des non-musiciens (p. ex., Schlaug *et al.*, 1995), et que les mêmes résultats peuvent être observés avec certains mathématiciens (Dehaene, 1997). Cependant, il faut être prudent avant de conclure à des composantes biologiques, voire génétiques, de l'expertise. La direction de la causalité est difficile à établir, car il est probable qu'une pratique intensive d'un instrument de musique ou un emploi massif de nombres ou de concepts mathématiques vont produire un développement accru de certaines parties du cerveau, en particulier si un tel entraînement se déroule avec de jeunes enfants, dont on connaît la plasticité cérébrale. De fait, même les neuropsychologues étudiant les fondations biologiques de l'expertise soulignent l'importance des connaissances (p. ex., pour les mathématiques, Dehaene, 1997).

La théorie biologique la plus connue du talent est peut-être celle proposée par Geschwind et ses collègues (p. ex., Geschwind & Galaburda, 1985). Ils attirent d'abord l'attention sur la corrélation entre aptitudes mathématiques et habiletés spatiales. Ils notent ensuite que, comparés avec des groupes témoins, les enfants doués en mathématiques sont deux fois plus souvent gauchers, souffrent deux fois plus souvent d'allergies, et montrent des problèmes de langage tels que bégaiement et dyslexie. Ils ont également tendance à être le premier enfant d'une famille. En outre, la plupart des « savants » avec un talent mathématique sont autistes. Or l'autisme frappe quatre fois plus souvent les garçons que les filles.

Pour expliquer cette conjonction de données, Geschwind et Galaburda avancent qu'un niveau élevé de testostérone durant la grossesse a une influence à la fois sur le système immunitaire et sur la différenciation des hémisphères cérébraux. En particulier, Geschwind et Galaburda proposent que la testostérone ralentisse le développement de l'hémisphère gauche. Par un phénomène de compétition cérébrale, l'hémisphère droit se développerait davantage, ce qui expliquerait la dominance de la main gauche et les facilités avec les manipulations spatiales, menant à des compétences mathématiques.

(Rappelons que, en général, la partie droite du cortex cérébral est connectée à la partie gauche du corps.) Étant donné que la testostérone est une hormone mâle, les garçons seraient plus affectés que les filles. Quoique fascinante, cette théorie est loin de faire l'unanimité parmi les psychologues et neurologues. Les données empiriques ne donnent pas un support très tranché. Par exemple, Gobet *et al.* (2004) passent en revue les travaux sur les bases neurales de l'expertise en ce qui concerne les jeux de plateaux, tels qu'échecs et jeu de go. Ils trouvent que, alors que certaines données empiriques (p. ex., latéralité et différences entre garçons et filles) soutiennent les prédictions de la théorie de Geschwind et Galaburda, d'autres données (p. ex., résultats de travaux ayant utilisé l'imagerie cérébrale) l'invalident plutôt.

L'hypothèse du chunking est centrale dans ce livre. Plusieurs travaux ont essayé d'identifier la localisation cérébrale des chunks. Par exemple, comparant la mémoire de positions d'échecs légales et aléatoires, ainsi que la mémoire de scènes visuelles, Campitelli *et al.* (2007) ont démontré que le gyrus fusiforme et le gyrus parahippocampal, tous deux situés dans le lobe temporal, étaient des régions possibles. Plus récemment, Wan *et al.* (2011), employant le shōgi (jeu d'échecs japonais), ont identifié un circuit neural qui implémente l'idée que les experts reconnaissent des patterns donnant accès à de l'information sur le type d'action à effectuer. La reconnaissance des patterns se ferait dans le precuneus (une partie du lobe pariétal), alors que l'information sur les actions possibles serait stockée dans une partie plus interne et ancienne du cerveau, le noyau caudé, un des trois noyaux gris centraux.

4. Expertise : différences entre garçons et filles

Il est indéniable que, dans des domaines tels que les mathématiques, les sciences, les échecs ou la composition musicale, les garçons obtiennent des résultats supérieurs aux filles. Par exemple, en mathématiques, Benbow (1988) a soumis un large groupe d'enfants âgés de 12 ans au « Scholastic Aptitude Test for Mathematics », un test normalement administré à des adolescents. La moyenne obtenue à ce test est de 500 points environ. Cependant, Benbow a trouvé que, dans son groupe, le rapport des garçons et des filles obtenant des scores supérieurs à 500 points était de 2:1. Avec une barre de 600 points, le rapport était de 4:1. Avec une barre de 700 points, il était de 13:1.

De nombreuses théories ont été proposées pour expliquer ces différences : sociologiques (Maass *et al.*, 2008), biologiques (Geschwind & Galaburda, 1985 ; Howard, 1999) et psychanalytiques (Fine, 1967). Plusieurs travaux ont argué qu'une grande partie de ces différences peut être expliquée statistiquement : par exemple, comme il y a beaucoup plus de garçons jouant aux échecs que de filles, un garçon a beaucoup plus de chances de devenir un grand-maître (Chabris & Glickman, 2006 ; Charness & Gerchak, 1996 ; Bilalić *et al.*, 2009). Cependant, un consensus est loin d'avoir été atteint.

5. Savants

Les « savants » sont des individus qui souffrent d'un retard profond à l'exception d'un petit nombre de domaines (parfois un seul) qui sont épargnés.[5] Deux tiers environ sont retardés mentaux, et un tiers environ sont autistes. Ces proportions sont approximatives, car ces deux troubles coexistent souvent. Leur QI est bas, entre 40 et 70, et ils sont en grande majorité mâles. On peut distinguer deux types de savants. Les savants ordinaires ont des retards considérables dans presque tous les domaines, mais ont des capacités normales dans les quelques domaines épargnés. Les savants prodiges ont également des retards dans presque tous les domaines ; cependant, dans les domaines d'exception, ils font preuve d'une compétence remarquable. Les savants prodiges sont très rares : moins de cent ont été décrits dans la littérature. D'après Winner (1997), les aptitudes exceptionnelles de la plupart des enfants prodiges sont limitées à quatre domaines : arts graphiques, musique (piano, la plupart du temps), calcul mental et calcul de dates. Quelques exemples sont utiles pour mieux comprendre le phénomène des savants prodiges.

À l'âge de six ans, Nadia, qui est à la fois retardée et autiste, se met à produire une quantité énorme de dessins sur le thème des chevaux et des chevaliers, avec une perspective rappelant le style de la Renaissance. Elle dessine rapidement, le plus souvent de mémoire, et ses traits sont sûrs et directs : elle n'a besoin d'aucune esquisse. Elle a une bonne maîtrise du raccourci et de la perspective, deux techniques avancées du dessin. De manière intéressante, ce « don » pour le dessin disparaît à huit ans, quand elle développe de meilleures aptitudes à la communication verbale ; elle retourne alors à un dessin caractéristique de son âge mental. Il se pourrait donc qu'il y ait eu un conflit entre communication verbale et dessin (Selfe, 1977). Une autre explication pour ce changement pourrait être que le décès de sa mère l'aurait privée de motivation et d'encouragements.

Stephen Wiltshire est une autre personne autiste ayant une aptitude très développée pour le dessin. Il dessine de préférence des bâtiments, avec beaucoup de détails. Il semble avoir une mémoire photographique très développée : une fois qu'il a vu une scène, elle semble gravée dans sa mémoire et il peut la dessiner avec précision. Il a dessiné la vue panoramique du centre de plusieurs villes (Londres, Tokyo, Rome, Hong Kong, etc.) après les avoir survolées en hélicoptère pendant quelques dizaines de minutes. Dans le cas de Tokyo, il dessina, dans les sept jours qui suivirent son tour en hélicoptère, le panorama sur une toile longue de 10 mètres. Malgré la précision des dessins, il ne s'agit pas toujours d'une copie photographique, car il existe des différences entre le dessin et le modèle. Il a également un talent remarquable pour le piano, un talent qui a été découvert bien après son talent pour le dessin.

Tom Wiggins (surnommé Blind Tom – Tom l'Aveugle) est né en 1849 dans l'État de Géorgie (États-Unis). Enfant d'esclaves, il est aveugle et retardé, peut-être autiste. Très

---

5. Nous avons opté pour le terme de « savant », qui est commun dans la littérature anglaise et francophone. Deux autres termes, parfois utilisés dans la littérature française, étaient possibles, mais nous avons décidé de ne pas les employer. Nous avons évité le terme « idiot savant », qui est insultant, et le terme « savant autiste», car la majorité des savants ne sont pas autistiques. Evidemment, dans ce contexte, le terme « savant » ne signifie pas expert en science.

tôt, il montre des aptitudes remarquables pour la musique et peut reproduire un air qu'il n'a entendu qu'une fois : à l'âge de quatre ans, il reproduit une sonate de Mozart. Il a une mémoire remarquable pour les mélodies musicales ; durant sa carrière, il aurait mémorisé environ 7000 pièces musicales, allant du répertoire classique aux chansons populaires, pièces qu'il peut jouer dans n'importe quelle tonalité. Il est également capable d'imiter de manière remarquable les voix humaines et les sons naturels. Mais son talent va plus loin que la simple reproduction de mémoire de sons et de pièces de musique. Il était l'un des pianistes les plus connus aux États-Unis au XIXᵉ siècle, et il a composé de nombreuses pièces. Il fut le premier artiste noir à se produire à la Maison Blanche.

Certains chercheurs ont utilisé l'exemple donné par les savants pour soutenir l'hypothèse que les mémoires extraordinaires possèdent des composantes innées pas nécessairement liées au QI, et divers mécanismes neurologiques ont été proposés (cf. Obler & Fein, 1988 ; Winner, 1997). Cependant, comme l'ont noté Ericsson et Faivre (1988), il n'est pas possible dans la majorité des cas d'éliminer l'hypothèse que de tels individus ont développé leur talent uniquement par la pratique, sans l'aide d'aucune particularité neurologique. De plus, la plupart des cas, y compris le fameux mnémoniste examiné par Luria (1968), n'ont pas été étudiés avec des techniques suffisamment sophistiquées pour établir que la nature de leur talent est vraiment différente de la mémoire normale. De fait, Ericsson et Faivre (1988) défendent la position extrême selon laquelle des changements au niveau de la connaissance sont critiques dans le développement des mémoires extraordinaires et que les facteurs génétiques ne sont pas essentiels — si l'on exclut de lourds handicaps comme la déficience mentale.

6. Enfants surdoués

Une étude de l'expertise serait incomplète sans une brève référence aux enfants surdoués. Winner (1997) traite cette question en détail et propose plusieurs conclusions. D'abord, la plupart des surdoués possèdent des dons limités à un domaine (p. ex., musique, mathématiques), et il est rare de trouver des enfants avec des aptitudes remarquables dans tous les domaines. Ensuite, il n'y a pas de relation nette entre le talent des surdoués et leur QI général. Par exemple, un enfant peut montrer d'excellentes aptitudes en mathématiques, mais peu de compétences verbales. Ces deux résultats confirment une théorie pluraliste de l'intelligence plutôt qu'une théorie unitaire. En particulier, ils sont consonants avec la théorie de Gardner (1983) des intelligences multiples.

Winner défend un point de vue très tranché par rapport au rôle de l'environnement dans le développement des surdoués. Winner note que, bien que l'importance de l'environnement soit indéniable, la présence du talent l'est tout autant. « Quels que soient leur précocité ou leur investissement de travail, la plupart des enfants n'apprendront jamais aussi rapidement ni ne progresseront autant que ceux qui naissent dotés d'aptitudes exceptionnelles » (Winner, 1997, p. 343). Elle note également qu'un don sans un support parental ne va pas créer un surdoué, pas plus qu'un support parental sans un don.

Être un enfant surdoué n'est pas toujours facile et ces enfants souffrent de problèmes d'intégration. Cela est particulièrement le cas s'ils ne jouissent pas d'une éducation adaptée à leur niveau de compétence. Finalement, de nombreux surdoués ne deviennent pas des adultes exceptionnels et créatifs, alors que de nombreux enfants « normaux » vont le devenir. Plus qu'un talent particulier, c'est bien la présence de traits comme la motivation ou la rage de maîtriser qui semble être importante (voir chapitre 6, section 5).

Gagné (2004) souligne la différence entre « surdoué » et « talentueux ». Un surdoué peut manquer de talent. Pour qu'il devienne talentueux, certains facteurs additionnels doivent être présents, tels qu'un environnement favorable, la motivation de l'enfant et le facteur chance. Ces idées ont été développées dans un modèle qui décrit comment un enfant surdoué évolue et acquiert un talent.

7. Discussion

Depuis la théorie phrénologique de Gall au début du XIXe siècle, nombreuses ont été les tentatives d'expliquer intelligence, créativité et autres traits psychologiques en termes biologiques. Cependant, force est de reconnaître que relativement peu est connu sur les composantes neuropsychologiques et biologiques du talent et de l'expertise. De fait, des chercheurs comme Ericsson minimisent l'importance de tels facteurs, notant par exemple que le manque de transfert caractérisant la majeure partie des domaines d'expertise est difficilement compatible avec une cause biologique et génétique de l'expertise. Les données sur les différences entre les sexes, les surdoués et les savants questionnent cette conclusion extrême. De toute évidence, il va être difficile de répondre à cette question de l'inné et de l'acquis, tant les facteurs en jeu sont enchevêtrés, et tant les interactions entre ces facteurs sont difficiles à étudier empiriquement.

Le futur semble appartenir aux techniques d'imagerie cérébrale, à l'aide desquelles des progrès certains ont été effectués, même s'il reste évidemment beaucoup à faire. Un futur, probablement encore assez lointain, appartient également à la génomique. Ici encore, la difficulté va être que des phénomènes aussi complexes que l'expertise et le talent ne sont pas liés à un seul gène, mais à de multiples gènes. Et ce constat ignore les interactions également multiples entre gènes et environnement !

Résumé

1. Le lien entre QI est expertise n'est pas clair : il est fort dans certains domaines, mais inexistant dans d'autres.

2. L'approche historiométrique utilise des documents historiques pour établir des lois statistiques à propos du comportement humain. Dans le cadre de l'étude sur l'expertise, elle a identifié plusieurs facteurs qui sont en corrélation avec le développement de l'expertise, et a démontré que la carrière des grands créateurs a tendance à suivre un profil particulier.

3. Les neurosciences ont enrichi nos connaissances sur les liens entre aires cérébrales et comportement des experts. Cependant, le phénomène de plasticité cérébrale rend délicate l'interprétation de ces données.

4. Il existe de nombreuses différences entre garcons et filles en ce qui concerne l'expertise. L'origine de ces différences est le sujet d'âpres discussions.

5. Les savants prodiges jettent une lumière unique sur la question du talent. Leur existence soutient l'hypothèse d'une origine innée du talent.

6. Il n'y a pas de lien très clair entre surdouance et QI général, ce qui tend à conforter la théorie des intelligences multiples. Les enfants surdoués ne deviennent pas forcément des experts, et les experts adultes n'étaient pas forcément des enfants surdoués.

Questions pour mieux retenir

1. Est-ce que le QI prédit la performance au travail ?
2. Définissez « nomothétique » et « idiographique ».
3. Quels sont les points principaux de la théorie de la créativité proposée par Simonton ?
4. Décrivez quelques résultats importants de la recherche en neuroscience sur l'expertise.
5. Quels sont les traits de personnalité qui semblent typiques des personnes créatrices ?
6. Décrivez quelques domaines pour lesquels des différences de compétence ont été démontrées entre filles et garcons.
7. Donnez quelques exemples de savants qui sont devenus célèbres pour leurs compétences.
8. Dans quelle mesure l'existence d'enfants surdoués conforte-t-elle l'hypothèse du talent ?

Questions pour mieux réfléchir

1. Comparez la théorie de la créativité développée par Simonton et la théorie des états de problème proposée par Newell et Simon. Quelles sont les similarités et quelles sont les différences ?
2. Établissez un lien entre la théorie de Simonton et les performances remarquables de certains savants autistes.
3. Il y a très peu de travaux scientifiques sur les effets des émotions sur la résolution de problème et la créativité chez les experts. À votre avis, pourquoi ?
4. En parlant des experts, Csikszentmihalyi décrit le phénomène de *flow*, qui produit beaucoup de satisfaction, et Ericsson décrit le phénomène de pratique délibérée, qui lui ne produit que peu de satisfaction immédiate. Comment réconcilier ces deux vues ?

Mots clefs

- Talent
- Performance au travail
- Constellation de gènes
- Historiométrie
- Nomothétique
- Idiographique
- Créativité
- Conditions socio-économiques
- Formation académique
- Contexte socio-culturel
- Age de carrière
- Imagerie cérébrale
- Plasticité cérébrale
- Théorie de Geschwind et Galaburda
- Chunking
- Différences entre garcons et filles
- Savants
- Autisme
- Mnémonistes
- Enfants surdoués

Lectures pour aller plus loin

Obler, L. K., & Fein, D. (Eds.). (1988). *The exceptional brain. Neuropsychology of talent and special abilities.* New York : The Guilford press.

Plomin, R., De Fries, J. C., McClearn, G. E., & Rutter, M. (1997). *Des gènes au comportement. Introduction à la génétique comportementale* (3rd ed.). Bruxelles : De Boeck.

Schmidt, F. L., & Hunter, J. E. (1998). The validity and utility of selection methods in personnel psychology: Practical and theoretical implications of 85 years of research findings. *Psychological Bulletin, 124,* 262-274.

Simonton, D. K. (1999). *Origins of genius. Darwinian perspectives on creativity.* Oxford, UK: Oxford University Press.

Winner, E. (1997). *Surdoués. Mythes et réalités.* Paris : Aubier.

PARTIE 3

Applications et évaluation des théories

CHAPITRE 9

Applications des recherches sur le talent et l'expertise

Sommaire

Jusqu'à présent, nous avons avant tout dirigé notre attention sur les théories du talent et de l'expertise ainsi que sur leur support empirique. Il est maintenant temps de considérer dans quelle mesure les recherches que nous avons discutées ont mené à des applications. Nous nous concentrerons sur deux domaines. Premièrement, en éducation, comprendre la nature du talent et de l'expertise devrait nous permettre de développer de meilleures techniques d'enseignement et d'entraînement. Deuxièmement, en intelligence artificielle, cette compréhension devrait nous permettre de développer des systèmes experts et des programmes d'ordinateur capables de créativité.

1. Expertise et éducation

Si l'on considère l'investissement en temps et en efforts nécessaires pour devenir un expert, et si l'on a à l'esprit les difficultés de généralisation qui caractérisent la grande majorité des connaissances acquises par les experts, on peut se demander s'il est plausible d'employer la métaphore de l'expertise pour développer des techniques pédagogiques. Cependant, comme le notent Gobet et Wood (1999), le point essentiel est de comprendre les *processus* en jeu lorsqu'un individu *devient* un expert, et de noter que ces processus pourraient bien être les mêmes pour un enfant apprenant à additionner ou un adolescent étudiant une langue étrangère.

Les recherches de Simon sur l'expertise et leur application pour l'éducation ont mené à une collaboration avec des collègues chinois, dans le cadre d'un projet visant à améliorer l'enseignement des mathématiques et de la physique en Chine (Zhu & Simon, 1988 ; Zhu *et al.*, 1996). Ces auteurs utilisent le formalisme de système de productions (voir chapitre 3) pour analyser ce qui est appris par les élèves. Rappelons qu'une production est constituée de deux parties : les conditions et les actions. De manière idéale, l'enseignement devrait mener à l'apprentissage des conditions aussi bien que des actions. Zhu et ses collègues notent que cela n'est pas le cas avec l'enseignement traditionnel en classe, ainsi qu'avec les manuels qui sont habituellement utilisés : les élèves ont tendance à apprendre les actions, mais pas les indices qui indiquent que ces actions sont appropriées à un problème donné. Ces auteurs ont développé des méthodes d'enseignement basées sur *l'apprentissage par l'exemple*, et montrent que ces méthodes permettent aux élèves de se concentrer davantage sur la partie « condition » des productions lorsqu'ils résolvent des problèmes, ce qui leur permet d'apprendre des chunks perceptifs et ainsi des productions bien équilibrées. Pour anticiper le contenu de la section suivante, il est possible qu'une des raisons sous-jacentes au succès des méthodes d'enseignement par ordinateur est que, outre le fait qu'elles fournissent un feed-back individuel, ces méthodes forcent les étudiants à résoudre des problèmes et ainsi encouragent la création de conditions plus élaborées en ce qui concerne les productions qu'ils apprennent. Selon Zhu et ses collègues, les élèves utilisant ces méthodes ont appris le matériel au moins aussi bien qu'un groupe contrôle, et plus rapidement.

On connaît la phrase célèbre du béhavioriste John Watson (1930) prétendant que ses techniques d'éducation pourraient permettre de faire de n'importe quel enfant un avocat ou un médecin, un point de vue qui est à l'unisson avec celui d'Ericsson soulignant l'importance de la « pratique délibérée » (voir chapitre 3). Plusieurs cas semblent soutenir le bien-fondé d'une telle assertion. Par exemple, Bertrand Russell, Norbert Wiener et John von Neumann, trois mathématiciens parmi les plus célèbres du siècle passé, ont été poussés dès leur plus jeune âge à apprendre et à pratiquer les techniques de cette discipline. Plus récemment, en Hongrie, les trois sœurs Polgar ont été éduquées, très tôt, dans le but de faire d'elles des joueuses d'échecs de niveau mondial. Ce but a certainement été atteint, avec la cadette, Judith, qui fut classée parmi les dix meilleurs joueurs et joueuses au monde. (Ses deux sœurs ne sont pas demeurées en reste : Zsuzsanna, l'aînée, est grand-maître et fut championne du monde féminine de 1996 à 1999, et Zsófia est maître international.) Le cas de cette famille est intéressant et semble offrir un support très fort à l'hypothèse selon laquelle la pratique joue un rôle primordial dans l'acquisition de l'expertise. En effet, on peut soutenir qu'il est très improbable, statistiquement, que ces trois sœurs aient toutes hérité d'un cocktail génétique magique favorisant l'éclosion du talent échiquéen.

Ces applications appartiennent à l'approche sur l'expertise[1]. D'autres domaines d'application importants incluent les techniques d'entraînement, en particulier en sport et en musique. Du côté de la recherche sur le talent, on peut mentionner les tests d'identification du talent et des méthodes d'éducation pour favoriser l'éclosion et le développement du talent. En particulier, les recherches inspirées par la théorie des intelligences multiples (Gardner, 1983) ont mené à de nombreuses applications dans ces deux domaines (p. ex., Gardner, 1993b). Une idée intéressante issue de ces recherches est que les enfants et adolescents devraient être évalués, plutôt que par des tests psychométriques comme cela est généralement le cas aux États-Unis, par présentation d'un portfolio (un dossier comprenant, en fonction du domaine d'intérêt de l'élève, des dessins, des rédactions ou des résultats de travaux pratiques en science).

2.   ACT et enseignement par ordinateur

Comme nous l'avons vu lorsque nous avons parlé d'ACT (voir chapitre 3), le développement de théories de l'expertise peut mener à la construction de didacticiels intelligents. L'idée principale est que les règles de production représentent le niveau d'analyse correct pour l'enseignement. Le programme crée un modèle de l'étudiant, qu'il compare avec le « modèle idéal ». Un feed-back est donné quand les productions produites par les deux modèles diffèrent. De tels didacticiels ont été utilisés pour enseigner des domaines tels que la géométrie, l'algèbre et la programmation. En général, ils produisent de meilleurs résultats que les méthodes d'enseignement conventionnelles, allant jusqu'à permettre aux étudiants d'apprendre trois fois plus rapidement (Anderson *et al.*, 1995 ; Koedinger & Corbett, 2006).

Les didacticiels basés sur ACT sont intéressants du fait que leur fonctionnement est dérivé d'une théorie détaillée de la cognition et de l'expertise. Cela contraste avec la

---

1. D'autres exemples comprennent les techniques utilisées pour contrebalancer les déficits cognitifs dus à l'âge ou à des accidents du cerveau (voir Baddeley, 1990 et Higbee, 1988, pour des exemples dans ces domaines).

plupart des didacticiels, qui ou bien reposent sur des principes généraux de psychologie, ou bien ne sont développés qu'en tenant compte de demandes technologiques.

Anderson (1983) insiste sur le fait que l'élément essentiel de l'apprentissage est de « traduire » la connaissance déclarative en connaissance procédurale (par procéduralisation) en utilisant des méthodes faibles dirigées vers l'accomplissement d'un but. Si elle n'est pas « procéduralisée », toute connaissance déclarative est en danger de devenir ce que Whitehead (1929) a appelé une « connaissance inerte ». Selon Anderson, l'avantage des didacticiels encourageant la résolution de problèmes est qu'ils favorisent la création de productions et que, par conséquent, ils évitent à la connaissance de sombrer dans l'inertie. Un mérite certain de la théorie d'Anderson est qu'elle opère une synthèse théorique des recherches sur la mémoire et l'apprentissage, recherches qui auparavant étaient disjointes (Gobet & Wood, 1999).

Les travaux actuels essaient de comprendre quels sont les facteurs essentiels qui sont à l'origine de ces résultats : la théorie d'ACT elle-même ? la manière dont le feed-back est donné ? le fait que les étudiants aient un enseignement « privé », au contraire de la classe habituelle ? le fait que l'enseignement soit ancré dans les aspects procéduraux ?

De manière intéressante, bien que les concepts de chunks et de schémas aient joué un rôle important dans l'étude de l'expertise, ils n'ont pas été utilisés directement dans la création de didacticiels, peut-être parce qu'ils sont difficiles à opérationnaliser. La conséquence en est que les didacticiels (y compris ACT) sont souvent critiqués pour l'importance exagérée qu'ils donnent aux connaissances procédurales et pour le manque d'attention qu'ils accordent à la compréhension conceptuelle d'un domaine. L'idéal serait évidemment une nouvelle génération de didacticiels capables d'enseigner la matière de manière plus conceptuelle tout en maintenant la capacité qu'ont les programmes actuels à enseigner les compétences procédurales.

3.　Application de la théorie des chablons à l'éducation

Gobet et Wood (1999) ainsi que Gobet (2005) essaient de tirer les conséquences de la théorie des chablons (voir chapitre 3) pour l'enseignement et le coaching. Ils soulignent l'importance d'entraîner l'aspect perceptif des connaissances, le coût associé avec l'acquisition de nouvelles connaissances, l'importance de trouver un bon ordre et une bonne segmentation du matériel à enseigner, l'importance de la variabilité du matériel éducatif pour permettre l'acquisition de schémas, et finalement l'importance de prendre au sérieux les différences individuelles dans les aptitudes à l'apprentissage.

Plus concrètement, Gobet et Jansen (2006) ont utilisé la théorie des chablons pour développer une méthode d'enseignement du jeu d'échecs. Ils dérivent trois principes de base. Premièrement, l'acquisition des connaissances doit se faire du simple au compliqué. Deuxièmement, l'apprentissage est amélioré si les éléments à apprendre sont clairement identifiés. Troisièmement, l'apprentissage est facilité s'il suit une « spirale d'amélioration », c'est-à-dire si l'enseignant commence avec les composantes simples du matériel et revient régulièrement par la suite à ce matériel en y ajoutant progressivement de l'information, de sorte à ce que les connaissances des étudiants soient enrichies sans que leurs possibilités d'apprentissage soient jamais dépassées. Gobet et Jansen (2006) donnent également quelques exemples concrets de l'application de ces principes.

Un aspect intéressant de cet article est qu'une partie des conseils donnés sont différents de ceux fréquemment trouvés dans la littérature échiquéenne. L'on a ici plusieurs cas où le sens commun est mis en question par des principes basés sur la recherche scientifique. Considérons deux exemples. Certains auteurs (p. ex., Kotov, 1971) ont recommandé que, pour augmenter son niveau aux échecs, il faille pratiquer pour elle-même la faculté d'anticiper les coups. Gobet et Jansen soutiennent que la profondeur de calcul, ainsi que les compétences de résolution de problème, dépendent avant tout des connaissances. Bien plus que la faculté d'anticipation, c'est la compréhension des positions par reconnaissance de patterns qui est essentielle. Comme l'a montré de Groot (1946), cette compréhension permet en fait de réduire le nombre de coups qu'il est nécessaire d'anticiper.

Le deuxième exemple a trait à la recommandation de jouer à l'aveugle (c'est-à-dire sans voir l'échiquier) comme méthode d'amélioration au jeu d'échecs. Cette méthode est souvent proposée pour améliorer les facultés de visualisation. Pour des raisons similaires à notre premier exemple, Gobet et Jansen suggèrent que cela est inutile et peut-être même préjudiciable. Être capable de jouer à l'aveugle serait la conséquence d'une base de connaissances bien organisée et aisément accessible (voir Saariluoma, 1989, ainsi que les travaux de Binet discutés au chapitre 2). Pratiquer le jeu à l'aveugle sans connaissances approfondies des stratégies et tactiques du jeu d'échecs est comme entraîner la visualisation de fonctions mathématiques sans avoir de connaissances de géométrie analytique.

4. Expertise et intelligence artificielle

Par intelligence artificielle (IA), nous entendons ce champ scientifique et technologique qui vise à développer des systèmes artificiels (programmes d'ordinateurs, robots) capables de montrer un comportement que l'on qualifierait d'intelligent avec des humains. Historiquement, l'IA a été intimement liée aux recherches portant sur l'expertise, par exemple au travers des travaux de Newell, Simon et Anderson. De manière ironique, même les ennemis jurés de l'intelligence artificielle, tels que Dreyfus, ont eu recours aux résultats sur l'expertise pour valider leur point de vue (Dreyfus, 1984 ; Dreyfus & Dreyfus, 1986).

On aurait pu s'attendre à ce que les recherches de l'IA sur les jeux (échecs, backgammon, dames, et plus récemment, le jeu de go) aient mené à des découvertes importantes sur la manière dont les experts humains maîtrisent ces tâches, mais cela n'a pas été le cas. La raison en est que les techniques utilisées dans ces domaines reposent avant tout sur la recherche brute, et sont totalement différentes de celles utilisées par les humains. À part les travaux menés à Carnegie Mellon (GPS, Soar, ACT), très rares ont été les tentatives en IA d'attaquer les problèmes de manière ne serait-ce que quelque peu semblable aux humains.

Ce sont sans doute les recherches sur les systèmes experts qui sont les plus intéressantes du point de vue de la psychologie humaine. Ces systèmes sont développés pour obtenir de hautes performances dans des domaines bien circonscrits, tels que le diagnostic d'infection sanguine, le design de microprocesseurs ou l'identification de gisements pétroliers. Ils possèdent une banque de données étendue, qui est codée de manière à refléter les connaissances humaines (la plupart du temps, en employant des règles de production). Utilisant un moteur d'inférence, ces systèmes sont capables de résoudre des problèmes difficiles se basant sur leurs connaissances et sur une recherche plus extensive que celles des humains.

Techniquement, la partie la plus difficile dans le développement de ces systèmes est le codage (parfois appelé l'« extraction ») des connaissances humaines. La difficulté est qu'une partie importante des connaissances d'un expert est encodée de manière perceptive et procédurale et non pas déclarative, ce qui rend son accès difficile. Certaines techniques pour extraire ces connaissances viennent de la recherche sur l'expertise. Par exemple, on demande à plusieurs experts de résoudre un même problème à voix haute, et les protocoles ainsi obtenus sont analysés pour établir les connaissances utilisées par les experts. En outre, des techniques ingénieuses ont été développées par les chercheurs travaillant sur le développement de systèmes experts, et ces techniques ont souvent été utilisées par la suite en psychologie.

Parmi les techniques les plus souvent employées, on peut mentionner :

— l'analyse de documents tels que les modes d'emploi, les manuels de formation ;

— les techniques consistant à demander aux experts de représenter leurs connaissances de manière graphique ;

— les techniques demandant aux experts de catégoriser divers problèmes ou objets du domaine.

Une des conclusions les plus importantes de ce type de travaux est que les connaissances sont essentielles pour obtenir un haut niveau d'expertise, et ne sont que difficilement remplacées par des techniques de recherche brute. Même *Deep Blue*, l'ordinateur qui a battu en 1997 Kasparov, le champion du monde d'échecs, en calculant plus d'un milliard de positions avant de choisir un coup, comprenait une large quantité de connaissances.

Considérez la figure 9.1. Sur une échelle de 0 (pas créatif du tout) à 5 (très créatif), comment jugez-vous ce dessin ? Des centaines d'étudiants ont répondu à cette question, et la plupart ont trouvé ce dessin très créatif (entre 4 et 5). Or c'est un programme d'ordinateur (AARON) qui l'a produit. AARON a été développé par Harold Cohen (1981) qui, après une carrière d'artiste durant laquelle il a exposé dans les galeries les plus fameuses du monde, s'est intéressé aux processus de création et a décidé de formaliser ses compétences d'artiste.

Figure 9.1.

Un dessin produit par AARON.

Reproduit avec l'autorisation
du Professeur Harold Cohen.
Collection Dr. Gordon Bell.

AARON est l'un des programmes à avoir employé la théorie des espaces de problèmes (Newell & Simon, 1972) pour explorer dans quelle mesure les ordinateurs peuvent être créatifs. L'idée de base est que la créativité consiste à effectuer des recherches en utilisant des heuristiques. Dès lors, les ordinateurs peuvent être créatifs car leur point fort est d'effectuer des recherches systématiques, et les heuristiques peuvent être encodées par les humains (voir Boden, 1990 ; Langley *et al.*, 1987).

AARON est un système de productions produisant des dessins (noir-blanc ou en couleur) en suivant plusieurs règles et contraintes (p. ex., « il ne faut pas mettre trop de personnes dans un dessin »). AARON ne peut pas changer de style, mais il peut être créatif au sein de ce style. Tant qu'ils ne connaissent pas l'origine des dessins, les critiques leur accordent souvent une haute valeur esthétique. Cependant, dès qu'ils apprennent que c'est un programme d'ordinateur et non un humain qui a produit le dessin, ils ont tendance à changer d'avis !

Certains programmes ont également été développés pour explorer la créativité dans les sciences et effectuer ou répliquer des découvertes scientifiques. Le *Logic Theorist* (Newell, Shaw & Simon, 1958) prouve des théorèmes en logique. Certaines des preuves qu'il a trouvées sont en fait plus élégantes que celles proposées par Whitehead et Russell, deux mathématiciens de renommée mondiale qui essayèrent d'établir les fondations des mathématiques dans leur opus magnum, *Principia mathematica* (White-head & Russell, 1910). Un autre exemple intéressant est KEKADA (Kulkarni & Simon, 1988), qui emploie des heuristiques implémentées sous forme de productions. Ce programme a simulé en détail la découverte en 1932 du cycle de l'urée, découverte qui a valu à Krebs le prix Nobel en physiologie et médicine. Une caractéristique intéressante de KEKADA est qu'il est capable de faire des inférences théoriques et d'évaluer l'acceptabilité de ses connaissances. Il peut également proposer des expériences pour tester ses hypothèses.

Il existe de nos jours de nombreux systèmes d'intelligence artificielle qui jouent un rôle non négligeable dans la recherche scientifique. Ils ont tendance à être utilisés comme outils plutôt que comme découvreurs indépendants. Ils sont également utilisés dans l'industrie, par exemple en chimie (identification de molécules organiques inconnues) et en géologie (prospection minière). Certains systèmes effectuent des découvertes de manière quasi indépendante. Par exemple, à l'Université d'Aberystwyth (Pays de Galles), un programme couplé à un robot avance de manière autonome des hypothèses en génomique et effectue lui-même les expériences destinées à tester ces hypothèses (King *et al.*, 2009).

5. Discussion

Dans les chapitres précédents, nous avons considéré l'expertise d'un point de vue général. Ce chapitre a brièvement discuté quels types d'applications peuvent être dérivés des recherches sur l'expertise. La plupart de ces applications ont été faites indirectement au travers de l'éducation ou de l'intelligence artificielle, et la plupart sont au niveau du « logiciel », par exemple les stratégies que les individus utilisent pour améliorer leur mémoire et la manière dont ils structurent leurs connaissances. Ce choix de niveau n'est pas surprenant, étant donné que l'apprentissage joue un rôle crucial dans le développement de l'expertise, et qu'il est plus facile de changer le logiciel (software) que le cerveau lui-même (hardware).

La recherche sur l'expertise utilisant les concepts de chunk et de chablon a donné lieu à plusieurs applications en éducation : principes sur la façon optimale de créer des productions balancées, en ce sens qu'elles contiennent de l'information utile à la fois dans la partie « condition » et dans la partie « action », et principes généraux d'éducation. Certains de ces principes tiennent du bon sens, mais d'autres sont plus surprenants. Il est à noter que certaines des conclusions de ce type de recherche – acquisition progressive des connaissances, importance d'un cursus bien structuré et importance d'éviter trop d'erreurs durant l'apprentissage – contredisent directement les conseils prodigués par d'autres théories de l'apprentissage, tels que l'apprentissage par découverte ou par exploration (Bruner, 1961).

Les didacticiels dérivés de la théorie d'ACT, une théorie de l'acquisition des habilités, ont actuellement des répercussions pratiques importantes dans l'enseignement des mathématiques aux États-Unis. Ils offrent une combinaison fascinante de recherche empirique et de sophistication technologique, à l'intersection de trois disciplines académiques : psychologie, éducation et informatique.

Non moins fascinants sont les travaux en informatique sur les systèmes experts et les programmes capables de faire preuve de créativité. Tant en art qu'en science, ces programmes démontrent que l'intelligence artificielle peut émuler, dans certains cas pour le moins, les meilleurs des experts. Dans certains domaines, la présence de ces programmes est en train de changer la manière dont les experts s'entraînent et même, semble-t-il, ce que constitue l'expertise elle-même. Un bon exemple est offert par le jeu d'échecs où la présence d'ordinateurs jouant à un haut niveau a mené au changement de certaines règles et a transformé les méthodes d'entraînement (Gobet, Campitelli & Waters, 2002).

Résumé

1. En éclairant les mécanismes sous-tendant l'acquisition des connaissances, la recherche sur l'expertise a contribué au développement de techniques d'enseignement.

2. Un feed-back régulier et approprié est crucial tant pour le développement de l'expertise que pour un enseignement scolaire efficace. Cela est consistant avec le rôle du feed-back dans la pratique délibérée, l'enseignement privé et l'enseignement par ordinateur.

3. ACT a mené au développement de didacticiels intelligents pour l'enseignement de la géométrie, l'algèbre et la programmation. Ces didacticiels, très répandus aux États-Unis, mènent à un meilleur apprentissage que l'enseignement traditionnel.

4. La théorie des chablons arrive à des conclusions sur la manière d'enseigner qui sont contraires à certaines vérités acceptées.

5. L'étude de l'expertise a conduit à des applications importantes en industrie avec le développement de systèmes experts. Elle a également mené au développement de systèmes capables de faire preuve, de manière autonome et semi-autonome, de créativité en science et en art.

Questions pour mieux retenir

1. Pourquoi est-il important d'enseigner aussi bien les conditions que les actions des productions ?

2. Quels sont les trois principes de base dérivés de la théorie des chablons pour développer des méthodes d'enseignement ?

3. Donnez un aperçu de la théorie d'ACT-R, et décrivez comment la théorie a été employée pour développer des didacticiels intelligents.

4. Citez quelques programmes d'intelligence artificielle qui, d'après leurs auteurs, sont capables de créativité.

5. Décrivez le programme AARON. Dans quelle mesure est-il basé sur des travaux de recherche effectués en psychologie ?

Questions pour mieux réfléchir

1. Laszlo Polgar, le père des trois sœurs Polgar, toutes grands-maîtres au jeu d'échecs, présente l'éducation de ses filles comme une expérience scientifique visant à tester l'hypothèse que le talent est acquis et non pas inné. Quels sont les points forts et faibles du plan expérimental qu'il a utilisé ? Comment pourrait-on l'améliorer ? Est-ce qu'une telle recherche est éthique ?

2. Durant vos études, avez-vous été instruit par un didacticiel intelligent ? Quels sont les aspects positifs et les aspects moins positifs de ce type d'enseignement ?

3. Dans quelle mesure les progrès d'une science sont-ils jugés par les applications qui en découlent ?

4. Choisissez un de vos domaines d'activité favoris, par exemple la musique ou le sport. Est-ce que les techniques d'entraînement ont changé ces dernières décennies ? Est-ce que cela est le résultat de travaux mentionnés dans ce livre ?

5. Envisagez-vous qu'à moyen ou long terme une analyse de l'ADN d'un bébé puisse prédire les domaines dans lesquels il va probablement être un expert ?

6. Pensez-vous que n'importe quelle compétence puisse être enseignée par des didacticiels tels que ceux développés à partir d'ACT-R ?

7. La présence de techniques d'entraînement sophistiquées suggère que les différences entre les meilleurs individus dans un domaine particulier aient diminué ces dernières décennies. Or il semble que cela ne soit pas le cas. Par exemple, Michael Schumacher a outrageusement dominé les courses de Formule 1, Roger Federer (et maintenant Rafael Nadal) le tennis et Tiger Woods le golf. Est-ce que ces résultats confirment l'hypothèse du talent ?

8. Les programmes d'ordinateur sont-ils vraiment capables de faire preuve de créativité en science et dans les arts ?

Mots clefs

- Intelligence artificielle
- Éducation
- Apprentissage par l'exemple
- Enseignement par ordinateur
- Feed-back
- Pratique délibérée
- Théorie des intelligences multiples
- Systèmes de production
- Modèle de l'étudiant
- Modèle idéal
- Connaissance inerte
- Théorie des chablons
- Schémas
- Différences individuelles
- Spirale d'amélioration
- Système expert
- Extraction des connaissances
- AARON
- Espaces de problème
- Créativité

Lectures pour aller plus loin

Bereiter, C., & Scardamalia, M. (1993). *Surpassing ourselves*. Chicago, IL : Open Court.

Boden, M. (1990). *The creative mind*. New York : BasicBooks.

Bonnet, C., Hoc, J. M., & Tiberghien, G. (1986). *Psychologie, intelligence et automatique*. Bruxelles : Mardaga.

Dreyfus, H. L. & Dreyfus, S. E. (1986). *Mind over machine: The power of human intuition and expertise in the era of computer*. New York : The Free Press.

Gardner, H. (1996). *Les intelligences multiples : pour changer l'école : la prise en compte des différentes formes d'intelligence*. Paris : Retz.

Gobet, F. (2005). Chunking models of expertise: Implications for education. *Applied Cognitive Psychology, 19*, 183-204.

CHAPITRE 10

Impact des données empiriques sur les théories

Le but de ce chapitre est de discuter les théories que nous avons introduites aux chapitres 2 et 3, à la lumière des données empiriques passées en revue aux chapitres 5, 6, 7 et 8. Comme pour le chapitre précédent, nous utiliserons la division entre théories du talent et théories de l'expertise. Revisitant des thèmes rencontrés dans les chapitres précédents, nous soulignerons les points forts et les points faibles de chaque théorie, et essayerons d'évaluer l'impact de ces théories en psychologie et au-delà.

1. Théories concernant le talent

L'approche principale des théories portant sur le talent se réfère aux théories de l'intelligence, que ce soit intelligence unique ou intelligences multiples. Ce faisant, elle peut s'enrichir du nombre considérable de travaux qui ont été effectués sur l'intelligence, dont la question du talent et de l'expertise ne constitue évidemment qu'une petite partie. Dans cette approche, le talent et l'expertise sont considérés comme une conséquence naturelle du fait que l'intelligence est distribuée de manière normale : statistiquement parlant, il doit y avoir des individus qui possèdent une intelligence nettement plus grande que le commun des mortels et qui ainsi sont capables de performances extraordinaires dans leur domaine.

1.1 École unitaire

L'hypothèse d'une intelligence générale, g, originellement proposée par Spearman et par la suite développée par des chercheurs tels qu'Eysenck et Jensen, constitue l'approche dominante, car g est relativement facile à mesurer avec des tests psychométriques et il donne des résultats fiables. Il s'agit en fait d'une approche essentielle en recherche sur les bases génétiques de l'intelligence et en imagerie cérébrale. Bien qu'il y ait eu des débats considérables sur les origines héréditaires de l'intelligence, il est communément admis de nos jours que les différences individuelles concernant l'intelligence sont en partie génétiques (p. ex., Mackintosh, 2004 ; Plomin & Petrill, 1997 ; Sternberg, 1998). Ceci étant dit, il est également admis que les facteurs environnementaux jouent également un rôle important. Comme l'intelligence générale, telle qu'elle est mesurée par les tests d'intelligence, corrèle avec la performance au travail, y compris dans les emplois exigeant un haut niveau de compétences (Hunter & Hunter, 1984 ; Schmidt & Hunter, 1998), on peut conclure qu'elle joue un rôle pour ce qui est de l'expertise. Mais il est également vrai que ce n'est là qu'une partie de l'explication, et malheureusement il y a encore beaucoup d'inconnues en ce qui concerne la manière dont g interagit avec d'autres facteurs, en particulier avec des facteurs environnementaux.

1.2 *Écoles pluralistes*

Ces écoles recoupent toute une série de théories dont le point commun principal est de nier la présence d'une intelligence générale et unique. Parmi les théories les plus marquantes, on peut rappeler la théorie de Thurstone, qui fait l'hypothèse de sept types d'intelligence, la théorie de Cattell, qui postule deux types d'intelligence (intelligence fluide et intelligence cristallisée), la théorie hyper-pluraliste de Guilford avec ses 150 facteurs, et la théorie des multiples intelligences de Gardner. L'idée que l'expertise constitue la rencontre d'une composante particulière de l'intelligence et d'un domaine spécifique est hautement plausible. Cependant, cette approche fait face à un certain nombre de difficultés. Premièrement, avec certaines de ces théories, il y a le problème du grand nombre de types d'intelligences proposés. Cette grande variété suscite d'emblée la question de savoir ce qui compte comme intelligence ou comme une composante de l'intelligence. Malgré les efforts de Gardner, qui a essayé de proposer des critères bien définis, et des psychologues employant l'analyse factorielle, il y a encore beaucoup d'incertitudes à ce propos. Deuxièmement, comme nous l'avons vu dans la section 1 du chapitre 8, l'intelligence générale g postulée par l'école unitaire parvient bien mieux que les intelligences postulées par les théories pluralistes à expliquer la performance au travail, y compris pour les professions exigeant un haut niveau d'expertise. Finalement, l'étude de Gardner sur sept esprits créateurs a produit un résultat inattendu. Contrairement à sa théorie, qui prédisait que chaque individu ne soit doué que dans un seul type d'intelligence, la plupart de ces experts avaient deux types d'intelligence particulièrement bien développés (p. ex., Sigmund Freud : intelligences linguistique et personnelle, ou Martha Graham : intelligences corporelle-kinesthésique et linguistique), et Pablo Picasso possédait même trois types d'intelligence hors du commun : spatiale, personnelle et corporelle-kinesthésique.

1.3 *Autres emplois du concept d'intelligence*

Comme nous l'avons vu à la section 3.3 du chapitre 2, les modèles hiérarchiques (p. ex., celui de Carroll, 1993) sont un hybride des modèles unitaires et pluralistes. Bien qu'ils rendent compte de manière très satisfaisante des données portant sur les tests d'intelligence, ils comprennent un grand nombre de paramètres et sont plutôt complexes. Dès lors, leur application aux données portant sur l'expertise ou même sur le talent a été très limitée. Il en va de même du modèle « triarchique » de Sternberg (1985), avec l'exception de la notion de connaissance tacite. L'idée est que beaucoup d'activités exigent une intelligence pratique plutôt que le type d'intelligence captée par g et les tests d'intelligence. Cette intelligence pratique dépendrait de l'acquisition progressive de connaissances tacites, qui sont procédurales plutôt que déclaratives, et qui sont apprises durant la pratique d'une activité professionnelle. Il s'agit là d'une notion importante, mais qui n'est pas particulièrement originale du fait qu'elle joue un rôle important dans d'autres théories, en particulier les théories basées sur l'idée que l'expertise dépend de l'acquisition de chunks et de schémas.

1.4 Autres approches du talent

Parmi les approches intéressées au talent, mais n'utilisant pas (ou peu) la notion d'intelligence, nous avons passé considérablement de temps à discuter deux théories fascinantes : celle de Simonton et celle de Geschwind et Galaburda. Simonton, qui utilise les méthodes offertes par l'historiométrie, considère que le mécanisme darwinien de génération et sélection est central pour expliquer la créativité. Le lien avec la théorie de Darwin est d'ailleurs explicite dans les travaux de Simonton. Bien que cette recherche ait généré des résultats intéressants, une faiblesse évidente est qu'elle est essentiellement basée sur des corrélations. Une autre limite est qu'il s'agit d'une approche statistique basée sur des moyennes caractérisant de larges échantillons, ce qui signifie d'une part que le comportement « moyen » ne capte pas nécessairement le comportement d'individus réels, et d'autre part qu'il y a beaucoup d'exceptions à la règle.

La théorie de Geschwind et Galaburda (1985) fait un lien direct avec la biologie, de manière beaucoup plus approfondie d'ailleurs que la plupart des travaux modernes liant neurosciences, expertise et talent. Un point fort de la théorie est qu'elle propose des mécanismes très détaillés, à plusieurs niveaux de granularité (régions cérébrales, hormones). Malheureusement, plusieurs des prédictions de la théorie n'ont pas été corroborées empiriquement.

Finalement, les travaux portant sur les savants sont essentiellement descriptifs, et le lien avec les mécanismes présents chez les personnes normales est rarement clair.

2. Théories concernant l'expertise

D'un point de vue théorique, la recherche sur l'expertise a été dominée par la théorie des chunks et les théories qui en dérivent, ainsi que par les théories développées par Anders Ericsson. Nous consacrerons dès lors une grande partie de ce chapitre à leur discussion.

2.1 La théorie des chunks

2.1.1 Points forts

La théorie des chunks a été utilisée pour étudier divers domaines d'expertise et a eu un impact considérable, que ce soit sur la psychologie de l'expertise en particulier ou sur la psychologie cognitive en général (Charness, 1992). De fait, il n'est pas exagéré de dire que la majorité des travaux sur la mémoire des experts a été motivée par la théorie des chunks (voir Didierjean *et al.* 2004 ; Gobet, 1993b ; ou Holding, 1985, pour des revues de littérature). En conséquence, cette théorie a été testée à de nombreuses reprises. En général, la théorie a bien résisté aux tests empiriques (cf., Gobet, 1998a), bien que certains détails de la mémoire des experts soient plus compliqués que ce qui avait été anticipé. Les points forts de la théorie sont (a) une explication de divers aspects du comportement des experts — perception, mémoire et mécanismes de résolution de problème — au sein d'une seule théorie ; (b) prédictions d'aspects qualitatifs aussi bien que d'aspects quantitatifs de l'expertise ; et (c) présence de modèles computationnels implémentant de larges parties de la théorie (cf. De Groot & Gobet, 1996 ; Gobet, 1993a, b ; Gobet & Simon, 2000 ; Richman *et al.*, 1995 ; Simon & Gilmartin, 1973).

Il faut souligner que la théorie des chunks est une théorie générale, et ceci pour deux raisons. D'abord, elle propose que les mécanismes caractéristiques de l'expertise aux échecs opèrent dans d'autres domaines. Ensuite, elle propose qu'il n'y a rien d'exceptionnel dans les mécanismes employés par les experts. Ces mécanismes, dont certains sont implémentés dans des modèles informatiques, sont simplement une extension des mécanismes présents chez toutes les personnes, si l'on fait exception de certains cas de lésions cérébrales. En conséquence, la théorie des chunks n'est pas simplement une théorie de l'expertise, mais également une théorie des processus cognitifs en général.

2.1.2 Faiblesses

La théorie des chunks a également suscité de nombreuses attaques théoriques, parmi lesquelles on peut en mentionner deux en particulier : celle de Holding en 1985, et celle de Holyoak en 1991.

Holding (1985) offre toute une série de critiques et nous en discuterons quatre ici (voir Gobet & Simon, 1998b, pour une discussion plus détaillée). Premièrement, Holding argumente que les experts représentent l'information avec un degré d'abstraction plus élevé que celui de chunks perceptifs. Deuxièmement, il soutient que les experts sont capables de compenser les limites imposées par la MCT grâce à un encodage direct en MLT. Troisièmement, il est d'avis que le nombre de chunks en MLT a été surestimé. Ces critiques ont été discutées en détail lorsque les données empiriques recueillies pour tester la théorie des chunks ont été présentées, et nous avons vu que les deux premières sont correctes, mais non la troisième. Ainsi, un point faible de la théorie des chunks consiste en une sous-estimation de la vitesse d'accès en MLT. Il est important de noter que cette faiblesse a été corrigée dans les modifications de la théorie (Richman *et al.*, 1995 ; Gobet & Simon, 1996a, 1998b, 2000), qui ajoutent les concepts de structure de retrait et de chablon à la théorie originale (voir les sections consacrées à EPAM-IV et à la théorie des chablons).

Quatrièmement, Holding (1985) soutient que, d'après la théorie de Chase et Simon, la supériorité des bons joueurs d'échecs serait due au fait qu'ils choisissent, grâce à la reconnaissance de patterns, de meilleurs « coups de base », c'est-à-dire des coups jouables dans la position stimulus[1]. Donc, l'anticipation ne jouerait aucun rôle. Cependant, comme le notent Gobet et Simon (1998b), cette critique est obscurcie par une

---

1. « ... l'hypothèse de base de la théorie des chunks est que les meilleurs joueurs obtiennent leur avantage simplement à partir de la considération de meilleurs coups de bases, qui sont suggérés par des patterns familiers » (Holding, 1985, p. 248, notre traduction).

compréhension incorrecte de la théorie des chunks. Dans l'article de Chase et Simon (1973b, p. 270), il est clair que la reconnaissance de patterns est employée non seulement pour générer des coups de base, mais aussi pour générer les coups suivants, coups qui sont proposés par des patterns imaginés à des niveaux de recherche plus profonds. Étant donné cette description incorrecte de la théorie, l'étude de Holding et Reynolds (1982), qui est souvent citée comme le test décisif réfutant la théorie des chunks, perd toute sa force de persuasion. Dans cette étude, il n'y avait pas de corrélation entre le niveau de maîtrise et la performance de rappel de positions aléatoires[2] brièvement présentées, mais il y avait une corrélation entre le niveau d'expertise et l'efficacité de la recherche du meilleur coup avec de telles positions. Cependant, comme la reconnaissance de patterns s'applique récursivement durant l'anticipation de coup, un test de mémoire portant uniquement sur la position initiale ne met pas vraiment à l'épreuve la théorie des chunks. Cette conclusion est soutenue par le fait que les meilleurs joueurs montrent de meilleures performances dans une tâche de rappel effectuée au terme de la tâche de résolution de problème (Schultetus & Charness, 1999).

Holyoak (1991) a également critiqué la théorie des chunks pour plusieurs raisons, et il vaut la peine de discuter certaines d'entre elles. Premièrement, d'après la théorie des chunks, il devrait y avoir une corrélation entre la performance de rappel pour un matériel muni de sens et le niveau d'expertise, car de telles épreuves testent la connaissance que les experts ont de leur domaine. Holyoak (1991) argue que l'expertise peut parfois être dissociée de la performance dans une tâche de mémoire. Pour étayer sa position, il mentionne des données provenant de l'expertise aux échecs (Holding & Reynolds, 1982), en informatique (Adelson, 1984) et en diagnostic médical (Patel & Groen, 1991). Nous venons de discuter les données de Holding et Reynolds (1982). Considérons brièvement les deux autres expériences.

Dans une expérience sur la mémoire de programmes informatiques, Adelson (1981) a trouvé que les novices mémorisent davantage les détails de surface du programme, alors que les experts mémorisent mieux les aspects plus profonds de ce programme. Il nous semble que ce résultat peut être expliqué aisément. Dans le domaine de la programmation, une fois que les détails de la syntaxe du langage ont été maîtrisés, il est plus utile de mémoriser les buts généraux que les détails du programme.

Patel et Groen (1991) décrivent des résultats similaires à ceux de Schmidt & Boshuizen (1993), dont nous avons déjà parlé lorsque nous avons abordé l'expertise en médecine : bien que la qualité des diagnostics s'améliore linéairement avec le niveau d'expertise, cela n'est pas le cas pour une tâche de mémoire, dans laquelle les sujets de niveau intermédiaire (étudiants de dernière année) obtiennent de meilleures performances que les experts. L'explication que nous avions donnée — encapsulation et emploi de scripts — nous semble consistante avec l'idée de reconnaissance rapide de patterns, avec la différence évidemment que l'accent est mis sur les connaissances schématiques en MLT.

De manière générale, ces expériences sont utiles car elles nous forcent à comprendre la relation entre l'expert et son domaine d'expertise. Durant l'apprentissage, les

---

2. Une difficulté supplémentaire avec cette étude est que les positions utilisées ne sont pas vraiment aléatoires (voir Gobet, 1993, pour des détails).

experts encodent l'information qui est pertinente pour exécuter une performance de qualité dans cet environnement, et ne perdent pas de temps à apprendre les caractéristiques qui ne sont pas pertinentes[3]. Le chunking correspond à la structure de la connaissance organisée (indexée) qu'ils acquièrent, et l'information peu pertinente (par exemple, en informatique, détails du programme qui peuvent être facilement reconstruits) ne s'intègre pas à cette structure. En conséquence, on devrait attendre une supériorité de mémoire uniquement pour les caractéristiques du domaine qui sont pertinentes.

Holyoak (1991) a également suggéré que l'expertise puisse parfois être découplée de la performance perceptive. Il étaie cette vue avec des données provenant du volley-ball (Allard & Starkes, 1991), où l'on a trouvé que de forts joueurs n'étaient pas meilleurs que des débutants à détecter des configurations offensives mais étaient plus rapides à détecter la balle. Cependant, comme Allard et Starkes l'admettent eux-mêmes, ces résultats montrent simplement que les auteurs ont jugé incorrectement, dans leur analyse de tâche, ce qui constitue des indices perceptifs pertinents au volley-ball – dans ce sport, des positions offensives sont souvent employées pour tromper l'adversaire.

2.2 Théories basées sur l'organisation des connaissances

Bien qu'intuitivement satisfaisantes, une faiblesse commune aux théories soulignant l'importance de *l'organisation* des connaissances est qu'elles sont formulées de manière plutôt vague et qu'elles sont difficilement testables. De fait, cette approche constitue bien plus un cadre théorique offrant un langage descriptif qu'un groupe de théories précises et cohérentes. Certaines des idées proposées par ce type de théories ont été explorées en détail par des modèles informatiques, tels que CHREST, ce qui augmente leur pouvoir explicatif.

Un exemple très clair des limites de ce type de théories est offert par le rappel de matériel dénué de sens. Nous avons vu que dans plusieurs domaines, tels que la danse, les échecs ou la musique, les experts maintiennent, en partie en tout cas, leur supériorité avec un tel matériel. Or ce résultat ne peut pas être expliqué par ce genre de théories, qui ne mentionnent que des connaissances de haut niveau. Il faut postuler des structures à un niveau d'explication plus bas, ce que fait par exemple la théorie des chunks.

2.3 Systèmes de production

Les systèmes de production ont souvent été proposés comme le formalisme par excellence pour saisir la connaissance des experts (Boden, 1988 ; Gobet, 1996b ;

---

3. L'apprentissage d'information inutile pourrait être une des raisons pour lesquelles certaines personnes, bien que passant de nombreuses heures à étudier et à pratiquer leur domaine, ne parviennent pas à obtenir un niveau d'expertise plus élevé.

Jackson, 1999 ; Newell & Simon, 1972). Par contre, ils ont également souvent été critiqués du fait qu'ils sont trop rigides pour encoder les connaissances fluides des experts (p. ex., Dreyfus & Dreyfus, 1986 ; Holyoak, 1991). En principe, les systèmes de production peuvent être utilisés pour encoder l'information à un bas niveau de granularité (p. ex., les caractéristiques visuelles d'une radiographie), mais il est vrai qu'en général ils ont été utilisés pour encoder des comportements (des « règles ») à un niveau d'abstraction relativement élevé, ce qui a la conséquence qu'il est possible de faire une correspondance entre productions et connaissances de type déclaratif. Or nous avons vu à plusieurs reprises dans ce livre qu'une des caractéristiques essentielles de la connaissance des experts est qu'elle est procédurale et non déclarative. Il y a donc là une inconsistance entre le comportement à simuler et les méthodes employées. Le problème n'est pas forcément avec le formalisme des systèmes de production, qui pourraient en principe encoder davantage d'information perceptive et ainsi encoder des aspects du comportement plus implicites qu'explicites ; cependant, force est de reconnaître que les auteurs de la plupart de ces systèmes ont opté pour un niveau d'abstraction élevé, probablement du fait que cela facilite l'encodage des connaissances.

Un bon exemple de cette situation est offert par Soar. Malgré ses succès, ou peut-être à cause d'eux, Soar a été parfois sévèrement critiqué (p. ex., Cooper & Shallice, 1995 ; Norman, 1992). En plus des problèmes liés au niveau d'abstraction, que nous venons d'évoquer, on a critiqué le fait que Soar serait trop « unifié » : un seul mécanisme d'apprentissage et un seul type de représentation des connaissances. On a également noté que Soar donne une importance exclusive aux aspects symboliques de l'intelligence et qu'il ne tient pas compte des données neuropsychologiques. De plus, on a noté le fossé entre les descriptions théoriques de Soar et son implémentation sous forme d'un programme d'ordinateur, et on a critiqué le fait que n'importe quel comportement puisse être simulé avec Soar. Soar serait alors « uniquement » un langage informatique très performant. Finalement, le fait que Soar est difficile à apprendre et à employer n'a pas favorisé son éclosion parmi les psychologues.

La situation est plus compliquée avec ACT. D'un côté, ACT souffre de manière peut-être plus aiguë que Soar du problème du niveau d'abstraction. Anderson propose que toutes les connaissances procédurales aient en premier lieu été encodées sous forme déclarative. Cependant, de nombreuses expériences en psychologie montrent que cela n'est pas toujours le cas ; pensons par exemple à la littérature sur l'apprentissage implicite (Reber, 1993). D'un autre côté, ACT contient des mécanismes montrant comment les connaissances postulées par le modèle peuvent être implémentées de manière plausible d'un point de vue biologique et non symbolique. Le coût certain de cette ambivalence est que la théorie est très complexe, avec de nombreux paramètres libres qui peuvent être ajustés en fonction des données à simuler.

La motivation sous-tendant Soar et ACT — ainsi que, dans une certaine mesure, CHREST, qui implémente un système de production de manière non standard — est de développer ce que Newell (1990) appelle des théories unifiées de la cognition : des théories réalisées sous forme informatique expliquant autant de phénomènes empiriques que possible à l'aide d'un ensemble limité de mécanismes et structures. En particulier, ACT a simulé un nombre impressionnant de résultats expérimentaux, dans des domaines aussi variés que la perception, la mémoire, la résolution de problèmes et l'acquisition de compétences. Cela est remarquable, étant donné les contraintes imposées par le fait de stipuler les modèles sous forme de programmes d'ordinateur. Ceci étant dit, il faut reconnaître que les systèmes de production standard, y compris Soar et ACT, ont conduit à très peu de simulations portant sur les comportements d'experts de haut niveau. Cela est quelque peu surprenant, étant donné l'importance qui est accordée aux systèmes de production dans la littérature sur l'expertise ; mais cela pourrait également être un signe qu'en fin de compte, capter les connaissances des experts sous forme de productions serait plus compliqué que prévu.

2.4 Les contributions d'Ericsson

2.4.1 Théorie de la mémoire habile

Le concept de structure de retrait — un élément important de cette approche — a généré un intérêt considérable. Comme l'avons vu dans des sections précédentes, il est difficile pour une théorie basée uniquement sur le chunking d'expliquer les performances de mnémonistes tels que SF ou DD, car le nombre de chunks à apprendre semble exorbitant. La plupart des théories avancées (théorie de la mémoire habile, MT-LT, EPAM-IV) emploient l'idée de structures de retrait sous une forme ou une autre. (Notez que le terme « structures de retrait » est employé avec des sens quelque peu différents dans ces trois théories). La théorie de la mémoire habile offre un cadre théorique intéressant, mais est pauvre en détails.

2.4.2 Théorie de la pratique délibérée

Ericsson avance que la pratique est une condition nécessaire et suffisante pour atteindre un haut niveau d'expertise (p. ex., Ericsson & Faivre, 1988 ; Ericsson, Prietula & Cokely, 2007). Il est vrai que, comme nous l'avons déjà mentionné, un nombre important de travaux corroborent l'idée que la pratique est un ingrédient crucial dans l'acquisition de l'expertise. Cependant, il est discutable qu'il s'agisse d'une condition suffisante (Campitelli & Gobet, 2011).

Premièrement, comme nous l'avons vu dans notre revue des travaux empiriques sur la pratique délibérée, le bilan est partagé : bien que de nombreux travaux soutiennent le rôle de la pratique délibérée, d'autres indiquent que d'autres facteurs sont en jeu. De plus, la plupart des travaux dans cette tradition de recherche n'ont pas cherché à obtenir d'autres mesures que celles liées à la pratique, ce qui fait que les conclusions que l'on peut légitimement atteindre sur un rôle possible du talent sont très limitées. Deuxièmement, l'entraînement requis pour améliorer son niveau d'expertise exige une importante dose de motivation et probablement certains traits de personnalité tels que l'introversion, quand ce n'est pas une manifestation pathologique de ceux-là, comme c'est le cas dans l'autisme affectant certains « savants » (Rimland & Fein, 1988). Troisièmement, des différences sont possibles dans la vitesse d'apprentissage ou dans les caractéristiques de l'attention, et, d'un point de vue biologique, il y a en fait de bonnes raisons de penser que de telles différences existent (Chassy & Gobet, 2010). Finalement, dans la majorité des domaines d'expertise, il est probable qu'un effet d'autosélection se produise dans les premières étapes, éliminant les personnes dont le génotype n'est pas adapté au domaine.

Malgré ces limites, il faut souligner une contribution importante de ce champ de recherche : la société occidentale a tendance à sous-estimer les effets que la pratique, en particulier la pratique délibérée, peut avoir sur l'acquisition de compétences de haut niveau. Même s'il est improbable que la pratique délibérée soit suffisante pour obtenir une médaille olympique, le mérite d'Ericsson et de ses collègues est d'avoir montré qu'une telle pratique puisse nous mener à des niveaux de compétence *a priori* surprenants.

2.4.3 Théorie de la mémoire de travail à long terme

Bien que la théorie de la mémoire de travail à long terme (Ericsson & Kintsch, 1995) propose des explications convaincantes du comportement des mnémonistes, elle est plus faible dans son explication de l'amélioration non délibérée de la mémoire avec les experts. En cela, elle hérite de la faiblesse de la théorie de la mémoire habile, théorie dont elle dérive. Prenons l'exemple de l'expertise aux échecs, qu'Ericsson et Kintsch analysent en détail. Ils proposent que les joueurs d'échecs développent une structure de retrait possédant une représentation semblable aux 64 cases d'un échiquier. Une pièce peut être encodée dans chacune de ces cases mentales, et les cases sont connectées entre elles de manière à former une structure hiérarchique qui permet d'encoder des schémas et des patterns (Ericsson et Kintsch ne donnent pas de détails à propos de cette hiérarchie).

Selon Ericsson et Kintsch, cette description basée sur le concept de structure de retrait explique comment les joueurs d'échecs sont capables de jouer à l'aveugle (c'est-à-dire sans voir l'échiquier et les pièces), comment ils peuvent encoder une position présentée rapidement auditivement (2 ou 4 secondes par pièce ; voir Saariluoma, 1989), et comment ils peuvent rapidement identifier la pièce que contient une case donnée (Ericsson & Staszewski, 1989). Finalement, la capacité des maîtres d'échecs de retenir plusieurs échiquiers présentés rapidement en séquence est expliquée par leur aptitude à employer successivement la même structure de retrait et de créer des associations en MLT.

Comme nous l'avons démontré ailleurs (Gobet, 1996a, 1998a, 2000a, b, c), cette théorie a plusieurs faiblesses. D'une part, les schémas et les patterns y jouent un rôle important, mais ne sont jamais définis. D'autre part, le rappel de positions aléatoires semble être inférieur à ce que propose la théorie. Finalement, certaines données empiriques sont contraires aux prédictions de la théorie. Par exemple, Ericsson et Kintsch proposent que les structures de retrait permettent de mémoriser du matériel parfaitement, même lorsque la structure naturelle du matériel est détruite par la manière dont il est dicté. Par exemple, la description d'un patient peut être donnée sans respecter l'ordre temporel des symptômes. Cependant, Frey et Adesman (1976), dans le cas des échecs, et Coughlin et Patel (1987), dans le cas de la médecine, ont trouvé que l'ordre de dictée du matériel a un impact sur la performance de rappel.

Les structures de retrait proposées par Ericsson et Kintsch sont plausibles lorsqu'il y a une tentative délibérée de la part de l'expert d'améliorer sa mémoire, mais sont discutables dans les domaines où l'amélioration de la mémoire à court terme n'est qu'un effet secondaire. Le problème est que les structures en questions sont *génériques* : elles peuvent être employées quel que soit le matériel à traiter, à condition bien entendu que ce matériel appartienne au domaine d'expertise. Au contraire, il semble que, dans la plupart des domaines, les experts doivent en premier lieu accéder aux structures de MLT grâce aux indices donnés par l'environnement du problème, et seulement après sont en mesure de les utiliser pour encoder de l'information. Par exemple, aux échecs, un joueur doit d'abord identifier le type de position, et ne peut utiliser une structure de retrait que dans les domaines dans lesquels il s'est spécialisé. Deux types de données confirment cette analyse de manière éclatante. Premièrement, la performance de rappel chute drastiquement avec un matériel dénué de sens, bien que les experts maintiennent un petit avantage. D'autre part, Bilalić et ses collègues (2009) ont montré que, tant dans une tâche de mémoire que dans une tâche de résolution de problème, les joueurs obtenaient des performances nettement supérieures dans les positions qui pouvaient provenir de leur répertoire d'ouvertures[4]. Si les joueurs utilisaient des structures de retrait génériques, il ne devrait y avoir aucune différence entre positions normales et positions aléatoires et entre positions appartenant au domaine de spécialisation et positions n'y appartenant pas.

En résumé, la théorie de la mémoire de travail à long terme donne trop d'importance aux aspects mnésiques de l'expertise (ce qui est évidemment justifiable dans le cas de mnémonistes), mais donne peu de détails sur la manière dont ces processus mnésiques sont reliés à d'autres aspects de l'expertise, tels que la prise de décision et la perception. Elle est probablement correcte quand elle souligne l'importance des indices de retrait — dont l'importance avait déjà été capturée dans la théorie d'EPAM — et l'encodage rapide en MLT montré par les experts. Elle est probablement incorrecte quand elle postule des structures de retrait d'application générale (dans un domaine donné d'expertise), en particulier dans des domaines dans lesquels il n'y a pas d'intention délibérée d'améliorer la mémoire immédiate. De manière générale, des termes essentiels tels que celui de « schéma » ne sont pas définis, et la théorie ne fait que des prédictions qualitatives, ce qui rend son évaluation difficile.

2.5 Approches connexionnistes

Bien que le mouvement connexionniste ait influencé de manière importante la psychologie cognitive en général, son impact sur l'étude de l'expertise a été très limité. Dreyfus et Dreyfus (1986), de même qu'Holyoak (1991), ont proposé que le cadre théorique offert par les réseaux de neurones était plus à même de rendre compte du comportement des experts, mais leurs arguments sont discutables et, en particulier, ne

---

4. Aux échecs, les premiers coups, appelés « ouvertures », sont étudiés en détail par les joueurs ambitieux, parfois jusqu'à une grande profondeur. Étant donné l'étendue de l'information à maîtriser, les joueurs se spécialisent dans un petit nombre d'ouvertures, en prenant garde de couvrir toutes les possibilités de l'adversaire.

sont pas soutenus par des simulations, alors que les théories qu'ils critiquent, telles que les systèmes de production, sont capables de simuler au moins certains aspects du comportement des experts. De fait, très peu de modèles effectifs ont été développés (pour un des rares exemples, voir Raufaste, Eyrolle & Mariné, 1998). En général, le connexionnisme offre un outil adéquat pour expliquer les mécanismes de perception et de mémoire, mais les résultats ont été beaucoup moins convaincants en ce qui concerne les mécanismes de prise de décision et de résolution de problème.

2.6 *Rôle de l'environnement*

2.6.1 Action située

Nous avons vu que le mouvement de la cognition située (aussi connue sous le nom d'action située ; p. ex., Lave, 1988) a critiqué les théories symboliques de l'expertise (principalement la théorie des chunks, Soar, ACT) du fait qu'elles négligent les interactions avec l'environnement et, en particulier, avec la société. Bien que les champions de l'approche symbolique aient réfuté ces arguments (Vera & Simon, 1993), la cognition située a eu le mérite de souligner le rôle que les experts jouent dans la société et le rôle que la société joue pour les experts.

2.6.2 La théorie de la « sensibilisation aux contraintes »

En présentant la théorie de la « sensibilisation aux contraintes » au chapitre 3, nous avons noté qu'elle revendiquait des théories décrivant la relation entre l'input et l'output d'un système, même si ces théories ne nous disent rien sur les processus en jeu. Dans une réponse à l'article de Vicente et Wang (1998), Simon et Gobet (2000) arguent que les théories de processus ont depuis longtemps incorporé les caractéristiques de l'environnement et anticipé les conclusions proposées par la théorie de produits défendue par Vicente et Wang. Ils notent qu'une limite sérieuse de la théorie de la sensibilisation aux contraintes est qu'elle ne spécifie pas les conditions dans lesquelles l'avantage potentiel des experts sera réalisé (p. ex., avec quels temps de présentation). Ils soulignent également qu'une théorie telle que la théorie des chunks fait, contrairement à la théorie de la sensibilisation aux contraintes, de nombreuses prédictions quantitatives, en utilisant des paramètres qui sont constants d'une tâche à l'autre. Une difficulté supplémentaire avec cette théorie est que les contraintes doivent être construites de tâche en tâche, la plupart du temps de manière *ad hoc*. Une théorie qui ignore les processus internes est beaucoup plus faible théoriquement qu'une théorie qui en tient compte : « Si nous ignorons les limites d'adaptation internes d'un système, la psychologie devient une science appauvrie. Il y a, premièrement, des limites de connaissance et, deuxièmement, des limites concernant la capacité de mémoire et la vitesse avec laquelle l'information nouvelle peut être encodée. Pour traiter de ces limites, il faut une théorie de l'organisme, et non seulement de l'environnement — c'est-à-dire une théorie du processus » (Simon & Gobet, 2000, p. 599, notre traduction).

Il est à noter qu'une expérience a directement testé les prédictions opposées de la théorie de la sensibilisation aux contraintes et de la théorie des chablons (Gobet & Waters, 2003). Dans leur article de 1998, Vicente et Wang notent que la supériorité des experts disparaît lorsque le matériel ne présente plus de contraintes. Ils donnent comme exemple le cas de positions d'échecs dans lesquelles toutes les règles du jeu ont été violées : on a effectué de manière aléatoire à la fois le positionnement des pièces et leur choix. Dans ces positions « vraiment aléatoires », il peut y avoir 20 pions blancs et 4 rois noirs, contrairement aux positions aléatoires telles qu'on les rencontre dans la littérature, dans lesquelles la distribution légale des pièces est respectée (p. ex., au plus 8 pions blancs et exactement un roi noir). Alors que la théorie de la sensibilisation aux contraintes prédit qu'il ne devrait y avoir aucune différence entre des joueurs de niveaux d'expertise différents, la théorie des chablons prédit qu'il devrait y avoir un effet d'expertise, quoique moindre qu'avec des positions aléatoires standard, car il est possible de trouver des chunks, par chance, même avec les positions vraiment aléatoires. Des simulations avec CHREST confirment que cela est vraiment le cas. En trouvant que les meilleurs joueurs mémorisent les positions vraiment aléatoires mieux que les joueurs plus faibles, l'expérience de Gobet et Waters corrobore les prédictions de la théorie des chablons aux dépens de celles de la théorie de la sensibilisation aux contraintes.

2.7 Révisions de la théorie des chunks : EPAM-IV et la théorie des chablons

Un point en faveur de ces deux théories est qu'elles sont très détaillées du fait qu'elles ont été implémentées sous forme de programmes informatiques. Rappelons qu'EPAM-IV a été utilisé pour simuler la performance d'un mnémoniste dans la tâche de rappel de chiffres, et que CHREST, l'implémentation informatique de la théorie des chablons, a été appliqué aux échecs, à l'awélé, à l'informatique et à la physique élémentaire. Au-delà de l'expertise, CHREST a également simulé nombre de phénomènes dans des domaines tels que l'acquisition de la langue et la formation de concepts. Un autre point en faveur de ces théories est qu'elles prennent au sérieux les caractéristiques de l'environnement, du fait qu'elles utilisent un input qui est représentatif de l'input que les experts humains reçoivent durant leur apprentissage (p. ex., aux échecs, des positions tirées de parties de maîtres). Finalement, ces théories peuvent reproduire les données à différents niveaux d'analyse : temps de réaction, pourcentages corrects, types et nombres d'erreurs, ainsi que la manière dont le matériel est groupé durant la tâche (p. ex., en physique, le décours temporel avec lequel les diagrammes sont dessinés).

Plusieurs faiblesses ont également été suggérées. Considérons pour commencer quatre critiques mentionnées par Ericsson et Kintsch (2000) : les mécanismes proposés par EPAM-IV et CHREST sont à un niveau d'explication incorrect ; les schémas utilisés par CHREST sont peu plausibles ; d'autres mécanismes sont possibles ; finalement, les modèles informatiques ne peuvent pas rendre compte des différences individuelles.

Ericsson et Kintsch arguent qu'il est plus probable pour une théorie générale de l'expertise d'être située au niveau des mécanismes proposés par la théorie de la mémoire de travail à long terme qu'au niveau d'explication proposé par EPAM/CHREST, niveau qui incorpore des processus élémentaires (p. ex., l'encodage en MCT). Cependant, comme noté par Gobet (2000b), ces deux niveaux ne sont pas nécessairement incompatibles. De fait, les processus de bas niveau permettent d'expliquer l'émergence de structures à un niveau d'abstraction plus élevé, tels que les schémas.

Ericsson et Kintsch critiquent les schémas à variables (« slotted schemas ») employés par EPAM IV et CHREST. Cette critique est surprenante, quand on pense que ces deux théories offrent des mécanismes détaillés expliquant comment de tels schémas sont acquis et employés par les experts, alors que la théorie de la mémoire de travail à long terme défendue par Ericsson et Kintsch, qui utilise également des schémas, n'offre aucun détail à leur propos. Les simulations employant de tels schémas mènent à des résultats très convaincants, tant pour la tâche de rappel de chiffres que pour celles liées aux échecs. De plus, de tels schémas sont utilisés fréquemment non seulement dans le cadre de l'expertise, mais en psychologie générale, et sont considérés comme un concept explicatif important (Alba & Hasher, 1983).

Ericsson et Kintsch proposent également, faisant particulièrement référence à EPAM-IV, que d'autres mécanismes pourraient également expliquer les données empiriques. Cela est indéniablement le cas, car aucune théorie n'est jamais établie avec une certitude absolue en science et, dans le cas particulier, il est tout à fait concevable que d'autres processus puissent rendre compte des données empiriques sur la tâche des chiffres. Cependant, ce que les simulations démontrent, c'est que les mécanismes proposés par EPAM-IV sont suffisants pour expliquer ces données. Cela n'est pas possible pour le type de théorie informelle utilisé par Ericsson et Kintsch, en partie parce qu'aucun mécanisme n'est stipulé en détail.

Le dernier point concerne la question des différences individuelles. Selon Ericsson et Kintsch, les simulations par ordinateur ne peuvent pas rendre compte de telles différences. Gobet (2000a) soutient que cette conclusion est incorrecte et que, en fait, il est plus facile d'étudier l'effet de différences individuelles avec un modèle informatique qu'avec une théorie informelle ; en particulier, des paramètres reflétant des différences portant sur la capacité de la mémoire à court terme ou le temps nécessaire pour créer un chunk peuvent être systématiquement variés. De plus, l'apprentissage peut être étudié en détail, par exemple en manipulant la séquence de stimuli utilisés durant l'entraînement.

Deux autres critiques sont parfois formulées à propos d'EPAM/CHREST. Premièrement, le nombre de domaines simulés est encore limité, et il y a un biais en faveur des données portant sur la perception et la mémoire, aux dépens de la résolution de problème et de la prise de décision. En conséquence, même dans les domaines dans lesquels beaucoup de simulations ont été effectuées, par exemple les échecs, les modèles n'atteignent pas des niveaux d'expertise élevés. Deuxièmement, peu de liens ont été établis entre ces modèles et les neurosciences. Bien qu'il existe peu de modèles ayant effectué des simulations dans autant de domaines d'expertise avec un tel degré de précision, et bien que des efforts soient actuellement réalisés pour établir un pont entre les mécanismes postulés par CHREST et la biologie du cerveau (Chassy & Gobet, 2011), il faut reconnaître que ces deux critiques sont fondées.

Résumé

1. Une partie des données sur l'intelligence, y compris les données liées à l'expertise, soutient l'hypothèse d'une intelligence unique (*g*) ; une autre partie des données soutient (plus faiblement) l'hypothèse d'une intelligence multiple.

2. Les modèles hiérarchiques, bien qu'utiles pour rendre compte des données concernant l'intelligence, n'ont guère contribué à notre compréhension de l'expertise. La contribution principale du modèle triarchique de Sternberg est de souligner l'importance des connaissances tacites.

3. Plusieurs approches défendent l'idée du talent sans pour autant souscrire à une approche basée sur l'intelligence. L'approche de Simonton offre une piste originale, mais souffre de n'être basée que sur des corrélations. La théorie de Geschwind et Galaburda n'a été que faiblement soutenue par les données empiriques.

4. Les points forts de la théorie des chunks sont que (a) elle explique non seulement la mémoire des experts, mais également leur perception et les mécanismes sous-tendant leur prise de décision ; (b) elle rend compte tout à la fois des aspects qualitatifs et quantitatifs de l'expertise ; et (c) elle a mené au développement de modèles informatiques. Les deux faiblesses principales sont que (a) elle n'explique pas comment les experts encodent une partie de l'information à un niveau d'abstraction plus élevé que celui des chunks et (b) elle sous-estime le temps pris par les experts pour encoder de l'information nouvelle en MLT.

5. Les théories basées sur l'organisation des connaissances manquent de précision. Cela est corrigé par les théories réalisées sous forme de systèmes de production, qui offrent un formalisme approprié pour représenter les connaissances.

6. Les trois théories développées par Ericsson – la théorie de la mémoire habile, la théorie de la pratique délibérée et la théorie de la mémoire de travail à long terme – ont eu une influence considérable sur la psychologie de l'expertise. Les points forts incluent l'identification du rôle joué par les structures de retrait et la collecte de données confirmant le rôle crucial joué par la pratique intentionnelle. Parmi les points faibles on peut mentionner le manque de détails offerts par ces théories, en particulier à propos des mécanismes engagés, ainsi que le manque d'attention accordé à des facteurs autres que la pratique dans le développement de l'expertise.

7. Le rôle de l'environnement est capté par plusieurs théories : la théorie des chunks, la théorie des chablons, le connexionnisme, l'action située et la théorie de la sensibilisation aux contraintes. Seules les deux premières

théories ont un impact important sur les recherches portant sur la psychologie de l'expertise.

8. Les révisions de la théorie des chunks – EPAM-IV et la théorie des chablons – corrigent les deux faiblesses principales de cette théorie (temps d'encodage en MLT trop lent et difficulté d'expliquer le haut niveau d'abstraction utilisé parfois par les experts). Ces deux théories sont implémentées sous forme de programmes d'ordinateur, ce qui rend possible un haut niveau de précision théorique. Parmi les points faibles de ces théories, on peut mentionner le nombre limité de domaines qui ont été simulés et le manque de liens avec les neurosciences.

Questions pour mieux retenir

1. Résumez le support empirique en faveur de *g*.
2. Résumez les données qui corroborent le concept d'intelligences multiples.
3. Quels sont les points forts et les faiblesses de la théorie des chunks ?
4. Résumez et évaluez les contributions d'Anders Ericsson en ce qui concerne l'étude de l'expertise.
5. Résumez la théorie des chablons. Soulignez les points forts et les faiblesses de cette théorie.

Questions pour mieux réfléchir

1. À votre avis, quelles sont les prochaines étapes de la recherche sur le talent et l'expertise ?
2. En plus des neurosciences, brièvement mentionnées dans ce chapitre, voyez-vous d'autres possibilités d'unifier les recherches sur le talent et celles sur l'expertise ?
3. Référez-vous à une biographie ou à une autobiographie de votre scientifique ou artiste préféré. Supporte-t-elle la notion de talent ou celle de pratique ? Ou est-ce que les accomplissements de votre héros ou héroïne sont explicables de manière différente (p. ex., par la chance) ?
4. Pourquoi est-ce que les modèles connexionnistes n'ont que peu contribué à notre compréhension du talent et de l'expertise ?

Mots clefs

- Talent
- Expertise
- Intelligence
- École unitaire
- Écoles pluralistes
- Chunking
- Reconnaissance de patterns
- Recherche
- Environnement
- Organisation des connaissances
- Systèmes de production
- Soar
- ACT
- Mémoire habile
- Structure de retrait
- Pratique délibérée
- Mémoire de travail à long terme
- Spécialisation
- Connexionnisme
- Action située
- Sensibilisation aux contraintes
- CHREST
- Théorie des chablons

Lectures pour aller plus loin

Boden, M. A. (1988). *Computer models of mind*. Cambridge : Cambridge University Press.

Ericsson, K. A., Charness, N., Feltovich, P. J., & Hoffman, R. R. (Eds.) (2006). *The Cambridge handbook of expertise and expert performance*. New York, NY : Cambridge University Press.

Gardner, H. (1997). *Les formes de l'intelligence*. Paris : O. Jacob.

Mackintosh, N. (2004). *QI & intelligence humaine*. Bruxelles : De Boeck.

CONCLUSION

Dans ce livre, nous avons passé en revue les données empiriques concernant la manière dont les experts acquièrent et exercent leurs compétences, et nous avons discuté ces données en relation avec différents cadres théoriques. Il est temps de résumer et de discuter les enseignements essentiels de ce livre. Suivant la structure des chapitres précédents, nous commençons par considérer les approches basées sur le talent, suivies par les approches centrées sur l'expertise. Nous concluons en considérant la question vraiment intéressante : comment les mécanismes liés au talent interagissent avec ceux liés à l'apprentissage et à la pratique pour faciliter le long chemin qui mène à l'acquisition de l'expertise.

1.___ Talent

Quelle a été la contribution de la recherche utilisant le concept du QI ? Il a été établi que, dans de nombreux domaines académiques (p. ex., mathématiques, physique), il faut un QI minimum. Il a également été établi que le QI est en corrélation avec la performance au travail. Mais, au-delà, les enseignements de ce type de recherche en ce qui concerne l'expertise ont été plus décevants. Les données sont avant tout corrélationnelles et sont parfois contradictoires (p. ex., corrélation entre QI et expertise aux échecs ; voir chapitre 8, section 1). Il est par conséquent difficile de faire des inférences sur les liens causaux entre divers facteurs. La même conclusion s'applique aux théories pluralistes et hiérarchiques, avec en plus la complication que ces dernières sont complexes et que leur application pour l'étude de l'expertise soulève des questions méthodologiques aiguës. Quoi qu'il en soit, les corrélations entre g et expertise dans divers domaines, ainsi que les données soutenant l'hypothèse que g est en partie héritable (Mackintosh, 1998), mènent à la conclusion que les différences individuelles en ce qui concerne le talent et l'expertise ont probablement en partie des origines génétiques (p. ex., Eysenck, 1995 ; Chassy & Gobet, 2010), en particulier dans des domaines tels que physique, mathématiques et sport. Il est également possible qu'il y ait une *intelligence d'apprendre*, rendant l'apprentissage plus efficace, au-delà de la contribution de la pratique délibérée, de la motivation et de traits de personnalité particuliers.

Les travaux de Simonton ont identifié quelques régularités surprenantes en ce qui concerne les experts, et en particulier les créateurs (ordre de naissance, grandeur de la fratrie, âge au début de la carrière). Il reste cependant un doute : ces régularités sont-elles vraiment établies scientifiquement ? Ou sont-elles le produit de sociétés et d'époques particulières, et dès lors susceptibles d'être modifiées par des changements technologiques aussi abrupts que l'internet ?

Les liens qu'entretient la recherche sur le talent avec les neurosciences et la génétique sont compliqués. D'une part, les données sur la localisation des aires cérébrales parlent en faveur d'un rôle important de l'hérédité. D'autre part, les données sur la plasticité du cerveau semblent indiquer qu'une pratique appropriée puisse mener à des changements neuronaux importants, et donc à des changements considérables également au niveau du comportement.

2. Expertise

Dans les chapitres précédents, nous avons tiré plusieurs conclusions qui sont essentielles pour comprendre le développement de l'expertise. Tout d'abord, il faut noter que les scientifiques ont effectué des progrès considérables dans leur compréhension de l'expertise, et cela à plusieurs niveaux : de meilleures techniques ont été développées pour recueillir les données ; les théories sont devenues plus ambitieuses et couvrent davantage de champs empiriques ; le nombre de domaines étudiés a augmenté considérablement ; et le nombre de phénomènes empiriques qui ont été identifiés a également accru de manière impressionnante.

Ensuite, il faut relever le rôle essentiel que la structure de l'environnement joue dans le développement de l'expertise. Elle détermine la forme des connaissances (schémas et productions) et les buts qu'un individu acquiert à propos de son domaine (Newell & Simon, 1972 ; Simon, 1969). Des domaines différents donnent lieu à des types de connaissances différentes, qui peuvent différer fondamentalement dans leur organisation. Par exemple, dans des domaines tels que le sport, il est essentiel d'avoir un accès en temps réel à l'information en LTM. Dans d'autres domaines, comme en science, la vitesse d'accès est peu importante.

La conclusion suivante est aussi liée au rôle de l'environnement : les experts dirigent leur attention vers des caractéristiques différentes, ce qui peut causer des différences de performance importantes dans des tâches de mémoire ou de perception. De plus, même si les mêmes mécanismes de base sont présents chez tous les experts, comme supposé par la plupart des théories appartenant à l'approche de l'expertise, le profil des résultats à des tests psychologiques (rappel, reconnaissance, détection d'objets, etc.) peut être différent d'un domaine à l'autre. La manière dont les experts dirigent leur attention explique, en partie, ces différents profils de performance. Une conséquence est que les connaissances vont déterminer quels aspects du stimulus vont être mémorisés. Par exemple, il est bien connu que les experts mémorisent des éléments qui sont liés à la structure profonde du problème, alors que les débutants mémorisent plutôt des aspects superficiels (Chi, Feltovich & Glaser, 1981).

Ce rôle conjoint de l'environnement et de l'attention a des conséquences importantes pour les chercheurs. Par exemple, dans le cas de la mémoire, évaluer les performances des experts en utilisant un niveau de représentation incorrect peut mener à des résultats paradoxaux, tels que des débutants ou des individus intermédiaires égalant, voire surpassant les experts (Adelson, 1984 ; Patel & Groen, 1991 ; voir également chapitre 6, section 1.3.2 sur l'effet intermédiaire en médecine). De tels paradoxes disparaissent quand on effectue une meilleure évaluation de ce qui est important pour les experts, et donc ce vers quoi ils vont diriger leur attention.

Une autre conclusion importante est que les performances extraordinaires des experts sont limitées à leur domaine d'expertise. Qui plus est : ces performances sont limitées au domaine de spécialisation des experts au sein de leur domaine. Les experts utilisent, le plus souvent de manière implicite et automatique, divers mécanismes (chunks, structures de retrait, différents types d'organisation des connaissances) pour satisfaire leurs buts. En conséquence, on doit être prudent avant d'inférer le type de structures de retrait proposé par Ericsson et Kintsch (1995), qui sont planifiées et d'emploi générique.

Cette difficulté de transfert est en partie expliquée par le fait qu'une grande proportion des connaissances sont encodées par des chunks. Un nombre important de données empiriques appuient cette assertion, et le concept de chunk est central pour comprendre le développement de l'expertise. Dès lors, il n'est pas surprenant que ce concept ait joué un rôle critique pour intégrer les données provenant des recherches sur la perception, la mémoire, l'apprentissage et la résolution de problème. Il n'est pas exagéré de dire que ce concept est le seul à avoir permis une telle unification, ce qui explique le succès des théories qui l'ont utilisé, telles que la théorie des chunks et la théorie des chablons.

Plusieurs modèles informatiques ont été développés pour simuler le comportement des experts dans diverses tâches, en particulier en employant le concept de chunk. Ces modèles offrent une description précise et testable du comportement des experts. Une telle précision manque dans d'autres théories de l'expertise, qui sont formulées de manière verbale et souvent vague. Nous aimerions écrire que la plupart des théories sont implémentées sous forme de modèle informatique, mais cela serait malheureusement incorrect. De fait, alors que les années 1990s auraient laissé suggérer que de nombreux modèles, symboliques ou connexionnistes, allaient être développés pour rendre compte de l'expertise dans toutes sortes de domaines, c'est plutôt le contraire qui s'est produit : la plupart des théories ont été exprimées de manière verbale, avec une perte de précision notoire. Nous voyons deux raisons à cette évolution.

Premièrement, deux théories d'Anders Ericsson ont eu un impact très important sur ce champ de recherche, la théorie de la mémoire de travail à long terme et avant tout la théorie de la pratique délibérée. Nous ne reviendrons par sur les points forts et faibles de ces deux théories (voir chapitre précédent), mais nous aimerions exprimer notre préoccupation par rapport à la quantité de ressources qui est dirigée sur la question de la pratique délibérée. Le problème n'est pas que la question soit sans intérêt – il est clair qu'il s'agit d'une question importante –, mais plutôt qu'elle ne constitue qu'un aspect de l'expertise. De plus, les développements théoriques sont très descriptifs avec cette approche, et les expériences ne recueillent des données que sur des aspects très limités de la pratique et de son rôle dans l'acquisition de l'expertise. Dans la plupart des travaux, la question posée est de savoir s'il y a une corrélation entre niveau d'expertise et quantité de pratique (délibérée). Il est probable que cela sera le cas dans tous les domaines d'expertise, et il est donc douteux que ce type de recherche produise des résultats spectaculaires. L'autre type de question est d'analyser en détail le type d'entraînement menant à de hauts niveaux d'expertise. Il nous semble que, dans le meilleur des cas, les psychologues vont redécouvrir les techniques que différents domaines ont développées pour permettre aux individus le désirant d'atteindre un haut niveau d'expertise. Il est aussi probable que les techniques d'entraînement vont varier drastiquement d'un domaine à un autre – considérez par exemple le sport, la musique et les sciences. Il serait dès lors difficile d'atteindre des généralisations, et ce type de recherche court le risque d'aboutir à un catalogage de techniques par domaine.

La deuxième raison a trait au développement extraordinaire des neurosciences cognitives, en particulier l'imagerie cérébrale, au point que certains prédisent qu'elles aillent remplacer la psychologie cognitive et les sciences cognitives. Il ne fait aucun doute que l'imagerie cérébrale a produit des résultats intéressants dans le cas de l'expertise, mais il est discutable qu'elle ait amené des éclaircissements théoriques importants. De fait, ce type de recherche a tendance à être corrélationnelle — un lien est établi entre une aire du cerveau et un comportement particulier — sans qu'un effort particulier soit fait pour relier les résultats à des théories ou à des mécanismes psychologiques. À notre avis, les meilleurs travaux en imagerie de l'expertise sont ceux qui éclairent des théories psychologiques préexistantes. Un bon exemple est offert par une recherche récente (Wan *et al.*, 2011) sur l'expertise au shōgi (échecs japonais), qui démontre comment l'idée que des patterns perceptifs soient liés à de possibles actions — une idée centrale de la théorie des chunks — et des théories dérivées —, est implémentée dans le cerveau.

De toute évidence, relier les théories psychologiques aux données recueillies en neuroscience, sans parler des données recueillies en psychologie, va devenir de plus en plus difficile, car la quantité et la complexité de ces données augmentent de manière quasi exponentielle. La recherche sur l'expertise ne fait pas exception. Comme nous l'avons suggéré ailleurs (Gobet & Parker, 2005), la seule solution à ce problème va être le développement de modèles informatiques suffisamment sophistiqués pour combiner l'information sur les mécanismes psychologiques avec celle provenant des travaux en neuroscience. Notre prédiction est que cela sera la prochaine étape dans l'étude scientifique de l'expertise.

3. Talent et expertise : inné ou acquis ?

Se conformant à la manière dont les recherches se sont développées d'un point de vue historique, ce livre a opposé deux traditions majeures de l'étude des performances extraordinaires : la première donne préférence au talent, la seconde à la pratique. Même si nous avons essayé de les rapprocher à plusieurs reprises, la vérité est qu'il existe une tension certaine entre ces deux approches. Cette tension est perceptible à au moins quatre niveaux : différences entre les présupposés théoriques, différences entre les méthodes, différences entre le type de terminologie employé et différences entre le type de phénomènes empiriques considérés comme valant la peine d'être étudiés scientifiquement.

Quoique des considérations tirées de la génétique semblent indiquer que les capacités mentales devraient varier d'un individu à l'autre, comme le font l'ensemble des traits humains, et quoique des différences individuelles existent pour ces capacités, les travaux sur l'expertise montrent en général qu'une grande partie de la variance est expliquée par les connaissances que les experts ont acquises à propos de leur domaine. Un exemple particulièrement concluant, discuté en détail au chapitre 7, est celui de la comparaison dans une tâche de mémoire entre enfants experts et adultes débutants.

Mais même des champions aussi extrêmes de la pratique délibérée qu'Ericsson (p. ex., Ericsson, 1996) admettent que certains aspects du talent jouent un rôle important dans le développement de l'expertise. Par exemple, nul ne doute que la motivation d'apprendre et le besoin de briller soient des facteurs essentiels. Les deux peuvent avoir une source intrinsèque ou extrinsèque. En outre, pour être en mesure de répondre avec succès à cette motivation et à ce besoin, il est nécessaire de posséder une bonne endurance physique et mentale (p. ex., un violoniste doit s'entraîner environ quatre heures chaque jour de manière intensive). Finalement, il n'est pas impensable qu'il existe des différences dans la vitesse avec laquelle les connaissances sont acquises en MLT. Tous ces aspects peuvent, au moins partiellement, être le sujet de différences individuelles dues à des variations génétiques. Cependant, la psychologie cognitive n'a accordé que peu d'attention à ces aspects du talent. Peut-être, davantage que la possession d'un trait particulier, c'est plutôt la possession d'une configuration minimale de traits qui est importante (Simonton, 1999 ; Chassy & Gobet, 2010). Une telle configuration serait beaucoup plus difficile à détecter, que ce soit avec des techniques génétiques ou avec des techniques expérimentales.

Une difficulté supplémentaire est qu'il est probable que l'acquisition de l'expertise constitue un système chaotique, au sens mathématique du terme. De tels systèmes sont très sensibles aux conditions initiales : de très petites différences vont être rapidement amplifiées et avoir des conséquences considérables par la suite. Cette idée que de petites différences peuvent avoir des conséquences énormes est bien captée par la métaphore de Lorenz (1993) : un battement d'aile de papillon au Brésil va déclencher une tornade au Texas. Dans le cadre de l'acquisition de l'expertise, cela revient à dire que de petites différences au début d'une carrière (une victoire chanceuse dans un tournoi d'écoliers ; la présence d'un voisin possédant quelque expertise dans le domaine de choix ; une première publication scientifique acceptée rapidement parce que le journal n'a pas assez d'articles) peut avoir des effets énormes par la suite (la victoire mène à une certaine notoriété et à l'accès à un entraîneur, le voisin enseigne des « trucs » qui se trouvent être cruciaux quelques années plus tard ; le premier article scientifique facilite la publication d'autres articles et l'obtention d'un bon poste académique). Si cette analyse est correcte, cela signifie que le développement de l'expertise est caractérisé par des dynamiques non linéaires sensibles aux conditions initiales ; cela signifie également qu'étant donné le nombre et la complexité des variables en jeu, un recours à des techniques formelles telles que la modélisation par ordinateur est inévitable.

Dans un futur peut-être pas si éloigné, le développement des neurosciences va offrir des réponses plus tangibles sur la question du talent (Obler & Fein, 1988 ; Gobet & Campitelli, 2002) et nous permettre ainsi d'aller plus loin que de simples spéculations. Peut-être qu'alors, la contribution la plus importante des neurosciences sera de permettre une réconciliation entre les recherches sur le talent et celles sur l'expertise, qui ont été conduites jusqu'à présent avec très peu de fertilisation croisée.

Résumé

1. Les recherches sur le talent sont avant tout corrélatives et il est dès lors difficile de développer des modèles causaux.

2. Bien que les résultats dans leur ensemble soient complexes, il est probable que l'intelligence – que ce soit une intelligence unique ou des intelligences multiples – joue un rôle dans le développement de l'expertise. Il est également probable que certaines différences interindividuelles liées au talent aient une origine génétique.

3. Les recherches sur l'expertise ont considérablement amélioré notre compréhension des mécanismes d'apprentissage en jeu. Ces mécanismes permettent aux (futurs) experts de saisir les régularités dans leur domaine d'expertise, ce qui leur permet de diriger leur attention vers les aspects pertinents des problèmes auxquels ils font face.

4. Étant donné la complexité des phénomènes en jeu, et en particulier l'interaction entre mécanismes internes et environnement, il est préférable de développer des théories sous forme de programmes d'ordinateur.

5. Il est probable que l'acquisition de l'expertise consiste en un système chaotique : de petites différences initiales, y compris des différences à propos du talent, peuvent mener à de grandes différences à long terme.

6. Dans le futur, les recherches sur le talent et l'expertise devront être menées en étroite collaboration. Les liens avec les neurosciences devront être consolidés.

Questions pour mieux retenir

1. Évaluez les caractéristiques principales des recherches sur le talent.

2. Évaluez les caractéristiques principales des recherches sur l'expertise.

3. Pourquoi le développement de l'expertise peut-il être considéré comme un système chaotique ?

Questions pour mieux réfléchir

1. Dans quelle mesure est-il possible d'unifier les diverses approches sur le talent, telles que *g*, intelligences multiples, l'historiométrie et la théorie de Geschwind et Galaburda ?

2. L'attention, dirigée par des connaissances acquises durant de nombreuses années, joue un rôle essentiel à de hauts niveaux d'expertise. Est-ce que ce constat peut être mis à profit par les sciences de l'éducation, par exemple en permettant le développement de nouvelles techniques d'enseignement ?

3. Recommander une collaboration plus soutenue entre recherches sur le talent et recherches sur l'expertise est admirable, mais est-ce que cela ne revient pas à sous-estimer, pour ne pas dire dénier, les difficultés d'un tel mariage étant donné les différences considérables entre ces deux approches ?

Mots clefs

- Talent
- Expertise
- Inné
- Acquis

Lectures pour aller plus loin

Stewart, I. (1992). *Dieu joue-t-il aux dés ? Les mathématiques du chaos.* Paris : Flammarion.

POSTFACE

Qu'est-ce qu'être expert et comment le devient-on ? Dans son roman *Le maître de Thé* (Stock, 1995), l'écrivain japonais Yasushi Inoué décrit comment s'acquiert une expertise très particulière : celle de la cérémonie du thé.

« Pratiquer le thé, de jour comme de nuit, pendant l'hiver et le printemps, en imaginant la neige dans son cœur. En été et à l'automne, le pratiquer jusqu'à huit heures du soir, et même plus tard, par un soir de lune. Pratiquer le thé jusqu'après minuit, même si l'on est seul [...].

De quinze à trente ans, suivre aveuglément toutes les instructions du Maître. De trente à quarante ans, en revanche, il convient de réfléchir et d'arriver soi-même aux bonnes décisions. De quarante à cinquante ans, il faut prendre le contrepied du Maître, afin de trouver son propre style et d'être digne d'être appelé Maître à son tour : "Renouveler la Voie du Thé !" De cinquante à soixante ans, refaire en tout point ce que le Maître faisait (jusqu'au simple geste de transvaser l'eau d'un récipient dans un autre). Prendre exemple sur tous les Maîtres. À soixante-dix ans, tenter d'atteindre à la maîtrise de la cérémonie dont Monsieur Soeki a aujourd'hui parachevé le style et que personne ne saurait imiter. »

Le livre de Fernand Gobet traite de manière précise de plusieurs questions : Comment devient-on expert dans un domaine ? Peut-on tous le devenir ? Quelles caractéristiques cognitives différencient l'expert du novice ? Les caractéristiques cognitives de l'expert sont-elles transférables à d'autres champs de connaissances ou se limitent-elles à son domaine d'expertise ?

Si on réalise vite que les pouvoirs de Spiderman, de l'homme invisible ou du passe-muraille nous resteront probablement à jamais inaccessibles, dans de multiples autres domaines, posséder des capacités supérieures à la moyenne semble davantage à notre portée. Une des questions clés, bien illustrée par le titre du livre, est celle de savoir s'il suffit d'énormément de travail dans un domaine pour y devenir un expert, ou si il faut en plus du *talent*. Comme l'explique Fernand Gobet, la question est complexe, car même si une part de talent s'avérait nécessaire, son expression nécessiterait quand même de très nombreuses heures de travail. N'en déplaise à l'un des Marx Brothers qui, à la question « Savez vous jouer du piano ? » répond : « Je l'ignore, je n'ai encore jamais essayé !», le talent seul ne suffit pas. Acquérir le statut d'expert relève d'un cheminement qui demande des heures et des heures de pratique *délibérée*.

Les travaux menés depuis plus d'un demi-siècle sur l'expertise ont permis d'élaborer des modèles précis des mécanismes cognitifs en jeu. À la lecture du livre de Fernand Gobet, on peut noter que si l'expertise elle-même semble très peu transférable (être expert au jeu d'échecs ne vous procurera pas de facilités dans d'autres domaines), les modèles de l'expertise sont susceptibles de s'appliquer à un très grand nombre de domaines. Ainsi, les résultats sur la constitution de chunks, réalisés sur des joueurs d'échecs par Chase et Simon, ont par la suite été reproduits dans des dizaines de champs différents, allant du sport à la mémoire des chauffeurs de taxi, en passant par la musique. La très grande variété des domaines sur lesquels ces modèles s'appliquent amène à se poser la question suivante : et si finalement les processus décrits par Fernand Gobet ne se limitaient pas à quelques experts dans quelques domaines ciblés et spectaculaires (les échecs, le sport...), mais étaient au fond ceux que nous utilisons tous dans la plupart de nos activités quotidiennes ? En effet, nos comportements de tous les jours sont essentiellement des comportements experts : nous sommes experts dans les procédures nécessaires pour ouvrir ou fermer une porte, experts dans la procédure à mettre en œuvre pour utiliser un téléphone, experts en lecture, en langage, en perception de scènes visuelles, en analyse de scènes auditives, etc. Bref, nous sommes experts dans une myriade de domaines, et il est finalement peu fréquent que nous nous trouvions en situation de *novice*. Il nous arrive bien d'essayer de comprendre le fonctionnement d'un nouvel appareil d'électroménager, d'apprendre les règles d'un nouveau jeu, mais au final ces situations sont plutôt rares dans notre vie quotidienne. Cette question est importante car une grande partie des travaux en psychologie cognitive, et des modèles de la cognition qui en découlent, sont effectués à partir de travaux en laboratoire qui placent les participants en situation de novices. Dans ces recherches, on leur demande de réaliser des tâches qu'ils n'ont pas l'habitude de faire (mémoriser des suites de mots sans signification, poursuivre une cible visuelle sur un écran, etc.) et, de l'analyse de leurs performances, sont déduites des lois sur le fonctionnement cognitif. Or, comme le décrit très bien cet ouvrage, les comportements et limites humaines en situation de novice n'ont pas grand-chose à voir avec ceux en situation d'expert.

Par exemple si les travaux sur la mémoire de travail montrent que notre capacité est très limitée dès que l'on doit mémoriser et/ou traiter un certain nombre d'éléments, ces modèles ne parviennent pas à rendre compte de ce qu'on peut observer dans les comportements experts. Ce décalage entre les modèles de la mémoire de travail et les comportements experts, qu'il s'agisse de champs d'expertise rares (les échecs), un peu moins rares (la mémoire des garçons de café), voire partagés par presque tous (la compréhension de texte) est très bien décrit dans un article de Ericsson et Kintsch publié en 1995 (voir la partie sur la « Mémoire de travail à long terme » de cet ouvrage). Si on essaye par exemple de rendre compte du fonctionnement de la mémoire d'un garçon de café dans une grande brasserie lorsqu'il prend les commandes, les modèles « classiques » de la mémoire de travail sont inopérants. Un garçon de café mémorise de nombreuses consommations à plusieurs tables, va retransmettre la liste de ces consommations au bar dans un ordre différent de celui formulé par les consommateurs (les boissons chaudes suivies des boissons froides) puis va les distribuer dans un ordre à nouveau différent (d'abord les femmes, puis les hommes), et ce tout en mobilisant sa mémoire de travail pour discuter avec les clients. Rendre compte de telles capacités de mémorisation, uniquement à partir d'une mémoire de travail à la capacité très limitée, est impossible. Au nom de l'expertise, il est nécessaire d'envisager d'autres modes de fonctionnements cognitifs.

La littérature sur le vieillissement cognitif offre un autre exemple qui illustre le décalage existant entre les comportements décrits en psychologie et ceux observés au quotidien. La lecture des travaux sur le vieillissement offre un tableau quelque peu apocalyptique de l'évolution des compétences avec l'avancée en âge. À quelques exceptions près, toutes les fonctions cognitives se dégradent grandement avec l'âge. Or, dans notre société on constate par exemple qu'un très grand nombre de fonctions importantes sont tenues par des personnes ayant l'âge des participants âgés de ces travaux. En France, 48% des sénateurs ont entre 61 ans et 70 ans, 21 % ont entre 71 ans et 80 ans... De très nombreux chefs d'entreprises ont plus de 60 ans. Dans notre entourage, nous connaissons tous nombre de personnes d'âge avancé chez qui le déclin cognitif ne paraît pas du tout évident... Une explication au décalage entre ces observations et les résultats des travaux en psychologie du vieillissement pourrait tenir à ce qu'au quotidien, au travail comme en dehors, les comportements sont la plupart du temps des comportements experts, qui eux résistent plutôt bien aux effets du vieillissement (voir par exemple, sur la dégradation des fonctions cognitives avec l'âge et sur la résistance au vieillissement des comportements experts, l'ouvrage de Lemaire et Bherer, 2005).

Ainsi, au travers de ce livre, Fernand Gobet nous propose une description de modèles et de travaux dont la portée est sans doute beaucoup plus générale qu'elle n'y paraît au regard du titre. Les modèles des chunks au jeu d'échecs, par exemple, rendent bien compte du comportement de tout un chacun en lecture. Dès lors que nous savons lire, nous possédons en mémoire des connaissances qui vont nous permettre d'appréhender un ensemble d'unités comme un tout : les lettres regroupées en mots. Ces connaissances en mémoire à long terme sont des connaissances perceptives : pour lire un mot, nous n'avons pas besoin de reconnaître toutes les lettres, quelques prises d'indices visuels suffisent. À ces connaissances perceptives sont associées des valeurs sémantiques : dès lors que nous voyons un mot, nous accédons automatiquement à son sens. Les modèles présentés dans cet ouvrage peuvent ainsi décrire un très grand nombre de nos comportements quotidiens (voir par exemple l'application par Fernand Gobet de son modèle de l'expertise, CHREST, pour décrire les mécanismes en jeu dans l'apprentissage d'une langue).

Cet ouvrage sur les experts et le talent est donc non seulement une plongée dans le fonctionnement mental mystérieux des experts, mais également dans le fonctionnement mental de tout un chacun. Il est donc aussi un manuel général de psychologie cognitive.

André Didierjean

GLOSSAIRE

AARON : Programme d'ordinateur capable de produire des dessins possédant une certaine valeur artistique.

Action située : Approche soulignant que les connaissances sont inséparables des actions et intimement liées à l'environnement, qu'il soit physique, social ou culturel.

Adaptive Control of Thought (ACT) : Théorie d'après laquelle l'acquisition de l'expertise consisterait en une évolution partant de connaissances déclaratives vers des connaissances procédurales.

Âge de carrière : Le nombre d'années durant lesquelles un expert a fait partie d'un domaine.

Analyse de protocoles : Le codage, traitement statistique et/ou interprétation qualitative d'enregistrements effectués lorsque que les participants pensent à voix haute.

Analyse factorielle : Technique statistique permettant de réduire une matrice de corrélations en un nombre restreint de dimensions, appelées facteurs.

Analyse hiérarchique de clusters : Technique statistique identifiant, à partir d'un ensemble de données, des classes qui maximisent la similarité à l'intérieur des classes et les différences entre des classes différentes.

Anticipation : Voir Recherche.

Apprentissage verbal : L'apprentissage de paires de mots dénués de sens, tels que XIJ-BOJ, ou de séquences de tels mots.

Approche symbolique : Voir Traitement de l'information (approche du).

Architecture cognitive : La structure et les mécanismes d'un système cognitif, qui stipulent comment l'information est traitée. Le terme est également utilisé pour se référer à des programmes d'ordinateur implémentant cette structure et ces mécanismes.

Autisme : Trouble du développement caractérisé par des déficits dans l'interaction sociale et la communication, et par un comportement limité et répétitif.

Automatisation : Le fait qu'un processus cognitif puisse être exécuté sans attention.

Béhaviorisme : Approche théorique qui a dominé la psychologie de 1900 à 1960, en particulier aux États-Unis. Selon cette approche, la psychologie ne devrait pas faire référence à des termes tels que « stratégie » et « cognition » et devrait se contenter d'étudier les liens entre stimuli observables et comportements observables.

Biais de confirmation : La tendance de chercher des données confirmant plutôt que réfutant un point de vue donné.

Boucle articulatoire : Dans la théorie de la mémoire de travail, le mécanisme qui répète de manière continue l'information phonologique de sorte à ce qu'elle ne s'affaiblisse pas.

Calepin visuo-spatial : Composante de la mémoire de travail dans laquelle l'information visuo-spatiale est maintenue et traitée.

Chablon : Une structure schématique comprenant un noyau et des variables, et connectée à de l'information sur les actions possibles. Les chablons sont créés à partir de chunks, lorsque ceux-ci sont utilisés fréquemment.

CHREST : Une architecture cognitive dans laquelle les chunks perceptifs jouent un rôle central. Peut être considérée comme la réalisation informatique de la théorie des chablons.

Chunk : Une unité d'information constituée d'éléments primitifs ou d'autres chunks (notez la définition auto-référentielle). Les chunks sont le produit des systèmes perceptifs et sont utilisés par le système cognitif, en particulier par la mémoire à court terme et à long terme. La grandeur des chunks varie. En particulier, les experts ont des chunks plus grands que les novices.

Chunking : La création d'un chunk.

Connaissances : Ce qui a été appris par un système cognitif.

Connaissances biomédicales : Connaissances théoriques acquises par les médecins, consistant en une combinaison de connaissances en chimie, biologie, anatomie et pathologie.

Connaissances déclaratives : Connaissances verbalisables portant sur des faits et des événements particuliers.

Connaissances inertes : Connaissances qui sont encodées en mémoire à long terme, mais qui ne peuvent pas être utilisées parce qu'il n'est pas possible d'y avoir accès.

Connaissances procédurales : Connaissances non verbalisables portant sur des actions et des séquences d'actions. Ces connaissances sont encodées par des productions. Ces connaissances sont essentielles dans la plupart des domaines d'expertise.

Connaissances tacites : Connaissances qui sont inconscientes et non verbalisables.

Connexionnisme : Cadre théorique dans lequel la cognition est modélisée par un grand nombre d'unités traitant l'information en parallèle.

Constellation de gènes : Hypothèse selon laquelle le talent est rendu possible par la présence d'un arrangement (ou d'arrangements) particulier(s) de gènes (plus précisément, d'allèles), et non pas par la présence d'un gène critique.

Corrélation : Méthode statistique qui mesure le degré avec lequel deux variables sont associées de manière linéaire.

Créativité : Les processus menant à la production d'idées ou autres produits qui sont nouveaux.

Domaines imprédictibles : Domaines dans lesquels il n'est pas possible (ou très difficile) de faire des prédictions valides. Par exemple : les marchés financiers.

École unitaire : Dans l'étude de l'intelligence, école qui postule la présence d'une intelligence générale, g.

Écoles pluralistes : Dans l'étude de l'intelligence, écoles qui postulent la présence de plusieurs composantes de l'intelligence ou de plusieurs types d'intelligence, tels que l'intelligence verbale et l'intelligence visuo-spatiale.

Effet intermédiaire : Dans une tâche de rappel, les individus de niveau d'expertise intermédiaire obtiennent de meilleures performances que les débutants et que les experts. Cet effet a été observé en médecine et en physiothérapie.

Encapsulation : En expertise médicale, processus par lequel les connaissances biomédicales sont restructurées de manière à être résumées en un petit nombre de concepts accessibles avant tout avec de l'information clinique.

Encodage : Transformation de l'information externe en un autre format, de manière à ce que cette information puisse être manipulée et mémorisée.

EPAM : Théorie de la perception et de la mémoire dans laquelle le concept de chunk joue un rôle central. Cette théorie a été utilisée pour simuler les performances extraordinaires de certains mnémonistes dans la mémorisation de listes de chiffres (EPAM-IV).

Espace de problème : L'ensemble de tous les états possibles étant donné la description d'un problème. Par extension, la théorie de Newell et Simon basée sur ce concept, qui considère la résolution de problème et la créativité comme la recherche dans un espace de problème.

Espace de problème externe : L'ensemble, établi de manière théorique ou par une énumération exhaustive, de tous les états possibles d'un problème. Cet ensemble est gigantesque dans des domaines tels que le jeu d'échecs ou l'achat d'une voiture.

Espace de problème interne : L'ensemble, tel qu'il est créé par le sujet, des états d'un problème. Cet ensemble est en général beaucoup plus petit que l'espace de problème externe.

État but : L'état final d'un problème que l'on aimerait atteindre.

État initial : La situation de départ d'un problème.

Étude longitudinale : Plan expérimental dans lequel les participants sont observés ou étudiés expérimentalement durant plusieurs sessions, voire plusieurs mois ou plusieurs années.

Expérimentation : Méthode centrale de la psychologie et des autres sciences, dans laquelle une ou plusieurs variables indépendantes sont systématiquement variées et leur effet sur une ou plusieurs variables dépendantes est mesuré avec soin.

Expertise : La performance supérieure, voire exceptionnelle, exhibée par certains individus dans un domaine particulier.

Expertise créatrice : Performance supérieure qui mène à la génération d'idées ou de produits nouveaux.

Expertise de routine : Performance supérieure exhibée par un individu, mais sans connotation de créativité.

Experts et novices (comparaison entre) : Une des méthodes principales dans l'étude de l'expertise, où des individus très performants dans un domaine particulier sont comparés à des individus n'ayant que peu d'expérience dans le domaine. L'ajout de groupes de niveau intermédiaire améliore cette méthode.

Extraction des connaissances : Méthodes, employées en particulier dans le développement de systèmes experts, avec lesquelles on essaie de rendre explicites les connaissances d'un expert.

Feed-back : Action en retour d'un effet sur le système dont il provient.

Flow : État particulier et plaisant dans lequel un individu montre une concentration totale sur un problème particulier, jusqu'à oublier totalement son environnement.

Formalisme : Un langage abstrait ou une notation (p. ex., mathématiques, programmes informatiques) employés pour formuler une théorie scientifique.

Génération et sélection : L'idée, très répandue, que la créativité provient de la génération d'un grand nombre d'idées et de leur sélection, pas forcément par le créateur lui-même (p. ex., la société peut effectuer cette sélection)

Gestalt (Psychologie de la) : École psychologique active durant la première moitié du XXᵉ siècle, et basée sur le principe que « le tout est supérieur à la somme des parties ». L'idée de réorganisation joue un rôle central dans cette théorie, p. ex. dans l'explication de la résolution de problème.

Heuristique : Méthode approximative utilisée pour résoudre un problème ou prendre une décision, qui mène en général à une solution, bien que cela ne soit pas garanti. Il n'y a également aucune garantie que la solution obtenue soit la meilleure, bien qu'elle soit en général satisfaisante.

Historiométrie : L'étude historique de comportements humains, tels que la créativité ou l'expertise, en utilisant des documents tels que biographies, encyclopédies, tables de records, etc.

Hypothèse du génie fou : L'hypothèse que les personnes qui sont créatrices ont tendance à souffrir de troubles mentaux tels que la schizophrénie.

Idiographique : Relatif à l'étude d'individus ou d'événements considérés comme des entités uniques. Cette approche est courante dans les sciences humaines. (Cf. nomothétique.)

Imagerie cérébrale : Un ensemble de techniques qui permettent de mesurer en temps réel l'activité du cerveau.

Incubation : Période durant laquelle un individu ne pense pas à un problème particulier. Selon certaines théories, cette période est essentielle pour la créativité, car elle permet de mettre en œuvre des processus inconscients.

Inné ou acquis (débat de l') : Débat entre l'importance relative des caractéristiques innées et de l'expérience en ce qui concerne les différences individuelles portant sur le comportement et les traits, tels que les traits de personnalité.

Input : Information qui est utilisée par le système cognitif.

Insight : Réalisation soudaine de la solution d'un problème, en général après plusieurs tentatives sans succès. Cela se produit parfois après que l'on ait mis le problème de côté.

Intelligence : Aptitude à penser de manière abstraite, à apprendre et à s'adapter à l'environnement.

Intelligence artificielle : Le développement de programmes d'ordinateurs et de robots qui se comportent de manière intelligente.

Intelligence cristallisée : Connaissances qui ont été acquises durant la vie d'un individu.

Intelligence fluide : Aptitude à résoudre de nouveaux problèmes en temps réel.

Intelligence générale (*g*) : Hypothèse selon laquelle, dans les tests d'intelligence, la variabilité peut être partagée en deux sources : *g* (intelligence générale) et *s* (source spécifique). Par extension, l'hypothèse que *g* soit la meilleure mesure de l'intelligence.

Intelligence pratique : Aptitude d'un individu à trouver la meilleure correspondance possible entre les demandes du milieu et ses propres compétences. Cela inclut le fait de s'adapter au milieu, de le sélectionner et de le changer.

Introspection : La méthode consistant à observer ses propres pensées et sensations pour comprendre la cognition. Cette approche est en général discréditée en psychologie scientifique.

Intuition : Le fait que certaines personnes, en particulier les experts, arrivent très rapidement à la solution d'un problème, sans qu'elles puissent expliquer le cheminement de leur pensée.

Loi de puissance : Loi mathématique décrivant la manière dont la performance s'améliore en fonction de la pratique. Il y a d'abord une amélioration rapide ; ensuite, le progrès devient de plus en plus lent. Formellement, cela peut s'exprimer par $P = aT^b$. P est une mesure de la performance, T est le temps consacré à la pratique, a et b sont des paramètres libres.

Mémoire à court terme : Un type de mémoire qui maintient l'information qui est en train d'être traitée. La capacité de cette mémoire est limitée et l'information qu'elle contient est consciente.

Mémoire à long terme : Structures et mécanismes permettant à l'information d'être encodée de manière plus ou moins permanente et ainsi d'acquérir des connaissances. Ces connaissances ne sont pas directement accessibles à la conscience, à moins qu'elles soient placées en mémoire à court terme.

Mémoire de travail : Voir Mémoire à court terme.

Mémoire délibérée : Mémoire provenant de tâches dans lesquelles les personnes essaient consciemment de retenir de l'information.

Mémoire non délibérée : Mémoire provenant de tâches dans lesquelles les personnes n'essaient pas consciemment de retenir de l'information.

Mémoire sémantique : Partie de la mémoire à long terme consacrée aux connaissances générales portant sur le monde, les concepts, les relations entre concepts, etc.

Méthodes faibles : En résolution de problème, méthodes qui sont d'emploi général, mais qui ne sont pas particulièrement efficaces.

Méthodes fortes : En résolution de problème, méthodes qui sont limitées à un domaine particulier et qui sont dès lors particulièrement efficaces.

Mnémotechnique : Procédé qui facilite l'encodage d'information en mémoire à long terme.

Modèle de l'étudiant : Avec les didacticiels, une estimation des connaissances d'un étudiant.

Modèle idéal : Avec les didacticiels, les connaissances qui doivent être enseignées à un étudiant.

Modèle normatif : Un modèle basé sur des théories formelles telles que la logique ou la théorie des probabilités.

Modèle triarchique : Théorie de l'intelligence qui comprend trois dimensions : dimension contextuelle, dimension de l'expérience et dimension compositionelle.

Modèles hiérarchiques : Théories de l'intelligence qui combinent l'idée d'intelligence générale avec l'idée d'intelligences multiples.

Modélisation par ordinateur : L'emploi de programmes d'ordinateur pour développer des théories. Cette méthode a l'avantage de produire des théories rigoureuses et permet, même avec des théories complexes, de dériver des prédictions très claires.

Modélisation symbolique : Un type de modélisation par ordinateur qui propose que la cognition consiste en manipulation de symboles. Un *symbole* est un pattern qui réfère à quelque chose d'autre.

Neuroticisme : Dimension de la personnalité caractérisée par la tendance à éprouver de l'anxiété et des émotions négatives.

Nomothétique : Relatif à l'étude d'individus ou événements pour dériver des lois scientifiques générales. Cette approche est courante dans les sciences naturelles. (Cf. idiographique.)

Noyau : La partie fixe d'un schéma.

Opérateur : Dans la résolution de problème, une action qui mène à un nouvel état de problème.

Organisation des connaissances : La manière dont les connaissances sont structurées en mémoire à long terme. Parmi les nombreuses organisations proposées, on peut mentionner les réseaux sémantiques, les schémas et les productions.

Output : L'information qui est produite par un système cognitif.

Paradigme d'interférence : Un type d'expérience dans laquelle une tâche est intercalée entre la présentation du matériel à rappeler et le rappel lui-même.

Paramètre libre : Dans une théorie, un paramètre qui peut varier sans contrainte. De tels paramètres sont en général estimés en employant les données empiriques que la théorie essaie d'expliquer. Les théories possédant trop de paramètres libres ne sont pas utiles scientifiquement, car elles peuvent expliquer toutes les données possibles et en fait ne prédisent ainsi rien du tout.

Pensée convergente : Un type de pensée dans lequel un seul type de solution est cherché.

Pensée divergente : Un type de pensée dans lequel autant de solutions non conventionnelles que possibles sont cherchées.

Perspicacité intuitive : Voir Insight.

Phase associative : Deuxième phase dans l'acquisition de l'expertise durant laquelle les stimuli sont associés avec des réponses, et des chaînes de réponses sont progressivement construites.

Phase autonome : Troisième phase dans l'acquisition de l'expertise, durant laquelle le comportement devient inconscient et automatique.

Phase cognitive : Première phase dans le développement de l'expertise, durant laquelle les règles, les procédures et les faits sont appris.

Phénoménologie : Approche philosophique qui s'intéresse à l'étude de l'expérience consciente.

Planification : Dans la résolution de problème, l'anticipation d'états futurs de problème, ignorant le détail de la manière avec laquelle ces états vont être atteints.

Plasticité cérébrale : La capacité du cerveau à changer les connexions entre neurones par la création, l'élimination et la modulation de synapses. Cette capacité est essentielle pour l'apprentissage, la mémoire et la compensation de lésions cérébrales.

Pointeur : Un symbole en mémoire à court terme, référant à de l'information en mémoire à long terme.

Pratique délibérée : Théorie d'après laquelle les performances exceptionnelles sont principalement dues à une pratique peu agréable caractérisée par la répétition de tâches, une grande concentration et beaucoup d'efforts.

Problèmes mal définis : Problèmes pour lesquels le point de départ, le but ou les opérateurs ne sont pas donnés.

Procéduralisation : La transformation de connaissances déclaratives en connaissances procédurales.

Production : Une unité de connaissance constituée de deux parties : conditions et actions. Si les conditions sont satisfaites, alors les actions sont exécutées.

Protocoles en parallèle : Protocoles enregistrés en même temps qu'une personne effectue une tâche.

Protocoles rétrospectifs : Protocoles enregistrés après qu'une personne ait effectué une tâche.

Psychométrie : L'étude des mesures utilisées en psychologie et l'étude de leur validité. Cela inclut le développement de tests, tels que les tests d'intelligence.

Psychose : Pathologie mentale grave caractérisée par la perte de contact avec la réalité.

Psychoticisme : Dimension de la personnalité caractérisée par la tendance à être égocentrique, agressif et hostile.

Quotient intellectuel (QI) : Le score obtenu avec divers tests d'intelligence, employé comme mesure d'intelligence.

Rationalité : L'hypothèse que les humains agissent de manière optimale quand ils essaient d'atteindre leurs buts.

Rationalité limitée : L'hypothèse que les humains sont rationnels à l'intérieur des limites imposées par la cognition, telles que la capacité limitée de la mémoire à court terme.

Recherche : Durant la résolution de problème, le fait de considérer des états de problème qui découlent du problème initial. Cette exploration de l'espace de problème s'effectue en se déplaçant (mentalement ou avec un support externe tel que le papier) d'un état de problème à un autre. La recherche peut être quantifiée avec des mesures telles que la profondeur de recherche ou le nombre d'états explorés.

Recherche en arrière : Une recherche qui s'effectue en partant du but vers les données.

Recherche en avant : Une recherche qui s'effectue en partant des données vers le but.

Recherche sélective : Le fait que la recherche effectuée par les humains ne couvre en général qu'une partie infime de l'espace de problème. Malgré leur recherche sélective, les experts trouvent en général de très bonnes solutions.

Reconnaissance de pattern : Le mécanisme par lequel les humains, et particulièrement les experts, identifient des configurations dans l'environnement et utilisent cette information pour effectuer des actions (p. ex., pour résoudre un problème).

Règle de production : Voir Production.

Règle des dix ans : Règle selon laquelle il faut dix ans de pratique et d'étude pour devenir un expert.

Représentation : Un groupe de symboles qui réfèrent à un objet ou une situation. Les représentations peuvent être internes (« dans notre tête ») ou externes (p. ex., un diagramme sur une feuille de papier).

Représentations externes : Représentations employant un support de mémoire externe, tel que le papier ou le tableau noir.

Représentations multiples : Représentations qui combinent plusieurs modalités, telles que les diagrammes et les textes.

Réseau sémantique : Représentation indiquant comment un ensemble de concepts sont reliés entre eux.

Résolution de problème : La partie de la psychologie qui étudie la manière dont les personnes résolvent des problèmes allant de simples casse-tête à la découverte de nouvelles théories scientifiques.

Restructuration : Un changement important dans la représentation d'un problème.

Rigidité de la pensée : L'hypothèse que les connaissances, p. ex. chez les experts, limitent les possibilités qui peuvent être considérées lors de la résolution d'un problème.

Savants : Individus souffrant d'un retard profond ou d'autisme, mais qui fonctionnent normalement, ou de manière supérieure à la normale, dans un nombre très limité de domaines.

Schéma : Information portant sur une situation donnée. Cette information est apprise en interagissant avec des situations similaires. Un schéma consiste en un *noyau* (information fixe) et en *variables* (information qui peut changer). Il peut contenir de l'information sur les actions à effectuer.

Script : Schéma comprenant de l'information sur les actions à effectuer dans une situation donnée.

Sélectivité : Le fait que les experts ne considèrent qu'un nombre très restreint de possibilités en essayant de résoudre un problème.

Sensibilisation aux contraintes : Théorie d'après laquelle les experts ne font preuve de supériorité que dans les tâches où ils sont sensibilisés aux contraintes liées au but à réaliser.

Soar : Architecture cognitive basée sur l'idée de recherche au sein d'un espace de problème et employant des productions pour représenter les connaissances.

Solution satisfaisante : Une solution qui est suffisamment bonne, mais qui n'est pas forcément optimale.

Spirale d'amélioration : Une méthode d'enseignement dans laquelle une matière est étudiée à plusieurs reprises, ajoutant à chaque fois des éléments d'information.

Stratégies : L'approche générale utilisée pour résoudre un problème.

Structure de retrait : Une structure de mémoire à long terme permettant un accès rapide à l'information désirée.

Symbole : Un pattern qui représente quelque chose d'autre (un objet externe, un processus ou un autre symbole).

Système de production : Un modèle de simulation dans lequel les connaissances sont encodées sous forme de productions.

Système expert : Un programme informatique qui contient les connaissances d'experts humains.

Tâche d'occlusion : Une tâche dans laquelle une partie des stimuli visuels n'est pas visible.

Tâche de choix de coup : La première tâche classique de De Groot, dans laquelle des joueurs d'échecs doivent trouver un bon coup tout en pensant à voix haute. Cette tâche a été étendue à d'autres domaines d'expertise.

Tâche de rappel : La deuxième tâche classique de De Groot, dans laquelle des joueurs d'échecs doivent mémoriser une position d'échecs présentée durant quelques secondes. Au-delà des échecs, cette tâche a été utilisée avec un grand nombre de stimuli.

Tâche de Seibel : Le sujet place ses doigts sur dix touches et doit répondre aussi vite que possible quand les lumières correspondant aux touches sont allumées.

Talent : L'hypothèse que les performances exceptionnelles soient avant tout dues à des aptitudes innées.

Théorie de la mémoire de travail à long terme : Théorie proposant que les experts utilisent leur mémoire à long terme pour augmenter la capacité de leur mémoire à court terme (ou mémoire de travail).

Théorie des chablons : Théorie de l'expertise, prolongeant la théorie des chunks et proposant que certains chunks, rencontrés fréquemment, mènent à des structures plus complexes (chablons).

Théorie des chunks : Théorie selon laquelle l'expertise proviendrait de l'acquisition d'un grand nombre de chunks encodant les connaissances spécifiques à un domaine. La présence de chunks explique comment les experts parviennent à aller au-delà des limites imposées par le système cognitif humain (p. ex., la capacité limitée de la mémoire à court terme).

Théorie des intelligences multiples : Théorie selon laquelle il existerait sept types d'intelligence.

Théorie formelle : Théorie formulée avec l'aide d'un langage formel tel que les mathématiques.

Théorie informelle : Théorie formulée avec un langage naturel tel que le français.

Traitement de l'information (approche du) : L'approche en psychologie cognitive qui propose que la cognition consiste en la manipulation de symboles. Cette approche considère également que l'ordinateur est la meilleure analogie de la manière dont l'esprit fonctionne.

Transfert : Le degré avec lequel des connaissances ou aptitudes acquises dans un domaine particulier peuvent être utilisées dans un autre domaine.

Utilité : Valeur subjective d'une solution, en fonction de sa désirabilité.

Utilité attendue : Valeur subjective d'une solution, en fonction de sa désirabilité et de sa probabilité.

Validité écologique : Le degré avec lequel des découvertes faites dans un laboratoire sont pertinentes pour la vie de tous les jours.

Variable parasite : Une variable qui n'est pas contrôlée par l'expérimentateur.

Variation et sélection : Voir Génération et sélection.

BIBLIOGRAPHIE

Abernethy, B. (1987). Anticipation in sport : A review. *Physical Education Review, 10,* 5-16.

Abernethy, B., & Russell, D. G. (1987). Expert-novice differences in an applied selective attention task. *Journal of Sport Psychology, 9,* 326-345.

Abraham, C. (2002). *Possessing genius: The bizarre odyssey of Einstein's brain.* New York : St. Martin's Press.

Ackerman, P. L., & Beier, M. E. (2006). Methods for studying the structure of expertise: Psychometric approaches. In K. A. Ericsson, N. Charness, P. Feltovich & R. R. Hoffman (Eds.), *Cambridge handbook of expertise and expert performance* (pp. 147-165). Cambridge, UK: Cambridge University Press.

Aczel, A. D. (1996). *Fermat's last theorem.* London : Penguin.

Adelson, B. (1981). Problem solving and the development of abstract categories in programming languages. *Memory and Cognition, 9,* 422-433.

Adelson, B. (1984). When novices surpass experts: The difficulty of a task may increase with expertise. *Journal of Experimental Psychology: Learning, Memory, and Cognition, 10,* 483-495.

Agnew, N. M., Ford, K. M., & Hayes, P. J. (1997). Expertise in context: Personally constructed, socially selected, and reality-relevant? Dans P. J. Feltovich, K. M. Ford, & R. R. Hoffman (Eds.), *Expertise in context.* Menlo Park, CA : AAAI Press / The MIT Press.

Alba, J. W., & Hasher, L. (1983). Is memory schematic? *Psychological Bulletin, 93,* 203-231.

Allard, F., & Starkes, J. L. (1991). Motor-skill experts in sports, dance, and other domains. Dans K. A. Ericsson & J. Smith (Eds.), *Studies of Expertise : Prospects and Limits.* Cambridge : Cambridge University Press.

Allard, F., Graham, S., & Paarsalu, M. E. (1980). Perception in sport : Basketball. *Journal of Sport Psychology, 2,* 22-30.

Anderson, J. R. (1983). *The architecture of cognition.* Cambridge, MA : Harvard University Press.

Anderson, J. R. (1993). *Rules of the mind.* Hillsdale, NJ: Lawrence Erlbaum.

Anderson, J. R., Corbett, A. T., Koedinger, K. R., & Pelletier, R. (1995). Cognitive tutors: Lessons learned. *The Journal of the Learning Sciences, 4,* 167-207.

Atkinson, R. C., & Raugh, M. R. (1975). An application of the mnemonic keyword method to the acquisition of Russian vocabulary. *Journal of Experimental Psychology: Human Learning and Memory, 104,* 126-133.

Baddeley, A. (1986). *Working memory.* Oxford : Clarendon Press.

Baddeley, A. (1990). *Human memory. Theory and practice.* Boston : Allyn and Bacon.

Bahle, J. (1939). *Eingebung und Tat im musikalischen Schaffen. Ein Beitrag zur Psychologie der Entwicklungs- und Schaffensgesetze schöpferischer Menschen.* Leipzig : Hirzel.

Baltes, P. B. (1993). The ageing mind: Potentials and limits. *The Gerontologist, 33,* 580-594.

Bangert, M., Peschel, T., Schlaug, G., Rotte, M., Drescher, D., Hinrichs, H., et al. (2006). Shared networks for auditory and motor processing in professional pianists: Evidence from fMRI conjunction. *Neuroimage, 30,* 917-926.

Barron, F. (1963). *Creativity and psychological health.* Princeton, NJ : Van Nostrand.

Baylor, G. W., & Simon, H. A. (1966). A chess mating combinations program. *Proceedings of the 1966 Spring*

Joint Computer Conference, Boston, 28, 431-447. Reprinted in H. A. Simon (Ed.), *Models of Thought*. New Haven : Yale University Press, 1979.

Benbow, C. P. (1988). Sex differences in mathematical reasoning ability in intellectual talented preadolescents: Their nature, effects, and possible causes. *Behavioral and Brain Sciences, 11*, 169-232.

Berry, C. (1981). The Nobel scientists and the origins of scientific achievement. *British Journal of Sociology, 32*, 381-391.

Benner, P. (1984). *De novice à expert : Excellence en soins infirmiers*. Paris : Masson.

Bereiter, C., & Scardamalia, M. (1993). *Surpassing ourselves*. Chicago, IL : Open Court.

Beunen, G., & Thomis, M. (2006). Gene driven power athletes? Genetic variation in muscular strength and power. *British Journal of Sports Medicine, 40*, 822-823.

Bhaskar, R., & Simon, H. A. (1977). Problem solving in semantically rich domains: An example from engineering thermodynamics. *Cognitive Science, 1*, 193-215.

Bilalić, M., McLeod, P., & Gobet, F. (2007a). Does chess need intelligence? A study with young chess players. *Intelligence, 35*, 457-470.

Bilalić, M., McLeod, P., & Gobet, F. (2007b). Personality profiles of young chess players. *Personality and Individual Differences, 42*, 901-910.

Bilalić, M., McLeod, P., & Gobet, F. (2008a). Expert and 'novice' problem solving strategies in chess – Sixty years of citing de Groot (1946/1965/1978). *Thinking and Reasoning*.

Bilalić, M., McLeod, P., & Gobet, F. (2008b). Inflexibility of experts – Reality or myth? Quantifying the Einstellung effect in chess masters. *Cognitive Psychology, 56*, 73-102.

Bilalić, M., McLeod, P., & Gobet, F. (2008c). Why good thoughts block better ones: The mechanism of the pernicious Einstellung (set) effect. *Cognition, 108*, 652-661.

Bilalić, M., McLeod, P., & Gobet, F. (2009). Specialization effect and its influence on memory and problem solving in expert chess players. *Cognitive Science, 33*, 1117-1143.

Bilalić, M., McLeod, P., & Gobet, F. (en préparation). The development of chess skill.

Bilalić, M., Smallbone, K., McLeod, P., & Gobet, F. (2009). Why are (the best) women so good at chess? Participation rates and gender differences in intellectual domains. *Proceedings of the Royal Society B-Biological Sciences, 276*, 1161-1165.

Binet, A. (1894). *Psychologie des grands calculateurs et joueurs d'échecs*. Paris : Hachette. [Réédité par Slatkine Ressources, Paris, 1981.].

Birren, J. E., & Schaie, K. W. (Eds.) (1996). *Handbook of the psychology of aging* (4th ed.). New York : Academic Press.

Blättler, C., Ferrari, V., Didierjean, A., & Marmèche, E. (2011). Representational momentum in aviation. *Journal of Experimental Psychology : Human Perception and Performance, 37*, 1569-1577.

Blättler, C., Ferrari, V., Didierjean, A., Van Elslande, P., Marmèche, É. (2010). Can expertise modulate representational momentum ? *Visual Cognition, 18*, 1253-1273.

Boden, M. A. (1988). *Computer models of mind*. Cambridge : Cambridge University Press.

Boden, M. (1990). *The creative mind*. New York : Basic-Books.

Boshuizen, H. P. A., & Schmidt, H. G. (1992). On the role of biomedical knowledge in clinical reasoning by experts, intermediates and novices. *Cognitive Science, 16*, 153-184.

Brody, N. (1992). *Intelligence* (2e éd.). San Diego, CA : Academic Press.

Bruner, J. S. (1961). The act of discovery. *Harvard Educational Review, 31*, 21-32.

Bryan, W. L., & Harter, N. (1899). Studies on the telegraphic language. The acquisition of a hierarchy of habits. *Psychological Review, 6*, 345-375.

Calderwood, B., Klein, G. A., & Crandall, B. W. (1988). Time pressure, skill, and move quality in chess. *American Journal of Psychology, 101*, 481-493.

Camerer, C. F., & Johnson, E. J. (1991). The process-performance paradox in expert judgment. Dans K. A. Ericsson & J. Smith (Eds.), *Studies of Expertise : Prospects and Limits*. Cambridge : Cambridge University Press.

Campbell, D. T. (1960). Blind variation and selective retention in creative thought as in other knowledge processes. *Psychological Review, 67*, 380-400.

Campitelli, G., & Gobet, F. (2004). Adaptive expert decision making: Skilled chessplayers search more and deeper. *Journal of the International Computer Games Association, 27,* 209-216.

Campitelli, G., & Gobet, F. (2008). The role of practice in chess: A longitudinal study. *Learning and Individual Differences, 18,* 446-458.

Campitelli, G. & Gobet, F. (2010). Herbert Simon's decision-making approach: Investigation of cognitive processes in experts. *Review of General Psychology, 14,* 354-364.

Campitelli, G. & Gobet, F. (2011). Deliberate practice: Necessary but not sufficient. *Current Directions in Psychological Science, 20,* 280-285.

Campitelli, G. J., Gobet, F., Head, K., Buckley, M., & Parker, A. (2007). Brain localisation of memory chunks in chessplayers. *International Journal of Neuroscience, 117,* 1641-1659.

Carpenter, P. A., & Just, M. A. (1989). The role of working memory in language comprehension. Dans K. D. & K. Kotovski (Eds.), *Complex information processing : the impact of Herbert A. Simon* (pp. 31-68). Hillsdale, NJ: Lawrence Erlbaum.

Carroll, J. B. (1993). *Human cognitive abilities: A survey of factor-analytic studies.* Cambridge, MA : Cambridge University Press.

Carroll, R. T. (2003). *The skeptic's dictionary: A collection of strange beliefs, amusing deceptions, and dangerous delusions.* New York, NY : John Wiley & Sons.

Cattell, R. B. (1971). *Abilities: Their structure, growth, and action.* New York : Houghton Mifflin.

Ceci, S. J. (1990). *On intelligence . . . More or less: A bio-ecological theory of intellectual development.* Englewood Cliffs, NJ: Prentice Hall.

Ceci, S. J., & Liker, J. K. (1986). A day at the races : A study of IQ, expertise, and cognitive complexity. *Journal of Experimental Psychology: General, 115,* 255-266.

Chabris, C. F., & Glickman, M. E. (2006). Sex differences in intellectual performance: Analysis of a large cohort of competitive chess players. *Psychological Science, 17,* 1040-1046.

Chabris, C. F., & Hearst, E. S. (2003). Visualization, pattern recognition, and forward search: Effects of playing speed and sight of the position on grandmaster chess errors. *Cognitive Science, 27,* 637-648.

Chapin, F. S. (1928). A quantitative scale for rating the home and social environment of middle class families in an urban community. *Journal of Educational Psychology, 19,* 99-111.

Charness, N. (1974). *Memory for chess positions: The effects of interference and input modality.* Unpublished Doctoral dissertation, Carnegie Mellon University, Pittsburgh.

Charness, N. (1976). Memory for chess positions : Resistance to interference. *Journal of Experimental Psychology: Human Learning and Memory, 2,* 641-653.

Charness, N. (1979). Components of skill in bridge. *Canadian Journal of Psychology, 33,* 1-16.

Charness, N. (1981a). Aging and skilled problem solving. *Journal of Experimental Psychology: General, 110,* 21-38.

Charness, N. (1981b). Search in chess: Age and skill differences. *Journal of Experimental Psychology: Human Perception and Performance, 2,* 467-476.

Charness, N. (1981c). Visual short-term memory and aging in chess players. *Journal of Gerontology, 36,* 615-619.

Charness, N. (1988). The role of theories of cognitive aging: Comment on Salthouse. *Psychology and Aging, 3,* 17-21.

Charness, N. (1989). Expertise in chess and bridge. Dans D. Klahr & K. Kotovsky (Eds.), *Complex information processing. The impact of Herbert A. Simon* (pp. 183-208). Hillsdale, NJ: Lawrence Erlbaum Associates.

Charness, N. (1992). The impact of chess research on cognitive science. *Psychological Research, 54,* 4-9.

Charness, N., & Gerchak, Y. (1996). Participation rates and maximal performance : A log-linear explanation for group differences, such as Russian and male dominance in chess. *Psychological Science, 7,* 46-51.

Charness, N. & Campbell, J.I.D. (1988). Acquiring skill at mental calculation in adulthood: A task decomposition. *Journal of Experimental Psychology: General, 110,* 21-38.

Chase, W. G., & Ericsson, K. A. (1982). Skill and working memory. Dans G. H. Bower (Ed.), *The psychology of learning and motivation* (Vol. 16, pp. 1-58). New York : Academic Press.

Chase, W. G., & Simon, H. A. (1973a). The mind's eye in chess. Dans W. G. Chase (Ed.), *Visual information processing* (pp. 215-281). New York : Academic Press.

Chase, W. G., & Simon, H. A. (1973b). Perception in chess. *Cognitive Psychology, 4*, 55-81.

Chassy, P. & Gobet, F. (2010). Speed of expertise acquisition depends upon inherited factors. *Talent Development and Excellence, 2*, 17-27.

Chassy, P. & Gobet, F. (2011). A hypothesis about the biological basis of expert intuition. *Review of General Psychology*, 15, 198-212.

Chi, M. T. H. (1978). Knowledge structures and memory development. Dans R. S. Siegler (Ed.), *Children's thinking: What develops?* (pp. 73-96) Hillsdale, N.J: Erlbaum.

Chi, M. T. H., Feltovich, P. J., & Glaser, R. (1981). Categorization and representation of physics problems by experts and novices. *Cognitive Science, 5*, 121-152.

Chi, M. T. H., & Glaser, R. (1985). Problem solving ability. Dans R. J. Sternberg (Ed.), *Human abilities, An information-processing approach* (pp. 227-257) New York : Freeman.

Chi, M. H., & Koeske, R. D. (1983). Network representation of a child's dinosaur knowledge. *Developmental Psychology, 19*, 29-39.

Cleveland, A. A. (1907). The psychology of chess and of learning to play it. *The American Journal of Psychology, XVIII*, 269-308.

Cohen, H. (1981). *On the modelling of creative behavior.* Technical Report No. 6681. Santa Monica, CA : Rand Corporation.

Cooke, N. J., Atlas, R. S., Lane, D. M., & Berger, R. C. (1993). Role of high-level knowledge in memory for chess positions. *American Journal of Psychology, 106*, 321-351.

Cooper, R., & Shallice, T. (1995). Soar and the case for unified theories of cognition. *Cognition, 55*, 115-149.

Costa, P. T., Jr., & McCrae, R. R. (1988). From catalog to classification: Murray's needs and the five factor model. *Journal of Personality and Social Psychology, 55*, 258-265.

Coughlin, L.D., & Patel, V.L. (1987). Processing of critical information by physicians and medical students. *Journal of Medical Education, 62*, 818-828.

Cox, C. (1926). *The early mental traits of three hundred generations.* Stanford, CA: Stanford University Press.

Crossman, E. (1959). A theory of the acquisition of speed skill. *Ergonomics, 2*, 153-166.

Csikszentmihalyi, M. (1990). *Flow : The psychology of optimal experience.* New York : Harper and Row.

Davison, A., Staszewski, J., & Boxley, G. (2001). Improving soldier performance with the AN/PSS12. *Engineer, 31*, 17-21.

Dawes, R. M. (1988). *Rational choice in an uncertain world.* Orlando, FL : Harcourt Brace Jovanovich.

De Groot, A. D. (1946). *Het denken van den schaker.* Amsterdam : Noord Hollandsche.

De Groot, A. D. (1966). Perception and memory versus thought: Some old ideas and recent findings. Dans B. Kleinmuntz (Ed.), *Problem solving: Research, method and theory.* New York : Krieger, 1966.

De Groot, A. D. (1969). *Methodology. Foundations of inference and research in the behavioral sciences.* The Hague : Mouton.

De Groot, A. D. (1978). *Thought and choice in chess.* (Revised translation of De Groot, 1946; 2nd ed.). The Hague: Mouton Publishers.

De Groot, A. D., & Gobet, F. (1996). *Perception and memory in chess. Heuristics of the professional eye.* Assen: Van Gorcum.

Dehaene, S. (1997). *The number sense.* London : Penguin.

Didierjean, A., Ferrari, V., & Marmèche, E. (2004). L'expertise cognitive au jeu d'échecs : Quoi de neuf après de Groot (1946)? *Année Psychologique, 104*, 771-793.

Didierjean, A. & Gobet, F. (2008). Sherlock Holmes – An expert's view of expertise. *British Journal of Psychology, 99*, 109-125.

Didierjean, A., & Marmèche, E. (2005). Anticipatory representation of visual basketball scenes by novice and expert players. *Visual Cognition, 12*, 265-283.

Djakow, I. N., Petrowski, N. W., & Rudik, P. A. (1927). *Psychologie des Schachspiels.* Berlin : de Gruyter.

Dreyfus, H. L. & Dreyfus, S. E. (1986). *Mind over machine: The power of human intuition and expertise in the era of computer.* New York : The Free Press.

Dreyfus, H. L. (1984). *Intelligence artificielle. Mythes et limites.* Paris : Flammarion.

Egan, D. E., & Schwartz, E. J. (1979). Chunking in recall of symbolic drawings. *Memory & Cognition, 7*, 149-158.

Ellis, N. (1994). Vocabulary acquisition: The implicit ins and outs of explicit cognitive mediation. Dans N. Ellis.

(Ed.), *Implicit and explicit learning of language* (pp. 211-282). London : Academic Press.

Elo, A. E. (1965). Age changes in master chess performances. *Journal of Gerontology, 20*, 289-299.

Elo, A. E. (1978). *The rating of chessplayers, past and present.* New York : Arco.

Engle, R. W., & Bukstel, L. (1978). Memory processes among bridge players of differing expertise. *American Journal of Psychology, 91*, 673-689.

Ericsson, K. A. (1996). The acquisition of expert performance: An introduction to some of the issues. Dans K. A. Ericsson (Ed.), *The road to excellence.* Mahwah, NJ: Erlbaum.

Ericsson, K. A., & Charness, N. (1994). Expert performance : Its structure and acquisition. *American Psychologist, 49*, 725-747.

Ericsson, K. A., Charness, N., Feltovich, P. J., & Hoffman, R. R. (Eds.) (2006). *The Cambridge handbook of expertise and expert performance.* New York, NY : Cambridge University Press.

Ericsson, K. A., & Faivre, I. A. (Eds.). (1988). What's exceptional about exceptional abilities? Dans L. K. Obler & D. Fein (Eds.). *The exceptional brain. Neuropsychology of talent and special abilities* (pp. 436-473). New York : The Guilford Press.

Ericsson, K. A., & Kintsch, W. (1995). Long-term working memory. *Psychological Review, 102*, 211-245.

Ericsson, K. A., & Kintsch, W. (2000). Shortcomings of generic retrieval structures with slots of the type that Gobet (1993) proposed and modelled. *British Journal of Psychology, 91*, 571-590.

Ericsson, K. A., Krampe, R. T., & Tesch-Römer, C. (1993). The role of deliberate practice in the acquisition of expert performance. *Psychological Review, 100*, 363-406.

Ericsson, K. A., & Lehmann, A. C. (1996). Expert and exceptional performance: Evidence of maximal adaptation to task constraints. *Annual Review of Psychology, 47*, 273-305.

Ericsson, K. A., & Polson, P. G. (1988). A cognitive analysis of exceptional memory for restaurant orders. Dans M. T. H. Chi, R. Glaser & M. J. Farr (Eds.), *The nature of expertise* (pp. 23-70). Hillsdale, NJ: Lawrence Erlbaum.

Ericsson, K. A., Prietula, M. J., & Cokely, E. T. (2007). The making of an expert. *Harvard Business Review, 85*, 114-121.

Ericsson, K. A., & Simon, H. A. (1993). *Protocol analysis. Verbal reports as data.* (2nd ed.). Cambridge, MA : MIT Press.

Ericsson, K. A., & Smith, J. (1991). Prospects and limits of the empirical study of expertise : An introduction. Dans K. A. Ericsson & J. Smith (Eds.), *Studies of Expertise : Prospects and Limits* (pp. 1-38). Cambridge : Cambridge University Press.

Ericsson, K. A., & Staszewski, J. J. (1989). Skilled memory and expertise: Mechanisms of exceptional performance. Dans D. K. Klahr, K. (Ed.), *Complex information processing : The impact of Herbert A. Simon* (pp. 235-267). Hillsdale, NJ: Erlbaum.

Eysenck, H. J. (1987). A general systems approach to the measurement of intelligence and personality. Dans S. H. Irvine & S. E. Newstead (Eds.), *Intelligence and cognition : Contemporary frames of reference* (pp. 349-375). Lancaster : Nijhoff.

Eysenck, H. J. (1995). *Genius: The natural history of creativity.* New York : Cambridge University Press.

Feigenbaum, E. A., & Simon, H. A. (1962). A theory of the serial position effect. *British Journal of Psychology, 53*, 307-320.

Feigenbaum, E. A., & Simon, H. A. (1984). EPAM-like models of recognition and learning. *Cognitive Science, 8*, 305-336.

Feltovich, P. J., Ford, K. M. & Hoffman, R. R. (Eds.) (1997). *Expertise in context.* Menlo Park, CA : AAAI Press / The MIT Press.

Ferrari, V., Didierjean, A., & Marmeche, E. (2006). Dynamic perception in chess. *Quarterly Journal of Experimental Psychology, 59*, 397-410.

Fine, R. (1967). *The psychology of the chess player.* New York : Dover.

Fitts, P. M. (1964). Perceptual-motor skill learning. Dans A. W. Melton (Ed.), *Categories of human learning.* New York : Academic Press.

Frey, P. W., & Adesman, P. (1976). Recall memory for visually presented chess positions. *Memory and Cognition, 4*, 541-547.

Freyhoff, H., Gruber, H., & Ziegler, A. (1992). Expertise and hierarchical knowledge representation in chess. *Psychological Research, 54*, 32-37.

Gagné, F. (2004). Transforming gifts into talents: the DMGT as a developmental theory. *High Ability Studies, 15,* 119-147.

Galton, F. (1869). *Hereditary genius.* New York : Macmillan.

Gamow, G., & Stern, M. (1958). *Puzzle-Math.* New York : Viking Press.

Gardner, H. (1983). *Frames of mind: The theory of multiple intelligences.* New York : Basic Books. (en français : Gardner, H. (1997). *Les formes de l'intelligence.* Paris : O. Jacob)

Gardner, H. (1993a). *Creating minds.* New York : Basic Books.

Gardner, H. (1993b). *Multiple intelligences : The theory in practice.* New York : Basic Books.

Gardner, M. (1957). *Fads and fallacies in the name of science.* New York : Dover.

Gauthier, I., Skudkarski, P., Gore, J. C., & Anderson, A. W. (2000). Expertise for cars and birds recruits brain areas involved in face recognition. *Nature Neuroscience, 3,* 191-197.

Geschwind, N. & Galaburda, A. M. (1985). Cerebral lateralization: Biological mechanisms, associations and pathology. *Archives of Neurology, 42,* 428-459; 521-552, 634-654.

Gibson, E. J. (1969). *Principles of perceptual learning and development.* New York, NY : Appleton-Century.

Gobet, F. (1993a). A computer model of chess memory. Dans W. Kintsch (Ed.), *15th Annual Meeting of the Cognitive Science Society* (pp. 463-468). Boulder, CO : Erlbaum.

Gobet, F. (1993b). *Les mémoires d'un joueur d'échecs.* Fribourg : Editions universitaires.

Gobet, F. (1996a). Expertise und Gedaechtnis. Dans H. Gruber & A. Ziegler, (Eds.). *Expertiseforschung. Theoretische und methodische Grundlagen.* Opladen: Westdeutscher Verlag.

Gobet, F. (1996b). Discrimination nets, production systems and semantic networks: Elements of a unified framework. In *Proceedings of the 2nd International Conference on the Learning Sciences* (pp. 398-403). Evanston, Il: Northwestern University.

Gobet, F. (1997a). Roles of pattern recognition and search in expert problem solving. *Thinking and Reasoning, 3,* 291-313.

Gobet, F. (1997b). Can Deep Blue™ make us happy? Reflections on human and artificial expertise. *AAAI-97 Workshop: Deep Blue vs. Kasparov: The Significance for Artificial Intelligence,* pp. 20-23. AAAI Press: Technical Report WS-97-04.

Gobet, F. (1997c). En marge du match Kasparov - "Deep Blue II" : Défaite ou victoire pour l'intuition humaine? *Revue Suisse des Echecs, 7,* 12-13.

Gobet, F. (1998a). Expert memory: A comparison of four theories. *Cognition, 66,* 115-152.

Gobet, F. (1998b). Chess players' thinking revisited. *Swiss Journal of Psychology, 57,* 18-32.

Gobet, F. (1999). The father of chess psychology. *New in Chess, 8,* 84-91.

Gobet, F. (2000a). Some shortcomings of long-term working memory. *British Journal of Psychology, 91,* 551-570.

Gobet, F. (2000b) Retrieval structures and schemata: A brief reply to Ericsson and Kintsch. *British Journal of Psychology, 91,* 591-594.

Gobet, F. (2000c). Long-term working memory: A computational implementation for chess expertise. *Proceedings of the 3rd International Conference on Cognitive Modelling,* pp. 142-149. Veenendaal, The Netherlands: Universal Press.

Gobet, F. (2001). Réseaux de discrimination en psychologie : L'exemple de CHREST. *Swiss Journal of Psychology, 60,* 264-277.

Gobet, F. (2002a). Recherche et reconnaissance de patterns chez les experts. *Revue d'Intelligence Artificielle, 16, 165-190.*

Gobet, F. (2002b). Travailler avec Herbert Simon. *Revue d'Intelligence Artificielle,16, 29-37.*

Gobet, F. (2005). Chunking models of expertise: Implications for education. *Applied Cognitive Psychology, 19,* 183-204.

Gobet, F. (2009a). Using a cognitive architecture for addressing the question of cognitive universals in cross-cultural psychology: The example of awalé. *Journal of Cross-Cultural Psychology, 40,* 627-648.

Gobet, F. (2009b). Protocol analysis. In T. Bayne, A. Cleeremans, & P. Wilken (Eds.), *The Oxford companion to consciousness* (pp. 538-540). Oxford, UK: Oxford University Press.

Gobet, F., & Borg, J. L. (2011). The intermediate effect in clinical case recall is present in musculoskeletal physiotherapy. *Manual Therapy*, 16, 327-331.

Gobet, F., & Campitelli, G. (2002). Intelligence and chess. Dans J. Retschitzki & R. Haddad-Zubel (Eds.), *Step by step. Proceedings of the 4th Colloquium "Board Games in Academia"* (pp. 103-112). Fribourg, SWZ : Éditions Universitaires.

Gobet, F., & Campitelli, G. (2006). Education and chess: A critical review. Dans T. Redman (Ed.), *Chess and Education: Selected Essays from the Koltanowski Conference* (pp. 124-143). Dallas, TX : University of Texas at Dallas.

Gobet, F., & Campitelli, G. (2007). The role of domain-specific practice, handedness and starting age in chess. *Developmental Psychology*, 43, 159-172.

Gobet, F., Campitelli, G., & Waters, A. J. (2002). Rise of human intelligence: Comments on Howard (1999). *Intelligence*, 30, 303-311.

Gobet. F. & Chassy, P. (2008a). Towards an alternative to Benner's theory of expert intuition in nursing : A discussion paper. *International Journal of Nursing Studies*, 45, 129-139.

Gobet. F. & Chassy, P. (2008b). Season of birth and chess expertise. *Journal of Biosocial Science*, 40, 313-316.

Gobet. F. & Chassy, P. (2009). Expertise and intuition : A tale of three theories. *Minds and Machines*, 19, 151-180.

Gobet, F., Chassy, P., & Bilalić, M. (2011). *Foundations of cognitive psychology*. London : McGraw Hill.

Gobet, F., & Clarkson, G. (2004). Chunks in expert memory : Evidence for the magical number four... or is it two? *Memory*, 12, 732-747.

Gobet, F., de Voogt, A., & Retschitzki, J. (2004). *Moves in mind: The psychology of board games*. Hove, UK: Psychology Press.

Gobet, F., & Jackson, S. (2002). In search of templates. *Cognitive Systems Research*, 3, 35-44.

Gobet, F., & Jansen, P. (1994). Towards a chess program based on a model of human memory. Dans H. J. van den Herik, I. S. Herschberg, & J. W.Uiterwijk (Eds.), *Advances in computer chess 7* (pp. 35-60). Maastricht : University of Limburg Press.

Gobet, F. & Jansen, P. J. (2006). *Training in chess: A scientific approach*. Dans T. Redman, *Chess and education: Selected essays from the Koltanowski conference* (pp. 81-97). Dallas, TX : University of Texas at Dallas.

Gobet, F., Lane, P. C. R., Croker, S., Cheng, P. C-H., Jones, G., Oliver, I. & Pine, J. M. (2001). Chunking mechanisms in human learning. *Trends in Cognitive Sciences*, 5, 236-243.

Gobet, F., & Oliver, I. (2002). A Simulation of Memory for Computer Programs. (Tech. Rep. No. 74. University of Nottingham (UK): Department of Psychology, ESRC Centre for Research in Development, Instruction and Training.

Gobet, F., & Parker, A. (2005). Evolving structure-function mappings in cognitive neuroscience using genetic programming. *Swiss Journal of Psychology*, 64, 231-239.

Gobet, F., & Simon, H. A. (1996a). Templates in chess memory: A mechanism for recalling several boards. *Cognitive Psychology*, 31, 1-40.

Gobet, F., & Simon, H. A. (1996b). Recall of random and distorted positions. Implications for the theory of expertise. *Memory & Cognition*, 24, 493-503.

Gobet, F., & Simon, H. A. (1996c). Recall of rapidly presented random chess positions is a function of skill. *Psychonomic Bulletin & Review*, 3, 159-163.

Gobet, F., & Simon, H. A. (1996d). The roles of recognition processes and look-ahead search in time-constrained expert problem solving: Evidence from grandmaster level chess. *Psychological Science*, 7, 52-55.

Gobet, F., & Simon, H. A. (1998a). Expert chess memory: Revisiting the chunking hypothesis. *Memory*, 6, 225-255.

Gobet, F., & Simon, H. A. (1998b). Pattern recognition makes search possible: Comments on Holding (1992). *Psychological Research*, 61, 204-208.

Gobet, F., & Simon, H. A. (2000). Five seconds or sixty? Presentation time in expert memory. *Cognitive Science*, 24, 651-682.

Gobet, F., & Waters, A. J. (2003). The role of constraints in expert memory. *Journal of Experimental Psychology: Learning, Memory & Cognition*, 29, 1082-1094.

Gobet, F., & Wood, D. J. (1999). Expertise, models of learning and computer-based tutoring. *Computers and Education*, 33, 189-207.

Goertzel, M. G., Goertzel, V., & Goertzel, T. G. (1978). *300 eminent personalities : A psychosocial analysis of the famous.* San Francisco : Jossey-Bass.

Gold, A., & Opwis, K. (1992). Methoden zur empirischen Analyse von Chunks beim Reproduzieren von Schachstellungen. *Sprache & Kognition, 11*, 1-13.

Gould, S. J. (1986). *La mal-mesure de l'homme : L'intelligence sous la toise des savants.* Paris : Le livre de poche.

Goulet, C., Fleury, M., Bard, C., Yerles, M., Michaud, D., & Lemire, L. (1988). Analysis of visual-patterns during preparation for returning tennis-serves. *Canadian Journal of Sport Sciences-Revue Canadienne Des Sciences Du Sport, 13*, 79-87.

Grabner, R. H., Stern, E., & Neubauer, A. C. (2007). Individual differences in chess expertise: A psychometric investigation. *Acta Psychologica, 124*, 398-420.

Gray, J. R., & Thompson, P. M. (2004). Neurobiology of intelligence: Science and ethics. *Nature Reviews Neuroscience, 5*, 471-482.

Green, C. S., Li, R. J., & Bavelier, D. (2009). Perceptual learning during action video game playing. *Topics in Cognitive Science, 2*, 202-216.

Green, C. S., Pouget, A., & Bavelier, D. (2010). Improved probabilistic inference as a general learning mechanism with action video games. *Current Biology, 20*, 1573-1579.

Greeno, J. G., & Simon, H. A. (1988). Problem solving and reasoning. In R. C. Atkinson, R. Herrnstein, G. Lindzey & R. D. Luce (Eds.), *Stevens' handbook of experimental psychology (rev. ed.).* New York : Wiley.

Grove, W. M., Zald, D. H., Hallberg, A. M., Lebow, B., Snitz, E., & Nelson, C. (2000). Clinical versus mechanical prediction: A meta-analysis. *Psychological Assessment, 12*, 19-30.

Guida, A., & Tardieu, H. (2005). Is personalisation a way to operationalise long-term working memory? *Current Psychology Letters: Behaviour, Brain & Cognition, 15*, 1-17.

Guida, A., Tardieu, H., & Nicolas, S. (2009a). Mémoire de travail à long terme : quelle est l'utilité de ce concept ? Emergence, concurrence et bilan de la théorie d'Ericsson et Kintsch (1995). *L'Année Psychologique, 109*, 83-122.

Guida, A., Tardieu, H., & Nicolas, S. (2009b). The personalisation method applied to a working memory task:

Evidence of long-term working memory effects. *European Journal of Cognitive Psychology, 21*, 862-896.

Guilford, J. P. (1967). *The nature of human intelligence.* New York : McGraw-Hill.

Guilford, J. P. (1982). Cognitive psychology's ambiguities: Some suggested remedies. *Psychological Review, 89*, 48-59.

Hanakawa, T., Honda, M., Okada, T., Fukuyama, H., & Shibasaki, H. (2003). Neural correlates underlying mental calculation in abacus experts: A functional magnetic resonance imaging study. *Neuroimage, 19*, 296-307.

Helsen, W. F. & Starkes, J. L. (1999). A multidimensional approach to skilled perception and performance in sport. *Applied Cognitive Psychology, 13*, 1-27.

Higbee, K. L. (1988). *Your memory: How it works and how to improve it.* Englewood Cliffs, NJ: Prentice-Hall.

Holding, D. H. (1985). *The psychology of chess skill.* Hillsdale, NJ: Erlbaum.

Holding, D. H. (1992). Theories of chess skill. *Psychological Research, 54*, 10-16.

Holding, D. H., Noonan, T. K., Pfau, H. D., & Holding, C. S. (1986). Date attribution, age, and the distribution of lifetime memories. *Journal of Gerontology, 41*, 481-485.

Holding, D. H., & Reynolds, R. I. (1982). Recall or evaluation of chess positions as determinants of chess skill. *Memory & Cognition, 10*, 237-242.

Holohan, C. K., & Sears, R. R. (1995). *The gifted group in later maturity.* Stanford, CA: Stanford University Press.

Holyoak, K. J. (1991). Symbolic connectionism: Toward third-generation theories of expertise. Dans K. A. Ericsson & J. Smith (Eds.), *Studies of Expertise : Prospects and Limits* (pp. 301-335). Cambridge : Cambridge University Press.

Howard, R. W. (1999). Preliminary real-world evidence that average human intelligence really is rising. *Intelligence, 27*, 235-250.

Howe, M. J. A. (1996). The childhoods and early lives of geniuses: Combining psychological and biographical evidence. Dans K. A. Ericsson (Ed.), *The road to excellence* (pp. 255-270). Mahwah, NJ: Erlbaum.

Howe, M. J. A., Davidson, J. W., & Sloboda, J. A. (1998). Innate talents: Reality or myth? *Behavioral and Brain Sciences, 21*(3), 399-+.

Hunter, J. E., & Hunter, R. F. (1984). Validity and utility of alternative predictors of job-performance. *Psychological Bulletin, 96,* 72-98.

Jacob, F. (1987). *La statue intérieure.* Paris : Odile Jacob.

Jackson, P. (1999). *Introduction to expert systems* (3rd ed.). Harlow, England: Addison Wesley Longman.

Jamison, K. R. (1989). Mood disorders and patterns of creativity in British writers and artists. *Psychiatry, 52,* 125-134.

Jamison, K. R. (1993). *Touched with fire: manic-depressive illness and the artistic temperament.* New York : The Free Press.

Janelle, C. M., & Hillman, C. H. (2003). Expert performance in sport : Current perspectives and critical issues. Dans J. L. Starkes & K. A. Ericsson (Eds.), *Expert performance in sports : Advances in research on sport expertise* (pp. 19-45). Champaign, IL: Human Kinetics.

Jensen, A. R. (1982). The chronometry of intelligence. Dans R. J. Sternberg (Ed.), *Advances in the psychology of human intelligence* (Vol. 1 pp. 255-310). Hillsdale, NJ: Erlbaum.

Jones, C. M., & Miles, T. R. (1978). Use of advance cues in predicting the flight of a lawn tennis ball. *Journal of Human Movement Studies, 4,* 231-235.

Jongman, R. W. (1968). *Het oog van de meester.* Amsterdam : Van Gorcum.

Jung, R. E., & Haier, R. J. (2007). The parieto-frontal integration theory (P-FIT) of intelligence: Converging neuroimaging evidence. *Behavioral and Brain Sciences, 30,* 135-+.

Kahneman, D., Slovic, P., & Tversky, A. (Eds.). (1982). *Judgments under uncertainty: Heuristics and biases.* Cambridge, UK: Cambridge University Press.

Kaplan, C. A., & Simon, H. A. (1990). In search of insight. *Cognitive Psychology, 22,* 374-419.

Keil, F. C. (1989). *Concepts, kinds, and cognitive development.* Cambridge, MA : MIT Press.

King, R. D., Rowland, J., Oliver, S. G., Young, M., Aubrey, W., Byrne, E., Liakata, M., Markham, M., Pir, P., Soldatova, L. N., Sparkes, A., Whelan, K. E., & Clare, A. (2009). The automation of science. *Science, 324,* 85-89.

Kintsch, W. (1970). *Learning, memory, and conceptual processes.* New York : John Wiley.

Klahr, D., & Simon, H. A. (1999). Studies of scientific discovery: Complementary approaches and convergent findings. *Psychological Bulletin, 125,* 524-543.

Klein, G. A. (1998). *Sources of power: How people make decisions.* Cambridge, MA : MIT Press.

Klein, G. A. (2003). *Intuition at work.* New York, NY : Currency and Doubleday.

Kline, P. (2000). *Handbook of psychological testing (2nd ed.).* London : Routledge.

Klissouras, V., Geladas, N., & Koskolou, M. (2007). Nature prevails over nurture. *International Journal of Sport Psychology, 38,* 35-67.

Koedinger, K. R., & Anderson, J. R. (1990). Abstract planning and perceptual chunks: Elements of expertise in geometry. *Cognitive Science, 14,* 511-550.

Koedinger, K. R. & Corbett, A. T. (2006). Cognitive tutors: Technology bringing learning science to the classroom. Dans K. Sawyer (Ed.), *The Cambridge handbook of the learning sciences* (pp. 61-78). Cambridge, MA : Cambridge University Press.

Kotov, A. (1971). *Think like a grandmaster.* London : Batsford.

Kotovski, K., Hayes, J. R., & Simon, H. A. (1985). Why are some problems so hard? Evidence from Tower of Hanoi. *Cognitive Psychology, 17,* 248-294.

Kulkarni, D. & Simon, H. A. (1988). The processes of scientific discovery: The strategy of experimentation. *Cognitive Science, 12,* 139-176.

Laird, J. E., Newell, A., & Rosenbloom, P. S. (1987). SOAR : An architecture for general intelligence. *Artificial Intelligence, 33,* 1-64.

Lane, P. C. R., & Gobet, F. (2003). Developing reproducible and comprehensible computational models. *Artificial Intelligence, 144,* 251-263.

Lane, P.C.R., Gobet, F., & Cheng, P.C-H. (2000). Learning-based constraints on schemata. *Proceedings of the Twenty Second Annual Meeting of the Cognitive Science Society,* Philadelphia, USA, 2000.

Langley, P., Simon, H. A., Bradshaw, G. L., & Zytkow, J. M. (1987). *Scientific discovery: Computational explorations of the creative processes.* Cambridge, MA : MIT Press.

Larkin, J. H., Mc Dermott, J., Simon, D. P., & Simon, H. A. (1980). Expert and novice performance in solving physics problems. *Science, 208,* 1335-42.

Larkin, J.H., & Simon H.A. (1981). Learning through growth of skill in mental modeling. In : *Proceedings of the Third Annual Conference of the Cognitive Science Society* (pp. 106-111). Berkeley, CA : Cognitive Science Society.

Larkin, J. H., & Simon, H. A. (1987). Why a diagram is (sometimes) worth 10,000 words. *Cognitive Science, 11*, 65-99.

Lave, J. (1988). *Cognition in practice : Mind, mathematics and culture in everyday life.* Cambridge : Cambridge University Press.

Lehman, H. C. (1953). *Age and achievements.* Princeton, NJ : Princeton University Press.

Lemaire, P. (1999). *Psychologie cognitive.* Bruxelles : De Boeck.

Lemaire et Bherer (2005). Psychologie du vieillissement : Une perspective cognitive. Bruxelles : De Boeck.

Lesgold, A. (1988). Problem solving. Dans R. J. Sternberg & E. E. Smith (Eds.), *The psychology of human thought* (pp. 188-213). Cambridge University Press.

Lesgold, A., Rubinson, H., Feltovich, P., Glaser, R., Klopfer, D., & Wang, Y. (1988). Expertise in a complex skill : Diagnosing X-ray pictures. Dans M. T. H. Chi, R. Glaser, & R. Farr (Eds.), *The nature of expertise.* Hillsdale, NJ: Erlbaum.

Lewontin, R. C., Rose, S., & Kamin, L. J. (1984). *Not in our genes: Biology, ideology and human nature.* New York : Pantheon Books.

Lorenz, E. N. (1993). Un battement d'aile de papillon au Brésil peut-il déclencher une tornade au Texas?, *Alliage 22*, 42-45.

Luchins, A. S. (1942). Mechanization in problem solving- -the effect of Einstellung. *Psychological Monographs, 54*, No. 6, 95.

Luria, A. R. (1968). *The mind of a mnemonist.* New York : Avon.

Maass, A., D'Ettole, C., & Cadinu, M. (2008). Checkmate? The role of gender stereotypes in the ultimate intellectual sport. *European Journal of Social Psychology, 38*, 231-245.

Mackintosh, N. (2004). *QI & intelligence humaine.* Bruxelles : De Boeck.

Masunaga, H., & Horn, J. (2001). Expertise and age-related changes in components of intelligence. *Psychology and Aging, 16*, 293-311.

McEvoy, G. M. & Cascio, W. F. (1989). Cumulative evidence of the relationship between employee age and job performance. *Journal of Applied Psychology, 74*, 11-17.

McGuire, W. J. (1997). Creative hypothesis generating in psychology: Some useful heuristics. *Annual Review of Psychology, 48*, 1-30.

McKeithen, K. B., Reitman, J. S., Rueter, H. H., & Hirtle, S. C. (1981). Knowledge organisation and skill differences in computer programmer. *Cognitive Psychology, 13*, 307-325.

Mednick, S. A. (1962). The associative basis of the creative process. *Psychological Review, 69*, 220-232.

Meehl, P. E. (1954). *Clinical versus statistical prediction: A theoretical analysis and a review of the evidence.* Minneapolis : University of Minneapolis Press.

Meinz, E., & Hambrick, D. (2010). Deliberate practice is necessary but not sufficient to explain individual differences in piano sight-reading skill: The role of working memory capacity. *Psychological Science, 21*, 914-919.

Miller, G. A. (1956). The magical number seven, plus or minus two: Some limits on our capacity for processing information. *Psychological Review, 63*, 81-97.

Nettelbeck, T., & Lalley, M. (1976). Inspection time and measured intelligence. *British Journal of Psychology, 67*, 17-22.

Newell, A. (1973). You can't play 20 questions with nature and win: Projective comments on the papers of this symposium. In W. G. Chase (Ed.), *Visual information processing* (pp. 283-308). New York : Academic Press.

Newell, A. (1990). *Unified theories of cognition.* Cambridge, MA : Harvard University Press.

Newell, A., & Rosenbloom, P. S. (1981). Mechanisms of skill acquisition and law of practice (pp. 1-55). Dans J. Anderson (Ed.), *Cognitive skill and their acquisition.* Hillsdale, NJ: Lawrence Erlbaum.

Newell, A., Shaw, J. C., & Simon, H. A. (1958). Elements of a theory of human problem solving. *Psychological Review, 65*, 151-166.

Newell, A., Shaw, J. C., & Simon, H. A. (1963). Chess-playing programs and the problem of complexity. Dans E. A. Feigenbaum & J. Feldman (Eds.), *Computers and thought* (pp. 39-70). New York, McGraw-Hill.

Newell, A., & Simon, H. A. (1965). An example of human chess play in the light of chess-playing programs.

Dans N. Weiner & J. P. Schade (Eds.), *Progress in Biocybernetics* (pp. 19-75). Amsterdam : Elsevier.

Newell, A., & Simon, H. A. (1972). *Human problem solving*. Englewood Cliffs, NJ: Prentice-Hall.

Nielsen, D., & McGown, C. (1985). Information-processing as a predictor of offensive ability in baseball. *Perceptual and Motor Skills, 60,* 775-781.

Norman, D. A. (1992). Approaches to the study of intelligence. Dans D. Kirsh (Ed.), *Foundations of artificial intelligence* (pp. 327-346). Cambridge, MA : MIT Press.

Obler, L. K., & Fein, D. (Eds.). (1988). *The exceptional brain. Neuropsychology of talent and special abilities.* New York : The Guilford Press.

Paige, J. M., & Simon, H. A. (1966). Cognitive processes in solving algebra word problems. In B. Kleinmuntz (Ed.), *Problem Solving, Research, Method and Theory* (pp. 51-119). New York : Krieger.

Pascual-Leone, J. A. (1970). A mathematical model for transition in Piaget's developmental stages. *Acta Psychologica, 32,* 301-345.

Patel, V. L., & Groen, G. J. (1986). Knowledge based solution strategies in medical reasoning. *Cognitive Science, 10,* 91-116.

Patel, V. L., & Groen, G. J. (1991). The general and specific nature of medical expertise: a critical look. Dans K. A. Ericsson & J. Smith (Eds.), *Studies of expertise : Prospects and limits* (93-125). Cambridge : Cambridge University Press.

Pérusse, L. (2001). The genetic and molecular bases of performance and the response to exercise training. *Science & Sports, 16,* 186-195.

Perkins, D.N. (1988). Creativity and the quest for mechanism. In R.J. Sternberg & E. Smith (Eds.), *The psychology of human thought* (pp. 309-336). Cambridge, UK: Cambridge University Press.

Pesenti, M., Zago, L., Crivello, F., Mellet, E., Samson, D., Duroux, B., et al. (2001). Mental calculation in a prodigy is sustained by right prefrontal and medial temporal areas. *Nature Neuroscience, 4,* 103-107.

Plomin, R., & Petrill, S. A. (1997). Genetics and intelligence: What is new? *Intelligence, 24,* 53-78.

Poincaré, H. (1913). *The foundations of science* (GH Halstead, Trans.). New York, NY : Science Press.

Qin, Y., & Simon, H. A. (1990). Laboratory Replication of Scientific Discovery Processes. *Cognitive Science, 14,* 281-312.

Rasmussen, J. (1985). The role of hierarchical knowledge representation in decision making and system management. *IEEE Transactions on Systems, Man, and Cybernetics, SMC-15,* 234-243.

Raufaste, E., Eyrolle, H. & Mariné, C. (1998). Pertinence generation in radiological diagnosis: Spreading activation and the nature of expertise. *Cognitive Science, 22,* 517-546.

Reber, A. S. (1993). *Implicit learning and tacit knowledge* (Vol. 19). Oxford : Oxford University Press.

Reingold, E.M., Charness, N., Pomplun, M. & Stampe, D.M. (2001). Visual span in expert chess players: Evidence from eye movements. *Psychological Science 12,* 49-56.

Reitman, J. S. (1976). Skilled perception in go : Deducing memory structures from inter-response times. *Cognitive Psychology, 8,* 336-356.

Retschitzki, J. (1990). *Stratégies des joueurs d'awélé.* Paris : L'Harmattan.

Révész, G. (1921). *Das frühzeitige Auftreten der Begabung und ihre Erkennung.* Leipzig : Johann Ambrosius Barth.

Révész, G. (1952). *Talent und Genie; Grundzüge einer Begabungspsychologie.* Bern : Franke.

Richman, H. B., Gobet, F., Staszewski, J. J., & Simon, H. A. (1996). Perceptual and memory processes in the acquisition of expert performance: The EPAM model. Dans K. A. Ericsson (Ed.), *The road to excellence* (pp. 167-187). Mahwah, NJ: Erlbaum.

Richman, H. B., Staszewski, J., & Simon, H. A. (1995). Simulation of expert memory with EPAM IV. *Psychological Review, 102,* 305-330.

Rikers, R. M. J. P., Schmidt, H. G., & Boshuizen, H. P. A. (2000). Knowledge encapsulation and the intermediate effect. *Contemporary Educational Psychology, 25,* 50-166.

Rimland, B., & Fein, D. (1988). Special talents of autistic savants. Dans L. K. Obler & D. Fein (Eds.). *The exceptional brain. Neuropsychology of talent and special abilities* (pp. 472-492). New York : The Guilford press.

Ritter, F. E., Shadbolt, N. R., Elliman, D., Young, R. M., Gobet, F., & Baxter, G. D. (2003). *Techniques for modelling human performance in synthetic environments: A supplementary review.* Wright-Patterson Air Force Base, OH : Human Systems Information Analysis Center.

Rosenbloom, P. S., Newell, A., & Laird, J. E. (1991). Toward the knowledge level in Soar: The role of the architecture in the use of knowledge. Dans K. Van-Lehn (Ed.), *Architectures for intelligence* (pp. 75-111). Hillsdale, NJ: Erlbaum.

Rosenbloom, P.S., & Newell, A. (1987). *Learning by chunking: A production system model of practice.* Cambridge, MA : The MIT Press.

Rosenbloom, P.S., Laird, J. E., Newell, A., & McCarl, R. (1992). A preliminary analysis of the Soar architecture as a basis for general intelligence. Dans Kirsh, D. (Ed.), *Foundations of artificial intelligence* (pp. 289-326). Cambridge, MA : MIT Press.

Runco, M. A. (2006). *Creativity: Theories and themes: Research, development, and practice.* London : Elsevier.

Ruthsatz, J., Detterman, D., Griscom, W. S., & Cirullo, B. A. (2008). Becoming an expert in the musical domain: It takes more than just practice. *Intelligence, 36,* 330-338.

Saariluoma, P. (1989). Chess players' recall of auditorily presented chess positions. *European Journal of Cognitive Psychology, 1,* 309-320.

Saariluoma, P. (1994). Location coding in chess. *The Quarterly Journal of Experimental Psychology, 47A,* 607-630.

Saariluoma, P. (1995). *Chess players' thinking: A cognitive psychological approach.* London : Routledge.

Sagan, C. (1997). *The demon-haunted world: Science as a candle in the dark.* New York, NY : Ballantine Books.

Salthouse, T. A. (1984). Effects of age and skill in typing. *Journal of Experimental Psychology: General, 13,* 345-371.

Schaie, K. W. (1996). Intellectual development in adulthood. Dans J. E. Birren & K. W. Schaie (Eds.). *Handbook of the psychology of aging* (4th ed., pp. 266-286). New York : Academic Press.

Schlaug, G., Jäncke, L., Huang, Y., & Steinmetz, H. (1995). In vivo evidence of structural brain asymmetry in musicians. *Science, 267,* 699-701.

Schmidt, F. L., Outerbridge, A. N., Hunter, J. E., & Goff, S. (1988). Joint relation of experience and ability with job-performance - Test of 3 hypotheses. *Journal of Applied Psychology, 73,* 46-57.

Schmidt, F. L., & Hunter, J. E. (1998). The validity and utility of selection methods in personnel psychology: Practical and theoretical implications of 85 years of research findings. *Psychological Bulletin, 124,* 262-274.

Schmidt, H. G., & Boshuizen, H. P. A. (1993). On the origin of intermediate effects in clinical case recall. *Memory & Cognition, 21,* 338-351.

Schneider, W., Gruber, H., Gold, A., & Opwis, K. (1993). Chess Expertise and Memory for Chess Positions in Children and Adults. *Journal of Experimental Child Psychology, 56,* 328-349.

Schultetus, R. S., & Charness, N. (1999). Recall or evaluation of chess positions revisited: The relationship between memory and evaluation in chess skill. *American Journal of Psychology, 112,* 555-569.

Schulz, R. & Salthouse, T. A. (1999). *Adult development and aging* (Third edition). Upper Saddle River, NJ: Prentice Hall.

Selfe, L. (1977). *Nadia : A case of extraordinary drawing ability in an autistic child.* New York : Academic Press.

Selz, O. (1922). *Zur Psychologie des produktiven Denkens und des Irrtums.* Bonn : Friedrich Cohen.

Shannon, C. E. (1948). A mathematical theory of communication. *Bell System Technical Journal, 27,* 379-423 and 623-656.

Shea, J. B., & Paull, G. (1996). Capturing expertise in sports. Dans K. A. Ericsson (Ed.), *The road to excellence : The acquisition of expert performance in the arts and sciences, sports, and games* (pp. 321-335). Mahwah, NJ: Erlbaum.

Shiffrin, R. M. (1996). Laboratory experimentation on the genesis of expertise. Dans K. A. Ericsson (Ed.), *The road to excellence* (pp. 337-345). Mahwah, NJ: Erlbaum.

Siegler, R. S. (1986). *Children's thinking.* Englewood Cliffs, NJ: Prentice Hall.

Simon, D. P., & Simon, H. A. (1978). Individual differences in solving physics problems. Dans R. S. Siegler (Ed.), *Children's thinking: What develops?* (pp. 323-348) Hillsdale, N.J: Erlbaum.

Simon, H. A. (1955). A behavioral model of rational choice. *Quarterly Journal of Economics, 69,* 99-118.

Simon, H. A. (1956). Rational choice and the structure of the environment. *Psychological Review, 63,* 129-138.

Simon, H. A. (1966). Scientific discovery and the psychology of problem solving. Dans R. Colodny (Ed.),

Mind and cosmos (pp. 22-40). Pittsburgh, PE : University of Pittburgh Press.

Simon, H. A. (1969). *The sciences of the artificial.* Cambridge : MIT Press.

Simon, H. A. (1973). The structure of ill-structured problems. *Artificial Intelligence, 4,* 181-201.

Simon, H. A. (1989a). The scientist as problem solver. In D. Klahr & K. Kotovski (Eds.), *Complex information processing: The impact of Herbert A. Simon* (pp. 375-398). Hillsdale, NJ: Erlbaum.

Simon, H. A. (1989b), *Models of thought (Volume II).* New Haven : Yale University Press.

Simon, H. A. (1995). Explaining the ineffable: AI on the topics of intuition, insight and inspiration. Dans *Proceedings of the Fourteenth International Joint Conference on Artificial Intelligence* (pp. 939-948).

Simon, H. A., & Barenfeld, M. (1969). Information processing analysis of perceptual processes in problem solving. *Psychological Review, 7,* 473-483.

Simon, H. A., & Chase, W. G. (1973). Skill in chess. *American Scientist, 61,* 393-403.

Simon, H. A., & Gilmartin, K. J. (1973). A simulation of memory for chess positions. *Cognitive Psychology, 5,* 29-46.

Simon, H. A., & Gobet, F. (2000). Expertise effects in memory recall: A reply to Vicente and Wang. *Psychological Review, 107,* 593-600.

Simonton, D. K. (1984). *Genius, creativity & leadership.* Cambridge, MA: Harvard University Press.

Simonton, D. K. (1991). Career landmarks in science: Individual-differences and interdisciplinary contrasts. *Developmental Psychology, 27,* 119-130.

Simonton, D. K. (1996). Creative expertise: A life-span developmental perspective. Dans K. A. Ericsson (Ed.), *The road to excellence* (pp. 319-335). Mahwah, NJ: Erlbaum.

Simonton, D. K. (1997). Creative productivity: A predictive and explanatory model of career trajectories and landmarks. *Psychological Review, 104,* 66-89.

Simonton, D. K. (1999). *Origins of genius. Darwinian perspectives on creativity.* Oxford, UK: Oxford University Press.

Simonton, D. K. (2006). Historiometric methods. In K. A. Ericsson, N. Charness, P. Feltovich, & R. R. Hoffman,

R. R. (Eds.). *Cambridge handbook of expertise and expert performance* (pp. 319-335). Cambridge, UK: Cambridge University Press.

Sio, U. N., & Ormerod, T. C. (2009). Does incubation enhance problem solving? A meta-analytic review. *Psychological Bulletin, 135,* 94-120.

Sloboda, J. A. (1976a). Visual perception of musical notation: Registering pitch symbols in memory. *Quarterly Journal of Experimental Psychology, 28,* 1-16.

Sloboda, J. A. (1976b). Phrase units as determinants of visual processing in music reading. *British Journal of Psychology, 68,* 117-124.

Sloboda, J. A., Davidson, J. W., Howe, M. J. A., & Moore, D. G. (1996). The role of practice in the development of performing musicians. *British Journal of Psychology.*

Smith, Ll., Gobet, F., & Lane, P. C. R. (2007). An investigation into the effect of ageing on expert memory with CHREST. *Proceedings of the United Kingdom Workshop On Computational Intelligence— UKCI07.*

Starkes, J. L., & Ericsson, K. A. (Eds.). (2003). *Expert performance in sports : Advances in research on sport expertise.* Champaign, IL: Human Kinetics.

Starkes, J. L., Allard, F., Lindsey, S., & O'Reilly, K. (1994). Abilities and skill in basketball. *International Journal of Sport Psychology, 25,* 249-265.

Starkes, J. L, Edwards, P., Dissanayake, P., & Dunn, T., (1995). A new technology and field test of advance cue usage in volleyball. *Research Quarterly, 65,* 1-6.

Staszewski, J. (1990). Exceptional memory: The influence of practice and knowledge on the development of elaborative encoding strategies. Dans F. E. Weinert & W. Schneider (Eds.), *Interactions among aptitudes, strategies, and knowledge in cognitive performance,* (pp. 252-285). New York : Springer.

Staszewski, J. J. (1988). Skilled memory and expert mental calculation. Dans M. T. H. Chi, R. Glaser, & M. J. Farr (Eds.), *The nature of expertise* (pp. 71-128). Hillsdale, NJ: Erlbaum.

Stein, E. W. (1997). A look at expertise from a social perspective. Dans P. J. Feltovich, K. M. Ford, & R. R. Hoffman (Eds.), *Expertise in context* (pp. 181-194). Menlo Park, CA : AAAI Press / The MIT Press.

Stern, W. (1912). *The psychological methods of intelligence testing.* (G. Whipple, Trans.). Baltimore : Warwick and York.

Sternberg, R. J. (1985). *Beyond IQ: A triarchic theory of intelligence.* Cambridge : Cambridge University Press.

Sternberg, R. J. (1997). Cognitive conceptions of expertise. Dans P. J. Feltovich, K. M. Ford, & R. R. Hoffman (Eds.), *Expertise in context* (pp. 149-162). Menlo Park, CA : AAAI Press / The MIT Press.

Sternberg, R. J. (1998). Human abilities. *Annual Review of Psychology, 49,* 479-502.

Sternberg, R. J., & Frensch, P. A. (1992). On being an expert : A cost-benefit analysis. Dans R. R. Hoffman (Ed.), *The psychology of expertise: Cognitive research and Empirical AI* (pp. 191-204). New York, NY : Springer-Verlag.

Sternberg, R. J., Wagner, R. K., Williams, W. M., & Horvath, J. A. (1995). Testing common-sense. *American Psychologist, 50,* 912-927.

Tabachnek-Schijf, H. J. M., Leonardo, A. M., & Simon, H. A. (1997). CaMeRa : A computational model of multiple representations. *Cognitive Science, 21,* 305-350.

Terman, L. M. (1925-1959). *Genetic studies of genius (5 vols.).* Stanford, CA: Stanford University Press.

Thorndike, E. L, & Woodworth, R. S. (1901). The influence of improvement in one mental function upon the efficiency of other functions. *Psychological Review, 9,* 374-382.

Tikhomirov, O. K., & Poznyanskaya, E. D. (1966). An investigation of visual search as a means of analyzing heuristics. *Soviet Psychology, 5,* 2-15.

Torrance, E. P. (1972). Predictive validity of the Torrance Test of Creative Thinking. *Journal of Creative Behavior, 6,* 236-252.

Unterrainer, J. M., Kaller, C. P., Halsband, U., & Rahm, B. (2006). Planning abilities and chess: A comparison of and non-chess players on the Tower of London. *British Journal of Psychology, 97,* 299 311.

Vera, A. H. & Simon, H. A. (1993). Situated action: A symbolic interpretation. *Cognitive Science, 17,* 7-48.

Vernon, P. A., Wickett, J. C., Bazana, P. G., & Stelmack., R. M. (2000). The neuropsychology and psychophysiology of human intelligence. Dans R. J. Sternberg (Ed.), *Handbook of Intelligence* (pp. 245-264). Cambridge : Cambridge University Press.

Vicente, K. J., & de Groot, A. D. (1990). The memory recall paradigm : Straightening out the historical record. *American Psychologist, February,* 285-287.

Vicente, K. J., & Wang, J. H. (1998). An ecological theory of expertise effects in memory recall. *Psychological Review, 105,* 33-57.

Walberg, H. J., Rasher, S. P., & Parkerson, J. (1980). Childhood and eminence. *Journal of Creative Behavior, 13,* 225-231.

Wallach, M. A. (1970). Creativity. In P. H. Mussen (Ed.), *Carmichael's manual of child psychology* (pp. 1273-1365). New York : Wiley.

Wallas, G. (1926). *The art of thought.* New York : Harcourt Brace.

Wan, X. H., Nakatani, H., Ueno, K., Asamizuya, T., Cheng, K., & Tanaka, K. (2011). The neural basis of intuitive best next-move generation in board game experts. *Science, 331,* 341-346.

Waterhouse, L. (2006). Inadequate evidence for Multiple Intelligences, Mozart Effect, and Emotional Intelligence theories. *Educational Psychologist, 41,* 247-255.

Waters, A. J., & Gobet, F. (2008). Mental imagery and chunks: Empirical and computational findings. *Memory & Cognition, 36,* 505-517.

Waters, A. J., Gobet, F., & Leyden, G. (2002). Visuo-spatial abilities in chess players. *British Journal of Psychology, 30,* 303-311.

Watson, J. B. (1930). *Behaviorism* (revised edition). Chicago : University of Chicago Press.

Watson, J. D. (1969). *The double helix.* New York : Mentor.

Weisberg, R. W. (2006). *Creativity: Understanding innovation in problem solving, science, invention, and the arts.* New York, NY : Wiley.

Whitehead, A. N. (1929). *The aims of education.* New York : Macmillan.

Whitehead, A. N., & Russell, B. (1910). *Principia Mathematica.* Cambridge : Cambridge University Press.

Wickelgren, W. A. (1974). *How to solve problems: Elements of a theory of problems and problem solving.* San Francisco : W.H. Freeman.

Wilding, J., & Valentine, E. (1994). Memory champions. *British Journal of Psychology, 85,* 231-244.

Williams, M., Davids, K., Burwitz, L., & Williams, J. (1993). Cognitive knowledge and soccer performance. *Perceptual and Motor Skills, 76,* 579-593.

Willis, S. L. & Dubin, S. S. (Eds.) (1990). *Maintaining professional competence.* San Francisco : Jossey-Bass.

Winner, E. (1997). *Surdoués. Mythes et réalités.* Paris : Aubier.

Wixted, J. T., & Rohrer, D. (1994). Analyzing the dynamics of free recall: An integrative review of the empirical evidence. *Psychonomic Bulletin & Review, 1,* 89-106.

Wolff, A. S., Mitchell, D. H. & Frey, P. W. (1984). Perceptual skill in the game of Othello. *Journal of Psychology, 118,* 7-16.

Wood, D. J. (1998). *How children think and learn* (2ᵉ édition). Oxford : Blackwell.

Yates, F. A. (1966). *The art of memory.* Chicago : The University of Chicago Press.

Zhang, G., & Simon, H. A. (1985). STM capacity for Chinese words and idioms: Chunking and acoustical loop hypothesis. *Memory and Cognition, 13,* 193-201.

Zhu, D., & Simon, H. A. (1988). Learning mathematics from examples and by doing. *Cognition and Instruction, 4,* 137-166.

Zhu, X., Lee, Y., Simon, H. A., & Zhu, D. (1996). Cue recognition and cue elaboration in learning from examples. *Proceedings of the National Academy of Sciences, 93,* 1346-1351.

Zsambok, C. E., & Klein, G. (Eds.) (1997). *Naturalistic decision making.* Mahwah, NJ: Erlbaum.

Zuckerman, H. (1977). *Scientific elite.* New York : Free Press.

WEBOGRAPHIE

Chapitre 1

Le site de l'*International Research Association for Talent Development and Excellence* (IRATDE), qui donne un accès gratuit au journal de l'association :
http://www.iratde.org

Chapitre 2

Le site *Classics in the History of Psychology*, qui contient de nombreux articles classiques sur l'intelligence :
http://psychclassics.yorku.ca/topic.htm

Le site *Human Intelligence*, qui comprend des biographies, des articles en ligne et d'autres informations :
http://www.indiana.edu/~intell/index.shtml

Chapitre 3

Les deux sites suivants contiennent de l'information à propos de Paul Meehl et Herbert Simon, ainsi que de nombreuses publications :
http://www.tc.umn.edu/~pemeehl
http://diva.library.cmu.edu/Simon

Les sites d'ACT-R et de CHREST, qui incluent le code des programmes :
http://act-r.psy.cmu.ed
http://www.chrest.info

Chapitre 4

Introduction de base aux méthodes en psychologie :
http://www.researchmethodsinpsychology.com/wiki

Chapitre 5

Une bonne introduction à la psychologie du sport, ainsi que de nombreux liens sur Internet :
http://www.personal.psu.edu/sms18/kines321/intro.html

Expertise aux échecs :
http://people.brunel.ac.uk/~hsstffg/frg-research/chess_expertise/

Procédés mnémotechniques :
http://fr.wikipedia.org/wiki/Mnémotechnique
http://fr.wikibooks.org/wiki/Liste_de_mnémoniques

Chapitre 6

Les pages de Keith Simonton, qui donnent beaucoup d'informations sur la méthode de l'historiométrie et sur la créativité :

http://psychology.ucdavis.edu/simonton/p175wmain.html

Chapitre 7

Sur le vieillissement en général :
http://www.nia.nih.gov

Chapitre 8

Enfants surdoués :
http://www.douance.org
http://www.acbordeaux.fr/ia40/fileadmin/pedagogie/pdf/RapportCNRSUMRJLAUTREY2004.pdf

Autisme et savants :
http://les-secrets.com/billet-pid-18-titre-Les_Autistes_Savants.html

Chapitre 9

Créativité et intelligence artificielle :
http://www.aaai.org/AITopics/pmwiki/pmwiki.php/AITopics/Creativity
http://www.thinkartificial.org/artificial-creativity
http://www.viewingspace.com/genetics_culture/pages_genetics_culture/gc_w05/cohen_h.htm

INDEX DES MATIÈRES

INDEX DES AUTEURS

LISTE DES TABLEAUX

LISTE DES FIGURES

TABLE DES MATIÈRES

PARTIE 2
Développements empiriques et théories

PARTIE 3
Applications et évaluation des théories

La collection «**Ouvertures psychologiques**» se décline en **trois séries**

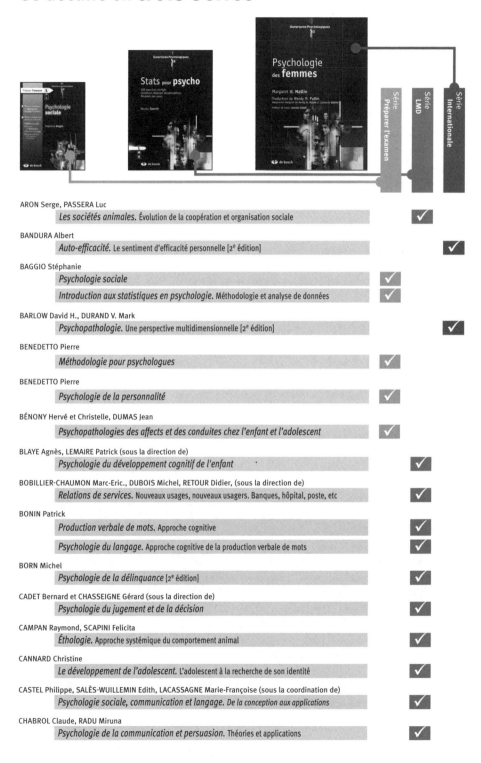

	Série Préparer l'examen	Série LMD	Série Internationale
ARON Serge, PASSERA Luc			
Les sociétés animales. Évolution de la coopération et organisation sociale		✓	
BANDURA Albert			
Auto-efficacité. Le sentiment d'efficacité personnelle [2ᵉ édition]			✓
BAGGIO Stéphanie			
Psychologie sociale	✓		
Introduction aux statistiques en psychologie. Méthodologie et analyse de données	✓		
BARLOW David H., DURAND V. Mark			
Psychopathologie. Une perspective multidimensionnelle [2ᵉ édition]			✓
BENEDETTO Pierre			
Méthodologie pour psychologues	✓		
BENEDETTO Pierre			
Psychologie de la personnalité	✓		
BÉNONY Hervé et Christelle, DUMAS Jean			
Psychopathologies des affects et des conduites chez l'enfant et l'adolescent	✓		
BLAYE Agnès, LEMAIRE Patrick (sous la direction de)			
Psychologie du développement cognitif de l'enfant		✓	
BOBILLIER-CHAUMON Marc-Eric., DUBOIS Michel, RETOUR Didier, (sous la direction de)			
Relations de services. Nouveaux usages, nouveaux usagers. Banques, hôpital, poste, etc		✓	
BONIN Patrick			
Production verbale de mots. Approche cognitive		✓	
Psychologie du langage. Approche cognitive de la production verbale de mots		✓	
BORN Michel			
Psychologie de la délinquance [2ᵉ édition]		✓	
CADET Bernard et CHASSEIGNE Gérard (sous la direction de)			
Psychologie du jugement et de la décision		✓	
CAMPAN Raymond, SCAPINI Felicita			
Éthologie. Approche systémique du comportement animal		✓	
CANNARD Christine			
Le développement de l'adolescent. L'adolescent à la recherche de son identité		✓	
CASTEL Philippe, SALÈS-WUILLEMIN Edith, LACASSAGNE Marie-Françoise (sous la coordination de)			
Psychologie sociale, communication et langage. De la conception aux applications		✓	
CHABROL Claude, RADU Miruna			
Psychologie de la communication et persuasion. Théories et applications		✓	

	Série Préparer l'examen	Série LMD	Série Internationale

DANCEY Christine P., REIDY John (traduction : GAUVRIT Nicolas)

| *Statistiques sans maths pour psychologues.* SPSS pour Windows | | | ✓ |

COURTOIS Robert, PENNEQUIN Valérie, ROULIN Jean, ADRIEN Jean-Louis, COURTOIS Anne, DIONNE Carmen

| *Réussir son mémoire en psycho.* élaboration et rédaction du travail d'étude et de recherche | ✓ | | |

COUSINEAU Denis

| *Panorama des statistiques pour psychologues.* Introduction aux méthodes quantitatives | | ✓ | |

CRAHAY M., DUTREVIS M. (sous la direction de)

| *Psychologie des apprentissages scolaires* | | ✓ | |

DUMAS Jean E.

| *Psychopathologie de l'enfant et de l'adolescent* [3ᵉ édition] | | ✓ | |

FERRAND Ludovic

| *Cognition et lecture.* Processus de base de la reconnaissance des mots écrits chez l'adulte | | ✓ | |
| *Psychologie cognitive de la lecture.* Processus de reconnaissance de mots écrits | | ✓ | |

FERRAND Ludovic, AYORA Pauline

| *Psychologie cognitive de la lecture.* Reconnaissance des mots écrits chez l'adulte | ✓ | | |

FISKE Susan T.

| *Psychologie sociale* | | | ✓ |

GAUVRIT Nicolas

| *Stats pour psycho.* 500 exercices corrigés. Questions-réponses récapitulatives. Résumés des cours | ✓ | ✓ | |

GOBET Fernand

| *Psychologie du talent et de l'expertise.* | | ✓ | |

GODEFROID Jo

| *Psychologie.* Science humaine et science cognitive [3ᵉ édition] | | ✓ | |

HANSENNE Michel

| *Psychologie de la personnalité* [3ᵉ édition] | | ✓ | |

HOWELL David C.

| *Méthodes statistiques en sciences humaines* [2ᵉ édition] | | | ✓ |

JUDD Charles M., McCLELLAND Gary H., RYAN Carey S., MULLER Dominique, YZERBYT Vincent

| *Analyse des données.* Approche par comparaison de modèles [2ᵉ édition] | | | ✓ |

KOUABENAN Dongo Rémi, CADET Bernard, HERMAND Danièle, MUÑOZ SASTRE María Teresa

| *Psychologie du risque.* Idenifier, évaluer, prévenir | | ✓ | |

LABERON Sonia (sous la direction de)

| *Psychologie et recrutement.* Modèles, pratiques et normativités | | ✓ | |

LAVARDE Anne-Marie

| *Guide méthodologique de la recherche en psychologie* | ✓ | | |

LEMAIRE Patrick

| *Psychologie cognitive* [2ᵉ édition] | | ✓ | |
| *Abrégé de psychologie cognitive* | ✓ | | |